作者简介

张蔚，现任职广州商学院法学院，中国政法大学犯罪心理学博士，师从马皑教授。从事司法心理学与犯罪心理学相关的课程讲授和研究。

芒果TV《明星大侦探》解说嘉宾，深圳都市频道《法治第1线》节目嘉宾，珠江之声FM105.7节目嘉宾，北京人民广播电台《首都科学讲堂》演讲嘉宾。以“十方迦南”为笔名长期进行犯罪心理学专业知识传播。

已出版著作《犯罪心理分析：邪恶的二十个模样》《犯罪心理分析：恶的群像及如何远离》，译有《犯罪心理学》《重拳之下：亲密关系和家庭暴力犯罪（第5版）》《说谎心理学：那些关于人类谎言的有趣思考》等。

犯罪心理分析

邪恶的二十个模样

张蔚　著

2版

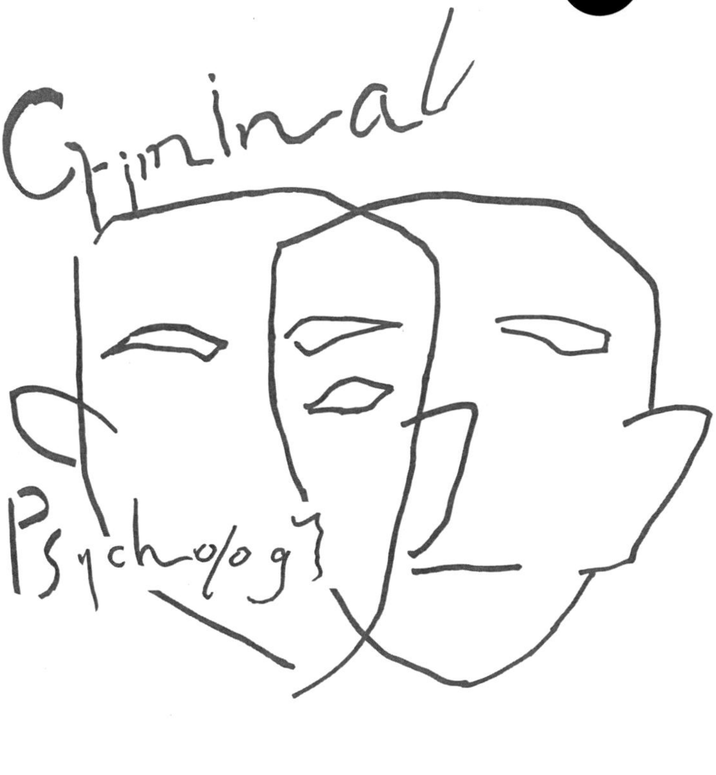

中国法制出版社
CHINA LEGAL PUBLISHING HOUSE

谨以此书献给一直支持我的爱人陆亚兰

原版序一

秋天真是收获的季节，春华秋实，称心如意。令我欣喜而归的，是在一周内为自己培养的三位犯罪心理学研究生的新著写序。先是博士生李婕讲师的《报复与宽恕的博弈》，再是硕士生张坤检察官作为一位测谎师将司法实践中的测谎工作理论总结成书，现在是博士生张蔚（本书新版出版时已博士毕业）的《犯罪心理分析：邪恶的二十个模样》，一时间体会到作为教师左右采获的满足。

三本书完全是三种风格，李婕的《报复与宽恕的博弈》属于理论专著，搭建了被害人如何选择的决策模型。张坤的测谎作品属于理论与应用相结合的手册，介绍了测谎的心理学原理和实现路径。而张蔚的这本《犯罪心理分析：邪恶的二十个模样》则带着纪实、分析、推理、神秘的网络光彩。

本书作者张蔚的主要知识背景是刑事司法，现在是我带的犯罪心理学博士生。与师门其他同学不同，硕士阶段他就读于英国，在国内曾经有过在刑警队实习与实践的经历，这对于我们这个专业的学生来说是不可多得的感性经验。张蔚给大家的印象是在繁忙、紧凑的日程里总少不了书的陪伴，在微信朋友圈中推送最多的就是他认为开卷有益的各种好书，喜欢与大家分享书中的精华。也正是博览群书、贴近社会、亲历案件，又有对犯罪心理学的兴趣并实践，给他提供了写作本书的基础。能够在某网络知识分享平台上成为颇有影响的犯罪心理学点评人，已经可以说明他的成就。

《犯罪心理分析：邪恶的二十个模样》是一本既有理论基础又有科普效果，从犯罪心理学视角分析案件的读本。第一部分以在社会上影响较大的典型案件如“大学情杀案”“甘肃白银案”“除夕杀人案”为靶子，以犯罪心理学原理为工具，对犯罪心理结构、犯罪动机和类型、变态杀人、激情犯罪、童年创伤及标签理论等既是犯罪心理学关注同时也是公众关心的问题给予了原因、背景、发展规律等多层次的解答。张蔚对每一起案件的分析都做到了言之有理，用十分厚重的，类似于词条式的文献依据作为框架支撑。如果说第一部分属于用犯罪心理学理论去解释案件中的“是什么”与“为什么”，采用了切片式的横断分析，那么在第二部分，他选择用一个一个的问题去尝试解释犯罪心理学的纵向演变。通过“成长”“群体”“性”“暴力”与“文学作品”等在个体犯罪心理形成过程中具有影响力的关键词，勾勒出犯罪个体原因的发展脉络。在纵横交错之中，为读者建立了从感性到理性的立体的犯罪心理学架构。值得一提的还有本书剧本式的书写范式，以案件的时间、地点、对象、危害、经过为序幕，以原因分析、知识介绍、观点交锋、行为预测为剧情，用高潮迭起的诱导，身临其境的引入，激发读者探源溯流、寻绎吟玩的好奇与探究，十分成功地实现了知识普及和引发思考的效果。

犯罪不仅是复杂的社会现象，其源头也几乎与人类社会的起源相差不远，也是个人行为，因为真正选择用犯罪手段去满足个人需要与动机的永远只是少数。这就势必引发我们每个人特别是守法者的追问与思考——在我的身边，什么样的人更有可能犯罪？他们为什么选择犯罪？我自己会不会也犯罪？张蔚用较为清晰易懂的方式，向我们介绍了犯罪心理学给出的答案。当然，由于他所能掌握的大多数案件信息来自法院判决书和媒体的介绍，无法获得侦查中更为完整细致、客观全面的材料，因此他的分析建立在“假设我用于分析的素材是真实的”基础之上，这在逻辑上也是成立的。

不知不觉竟也到了为后生写序的年纪，真是走着走着就老了。老不可怕，怕的是愚公老去却没有接班人。在为学生写序的时候，我的喜悦远远胜于焦虑，他们勇攀高峰的努力，让我看到了中国犯罪心理学事业美好的远景。希望张蔚将本书作为百尺竿头的起点，一树百获的小苗，保持自己手不释卷的习惯、凿壁偷光的勤奋、抽丝剥茧的好奇，写出更多更好的作品，成为向大众普及犯罪心理学知识，帮助每个人规范自我行为、预防犯罪侵犯的思想者和践行者。

马皑

（中国政法大学犯罪心理学研究中心主任、犯罪心理学博士生导师

中国政法大学钱端升讲座教授

中国心理学会法律心理学专业委员会主任）

原版序二
日常生活的另一端

犯罪对很多人来说是新闻、是故事、是猎奇，是他人的，是茶余饭后的闲聊和午夜深处的恐怖。

随着媒体的日益发达，我们这一生，或多或少都会被动地暴露在有关犯罪的信息之中，看起来似乎离得很近。但在思想上，每一个坚守正义的人都会不自觉地认为犯罪不仅离自己很遥远，离我们身边的那些至亲好友也很遥远。

这其实是个误解。

诚然，每一个犯罪都出自罪犯之手，但在这些邪恶的罪犯犯下或大或小的罪恶之前，其实和你我一样都是生活中的普通人。他们有父母，有生活，有喜怒哀乐，有想要守护的人和事，也有想要追求的未来。

究竟是哪些时刻的哪些因素，让一个普通人变成了一个邪恶的罪犯？

社会、家庭、个体乃至基因，分别能对此做出怎样的解释？在多大程度上，加害者也是受害者？有没有天生的罪犯？

当犯下第一个罪恶之后，他们的心理会发生怎样的变化？

杀人究竟意味着什么？一再地杀人又有着怎样的心路历程？

性暴力犯罪是出于怎样的动机？他们在选择暴力对象时会有怎样的偏好？

我们该如何理解犯罪，又该如何避免和远离犯罪？

……

以上问题作者会在这本书里为我们娓娓道来。

现在来聊聊作者。

第一次见张蔚，他给人一种不怒自威的感觉，想来可能案发现场去多了，那份镇场子的胆量便化作了日常的气质。当谈起专业的时候，你又能感受到他身上的书生气，他曾是一线工作者，如今是幕后的研究者。而撇开工作和专业，他是个热爱生活、热爱美食，同时阅读了大量书籍的文艺青年。

正因如此，这本书的结构、内容和观点如研究论文一般专业、严谨，而行文风格却像文学作品一般赏心悦目，这无疑拉近了读者和犯罪心理学之间的距离。读这本书的时候，你不会觉得他正在台上向你做报告，而会觉得他正坐在你的对面，像老友一般和你聊天、讲故事。

虽然是故事，却又不仅仅是故事。

如今的社会飞速发展，科技在我们精神上尚未做出充足准备之前，就将所有诱惑和欲念都猝不及防地暴露在所有人面前。在虚拟的网络世界里，这些都唾手可得，但在现实生活中，除了日复一日坚持不懈的努力，恐怕另一途径就是铤而走险的犯罪。如何与贪念和冲动作抗争，是我们每个人都需要在贪念和冲动爆发之前就掌握的技能。

另外，飞速发展的社会和相对单一的成功价值观，又令很多人活在希望与绝望的交替之中，而重压之下，人的自我的脆弱性也会日益明显。有些人在脆弱之时会躲起来疗伤（如抑郁和自闭），而有些人在脆弱之时但凡遭遇一丁点的刺伤就会有过激反应，这样的过激反应针对的常常是家人和恋人，隐秘却并不稀少，严重者甚至会给对方造成人身伤害。个体需要直面这样的脆弱性，学习在压力与伤害之中与自己的脆弱性共处；而社会也需要直面这样的脆弱性，为潜在的加害者提供教育和释放的正面路径，同时为正在遭遇恐怖伤害的受害者提供救援和庇护。

最后，如果之前的你觉得日常生活是此处而犯罪是彼岸，我真心希望你在读完这本书以后意识到，如果说日常生活是向左，那么犯罪行为其实只是向右，其中的变化既有当事人自己的动机和选择，也有社会、家庭和关系等外在环境的力量和影响。

邪恶的犯罪既是个体行为，也是结构性产物。而我们要真正认识邪恶，就要摘下犯罪的神秘面纱，像理解一个日常行为一样去解构犯罪；同时，为了杜绝邪恶，也要像避免疾病和远离死亡一样去防微杜渐。人人有份，也人人有责。

曹雪敏

（复旦大学社会心理学博士

知乎曹公子）

第二版自序

“人生而自由，却无往而不在枷锁之中。规则是合作的基础。作为调整社会关系的规则的法律正是为了实现群体利益最大化，自由总量不受减损。也因此形成了我们长久以来对犯罪人的‘敌视’。”

——《犯罪人特征研究》马皑

拖了很久，终于开始写这本书的序。在开始写这本书之前，个人给予它的定位是一本科普类书籍，但是在写完这本书之后，对这本书的定位更多的是由正在学习犯罪心理学这个学科的学生所写的思考记录或者是日常作业。

之所以这么说，是因为本书有两个遗憾。首先，写书的过程也是对自己知识体系的一场严厉考验。在本书写作的过程中，我更多地体会到了自己知识体系的不完善，目前这个阶段，本人对于知识的累积并不能支撑这本书成为一本完全基于科学、用通俗的方式去讲述犯罪心理学的科普读物，书中的分析依旧带有主观性。其次，基于一些现实原因，即使经历了案件的真实调查过程，本书所有的案件背景依旧都采用了公开报道，并不能摒弃公开报道的不完全真实性，所以基于这种情况所做的犯罪心理分析，其精准度对于我来说是一个遗憾。

即便如此，我依然希望这本书对于读者来说是值得期待的。

其实早在两个世纪以前，德国人就使用了“犯罪心理学”这个名词，而犯罪心理学在欧洲的发展过程中，又与颅相学、人类学、心理学、生理学等新兴学科知识相互交叉和融合，伴随着社会发展呈现出各种问题，而成为当时一个重要的研究课题，并逐渐发展成为一个独立的学科。后来，犯罪心理学在战时展现了其强势的一面，在世界大战中围绕战犯发挥着一系列的作用，并在战后的美国扎根且得到长足发展。

而在我国，犯罪心理学的建立和发展则展现出浓重的时代烙印，因为最早时心理学被视为伪科学，直到20世纪末期，心理学包括犯罪心理学才开始得到发展。虽然犯罪心理学早在我国古代就有资料可考，但是其发展历史却是短暂的。在这短暂的发展历史当中，涌现出很多杰出的专家学者，为犯罪心理学在中国的发展贡献着自己的力量，如我国犯罪心理学的第一本教材是由中国政法大学已故教授罗大华主编的《犯罪心理学》，罗大华教授也是中华人民共和国犯罪心理学的主要创始人之一。

近年来，随着网络剧的热播，越来越多的人开始知道犯罪心理学这个之前在大众印象中比较低调的学科，很多人开始沉迷于犯罪心理画像，也就是我们所说的侧写技术，还有人制作出各种网络试题去进行推理游戏，而一部分网络剧的更新也不断地刷新观看者，甚至包括我自己对于犯罪心理学内容的认识，但是这种认识真的就是真正的犯罪心理学吗？

我们生活在一个万物对立的世界里，犯罪行为在很多人的印象中是非常黑暗的、恐怖的行为，网剧中的犯罪行为都是变态的杀戮和分尸，但是现实中呢？我一直把犯罪理解为光明的对立面，它也是一种普遍行为，只是由于行为人在各种特殊因素的影响下选择了错误的行为方式造成的。导师和我说过，尝试用科学的眼光去看待犯罪行为的发生，除了变态的情况，其他犯罪行为所表现出来的欲望都是正常的，只是行为选择错误。

很多人认为犯罪心理学研究的是犯罪行为人的心理，其实并非如此，我更愿意采用犯罪心理学定义的广义说法，此种说法在国内被众多专家和前辈所接受。马皑、章恩友、李婕合著的《犯罪心理学》提出，犯罪心理学把与犯罪有关的心理现象都作为研究对象，除犯罪心理和犯罪行为外，还应将受害人心理、证人心理、侦查心理、审判心理、矫治心理以及犯罪的心理预防和预测作为研究对象。从定义也能看出，犯罪心理学并非如同很多人质疑的是一个“马后炮”学科，只能在犯罪行为发生后去进行分析，现行所有的广义犯罪心理学的研究都有着很强的现实意义，可以在很多方面发挥作用。

大概是在2009年，我作为一个法学院的本科毕业生，对犯罪学或者说犯罪心理学相关的一切知识丝毫没有了解，仅有从学校学习的刑法相关知识，而我恰好又不是一个很厉害的法学学生。那时候因为看美剧，被犯罪相关的知识所吸引，在决定出国深造的时候，就选择了那个时候根本没什么中国学生选择的犯罪学，从来没有想过就业问题的我，全凭一点兴趣爱好，就这样打开了犯罪相关知识学习的大门。

毕业之后多年，虽然做着其他工作，但是这份兴趣却一直伴随左右，直到我决定为了这份兴趣考取犯罪心理学的博士。仅仅是跨入这个门槛就花了整整两年，在进入犯罪心理学博士的大门之后，虽然我早已没有了当年刚开始接触犯罪学知识时的那种好奇和惊讶，但是这个阶段的学习反而反映出自己之前很多想法都是片面的。产生有一种强烈的认识，那就是有关犯罪心理学的知识可能需要花费一生去学习和了解。

如今，随着我第一本书的第一次改版，我也顺利完成了犯罪心理学博士的学习。穿上博士服的那一刻，对犯罪心理学的那种执著，已经从当年的兴趣爱好，变成了一个会长期伴随我的研究目标，我依旧会为了完善知识体系而不断地阅读和交流，依旧会为了认识、研究犯罪心理学知识而努力，也依旧会为了犯罪心理学学科和知识的推广贡献自己微薄之力。

彼时，导师马皑召集了一批优秀的法律心理学与司法心理学同仁翻译编纂一本教材，我有幸参与其中。当时还没毕业的我，自然义不容辞，导师问我是不是毕业之后就不打算在这个领域继续干下去了，我当时的回答是，“这是要干一辈子的事业”。

最后，本次改版修正了原版的一些字词性谬误，也对一些犯罪心理学解析的内容进行了补充删改。还是希望这本书可以让每一个读到它的人对现实的犯罪心理学内容有所了解，并不悔以其为爱好，砥砺前行。

张蔚（十方迦南）

前 言

为了写这个前言，我在网络上查找了“前言怎么写”这个问题，在看完回答之后，我决定随自己的心意去写本书的前言。如果你恰好看到了这篇前言——因为可能很多人不看前言，请不要因为前言写得不好，就没有心情读正文，还是要耐心地读一下正文，说不定会对本书有所改观呢。以下，言归正传。

本书分为两大部分，第一部分选择一些有名或者不那么有名但是典型的案件作为案例分析，第二部分则主要涉及一些犯罪心理学领域高频问题的回答。这些案例分析与问题的回答少了很多演绎性，应该说整本书都是基于比较客观的立场去写的。

但是——没错，很多事情都会有“但是”，并不能肯定这些分析完全排除了主观性。为什么这么说呢？因为毕竟本书所有的案例分析基于一些现实的原因，采用的基础信息都是新闻媒体报道的公开信息，而非实际办案过程中的证据链条，从根本上并不能排除新闻媒体报道本身具有的特性和主观性。但笔者还是以犯罪心理学的知识体系为基础，力求进行客观的分析。

个人的经历在一定程度上会影响其往后的发展，特别是首次经历。所以第一部分的第一个案例，我写了曾经一段从业经历中的第一个案子。作为个人从业首例，它对我的影响是巨大的，在一定程度上让我对犯罪、死亡或者说亲密关系有了更深刻的理解。更重要的是，这个案子使我开始从一个犯罪学学生的角度思考犯罪产生的深层次原因，而不仅仅是停留在行为层面。所以在这里，我认为有足够的必要把第一个案例分析单独罗列出来，虽然它很短。

每一个案件的发生，都是一则可以引起轰动的新闻。刑事犯罪的新闻关注度是很高的，但是新闻报道的时效性往往会导致很多信息出现错漏，这是一直存在的一个悖论。基于这个原因，我的习惯或者说原则是不针对任何新发生或者是没有结论的案件做犯罪心理的分析，因为信息不全，并且舆论情况复杂，这个时候做的任何犯罪心理分析都是不负责任的。所以在本书中，所有的案例都有一个共同点，就是其案件本身的新闻时效性已经完全消失了。

首先让我们看看国内发生的案件。这本书中涉及的国内案件有“法院审判员枪击案”“大学情杀案”“甘肃白银案”“除夕杀人案”“留日学生被害案”和“故意杀害亲生幼女案”，还包括一起我亲身经历的案件，即正文分析的第一个案例。其中有讨论度非常高的“甘肃白银案”和“留日学生被害案”，当然也包括作为社会新闻很快被遗忘的另外几起案件，但是对我来说，每一起案件的分析都会引发我对不同犯罪行为人的犯罪心理的思考。

在“法院审判员枪击案”中，我们可以看到在遭受巨大的打击下犯罪行为人犯罪心理的转化及对打击目标的选择。在“大学情杀案”中，我们可以看到社交单一和感情纠葛造成的杀人这一特殊心理动机对犯罪行为的影响。“甘肃白银案”作为一起非常有名的案件，在几批刑事工作者的坚持努力下告破，让我们了解到科学技术的发展对于有效打击犯罪行为是多么重要，当然最重要的是中国少有的变态型连环杀人犯的犯罪心理有什么样的特点及其犯罪心理的形成过程，其中就包括犯罪者的学习进化与收集受害者身体部位的心理等。在“除夕杀人案”中，我们可以看到童年的创伤形成的负面情绪是如何影响一个人并在多年之后促使他实施报复行为的，以及如何在报复行为中宣泄自己的不满。“留日学生被害案”在案发之后很长一段时间内都引起了很多人的关注，虽说此案发生在日本，但是涉案人员均属中国，所以中国依旧有管辖权，只是迫于现实原因，此案在日本进行审理。此案件的庭审过程非常值得关注，当然也让我们看到了现实的残酷，以及恐吓过程中转化激情犯罪并肆意发泄自己负面情绪的整个过程。在“故意杀害亲生幼女案”中，我们可以看到心理替代的影响和救赎主心态的产生与成长环境的关系。

美国也有很多很有名的案例值得去分析，但是本书中出现的唯一一个美国的案例并不有名。我选择了一起横跨俄罗斯和美国两个国家，犯罪行为持续多年的案件进行分析，这个案子就是“跨国闺密杀人伤害案”，这名字起得好像很一般，因为我本身不太会起名字。将这个案件放在本书中进行分析，首先是这个案子中第一次出现了“虚荣心”作为犯罪动机的情况；其次是我认为更重要的，因为这个案件的犯罪者是一个典型的精神病态者，这是一个非常值得关注的类型。西方对于精神病态的研究已进行多年，确认精神病态是有别于各种精神类疾病及人格障碍的存在。而调查显示，在监狱中，精神病态者占有很高的比例，很多罪犯都能在精神病态量表中轻松拿到高分。需要注意的是，我们每个人身上都会有那么一两个与精神病态者类似的特点，但这并不意味着我们就是精神病态者，其判定需要一连串的过程，并且须严格满足评测表上的所有因素。

我们再把案件发生的地点拉到日本。本书案例分析部分涉及很多日本的案例，其中包括“大久保清连续强奸杀人案”“角田美代子连续杀人案”“绫濑水泥杀人案”“神奈川福利院大量杀人案”“秋叶原无差别杀人案”“津山杀人案”和“神户儿童连续被杀案”。从年代久远的案件到近几年发生的案件，一眼望去都是连续或者大量杀人案件。这些案件之所以引起轰动，是因为其犯罪手法无一例外都是不同寻常的，并且创造了很多犯罪领域的“第一”，每一个案件都代表着一种特殊的心理状态，而这些案件的发生又与日本这个国家的整体文化和环境密切相关。

在“大久保清连续强奸杀人案”中，我们可以看到由于人格障碍造成的扭曲心理对行为人犯罪行为产生的影响，其犯罪前后心理状态的不同，对自己与现实的厌恶，以及为了发泄性欲的不择手段。这也是亚洲最早记录在案的以邀请搭便车的手段去选择受害者的刑事案件。“角田美代子连续杀人案”在当时的日本引起的轰动可以说是惊天动地的，犯罪人的犯罪手法之特殊也可以说是前所未有的。从该案中可以看到人在异常高压状态下的变化及斯德哥尔摩综合征对犯罪行为人的影响。“绫濑水泥杀人案”是改变日本司法历史的案件之一，该案件是日本有记录以来的第一起恶性多人虐待致死案件，也是第一起用水泥桶作为工具抛尸的案件。从这起案件中，我们可以看到群体化对个体的影响及群体暴力不可小觑的破坏力和残忍程度。接下来的几个案子，“神奈川福利院大量杀人案”“秋叶原无差别杀人案”“津山杀人案”“神户儿童连续被杀案”有一定的相似性。比较突出的一个特点就是报复社会，在报复社会这个特点上，无差别杀人表现得最显著，在其他案件中对社会的报复都存在着目标的转化或者泛化，需要注意的是，这里的“社会”要做扩大解释，如“津山杀人案”中的社会就是以村庄的概念出现的。另外“神奈川福利院大量杀人案”中表现出犯罪者的自我认知神化，“神户儿童连续被杀案”中有明显的对公权力的挑战。

本书第二部分不会再涉及案例分析，而是用一个一个的问题去尝试更好地解释犯罪心理学。我觉得问题是直接的、易懂的，可以引起即时反馈的东西。这个部分涉及几十个问题，这些问题涵盖了犯罪心理学的各个方面，我在这里把这些问题分为成长、群体、性、暴力与文学作品几个小的板块去写。

“成长”的部分会涉及青少年犯罪、童年环境和天生犯罪人的问题。谈到了青少年的犯罪行为为什么往往呈现出不符合评价标准的残忍和无情，紧接着又谈到了很多人关心的童年环境对一个人是否会成为犯罪者所产生的影响，然后是这一部分的最后一个问题——天生犯罪人的问题。天生犯罪人的问题从诞生开始就一直带有争议，其基于颅相学与统计学的理论基础在欧洲颅相学研究热消退之后变得薄弱起来，后期该理论的创始人龙勃罗梭自己也否定了天生犯罪人的存在，但是无论是学界还是非学界，针对天生犯罪人的讨论好像才刚刚开始。

在“群体”部分，我们将会看到传销的套路，以及邪教类型犯罪的犯罪心理，其中还会体现群体犯罪过程中的群体作为一个容器对参与其中的人的影响，以及群体的煽动性是如何展现的。

“性”一直是一个活跃度很高的话题，有关于性的一切似乎都是可以引起讨论的。这一部分，主要涉及的问题有儿童性犯罪、偷窥及熟人强奸（约会强奸）。除了偷窥，剩下的两种都是非常严重的犯罪，其犯罪心理的表现形式也是比较复杂的。至于偷窥，实际上这种行为的发生正逐渐增多，因为其具有隐蔽性，所以偷窥者都会有一种对自己行为的天生自信。这两年的社会新闻中屡屡出现针对儿童的性犯罪，必须要说明的一点是，从中世纪以来，在很多国家的刑罚中，最残忍的刑罚都是留给杀婴以及对儿童实施性犯罪的罪犯的，足以看出在人类社会的任何一个阶段，对于此行为的深恶痛绝都是一致的。而熟人强奸从某种程度上来说则是一个半公开的秘密了，有很多违背女性性意志和性自由的行为都是在模糊的半推半就中实施的。而更令人难以相信的是，数据显示有一多半的强奸行为是在相互认识的情况下发生的，足以看出这个问题的严重性。

“暴力”这个小部分涉及的是家暴、医闹及校园暴力问题。医闹在前几年可以说发生得非常频繁，而医闹本身也从针对医院的索赔转变为针对医务工作者的人身攻击。家暴则是一个隐秘的犯罪行为，而在旧观念里，家暴可能并不被认为是犯罪，而是家庭纠纷，以至于在处理上面临着很多问题，如取证难、执行难等。但是不可否认的是，家暴给受害者带来的影响是非常负面且深远的，无论男女，很多家暴受害者同时伴有心理和生理的伤痛。至于“校园暴力”这个话题，现实情况让我们越来越关注孩子在学校有可能遭遇的不友善——霸凌、冷暴力（孤立）、体罚虐待等。其中，霸凌与校园暴力给孩子的成长环境造成了很大程度的破坏，而体罚和虐待对教师这一职业造成的伤害也是巨大的。无论是哪一种形式的校园暴力，其危害都是显而易见的，而在全社会讨论校园暴力的同时，我想聊一聊深层次的成因。

“文学相关人物分析”这一部分是我个人对于文学作品相关的人物心理的一点拙见，被我“荼毒”的对象有三个，有虚构的也有现实的作者，分别是三岛由纪夫先生，加缪《局外人》(有版本译为《异乡人》)中的莫尔索，以及很悲伤和现实的《房思琪的初恋乐园》中的人物，包括施暴者和受害者。关于三岛由纪夫先生的内容，是与一位编剧朋友聊天聊出来的产物。编剧朋友表示三岛由纪夫先生的作品很值得一看，于是我们对三岛由纪夫的结局展开了讨论，虽然彼此展开了讨论，但彼时我并没有多了解三岛由纪夫，反而是在讨论后才去参观了位于日本京都的金阁寺。莫尔索是加缪的经典作品《局外人》中的主人公，很多人，包括我在看莫尔索时都会疑惑为什么他会有那样的行为。刚好有一天网络知识分享平台的后台有这样一个问题，且没有人回答，于是就有了这篇针对虚构出来的主人公莫尔索的心理分析。而最后的《房思琪的初恋乐园》则是一篇约稿，始于一位媒体工作者朋友发送的关于这本书已故作者的故事，朋友觉得太残忍了，并不能称之为人的行为，于是在当时没途径买到这本书来看的前提下，看了网络流传的版本，写出了这篇约稿，后期刊登在一个小众媒体上。这部分大致如此，对文学作品的任何评判都各有深意，所以如果觉得不看也罢，那索性就随它去吧。

十几万字说多不多，说少也不少。对于犯罪心理学的认识和理解，本书并不能完全讲完，所以仅仅期待可以表达一点不同的认识。虽然本人对于学科的认知也不尽完善，还有很多需要更新和学习的，但还是期望可以与各位读者一起体会没有太多渲染的犯罪心理学可能是什么样的。接下来，就让我们一起开始这十几万字的旅程吧。

* * *

本书所分析案例全部基于现有公开信息，与实际办案所用分析可能存在一定差异，并带有一定主观性。

目录

Contents

第一部分　案例分析

第一部分

案例分析

CRIMINAL MINDS

UNDERSTANDING DEVIANT BEHAVIOR

Case No.01：

生命结束在南方

地点：中国南方某市

案件类型：故意伤害致人死亡、抢夺

结果：1名女当事人死亡

背景：激情状态下产生的犯罪

犯罪动机：压抑的情绪及人格障碍引起的犯罪

犯罪目的：发泄情绪

审理结果：男性凶手被以故意伤害致人死亡罪判刑

案件经过

20XX年7月25日下午6点，凶手下班回到租住的统建楼房间，与同居受害者讨论生活开销问题。

20XX年7月25日下午6点15分，凶手与受害者围绕经济来源问题产生了激烈的争吵。

20XX年7月25日下午6点20分，邻居听到受害者质疑凶手没本事、不是男人等，凶手则说要杀了受害者。

20XX年7月25日下午6点30分，凶手在公共厨房拿起菜刀冲进租住房间内对受害者连砍4刀。

20XX年7月25日下午6点45分，凶手把被害者尸体藏在租住房间门后，

 逃离现场。

犯罪环境背景及犯罪心理分析

环境背景

由于是自己去过的第一个现场，所以多年后我的记忆依旧非常清晰。那天值班，早上 10 点左右接的警。报警电话称，某区统建楼其中一栋散发出恶臭，最终确定是某户，但是这户没人，进不去，物业也不敢私自破门，以为是老鼠死了之类的，于是报警。民警到场破门之后，发现现场有血迹，并于房门后发现受害者尸体。在对现场进行初步的保护后，我和法医前辈一起去到现场，味道确实很大，以至于戴着口罩都可以闻到浓烈的气味。现场无任何非法闯入的痕迹，受害者尸体在门后，被被褥随意掩盖着。

房间内有明显被翻动过的痕迹，可以判断行为比较仓促。现场有打斗痕迹，但是范围不大，集中在一处，所以判断此统建楼房间为第一案发现场。由于案发时间正值 7 月，南方的天气闷热潮湿，所以在短时间内尸体已经高度腐烂，呈巨人观。现场遗留手机一部，和男士皮带扣在一起，女方手机在身上，无任何财物丢失。初步鉴定受害者死亡时间为 5 天，利器侵入伤 4 处，1 处致命，无法联系到男方，调取监控录像发现男方于几天前离开后并未返回，同时现场床下发现凶器，后鉴定指纹为男女双方的。

男方被列为犯罪嫌疑人，并进行全市排查。可以说男方有初级的反侦查能力，所以导致追踪抓捕困难，在本市排查没有结果的情况下，我们发了全国通缉令。半个月后，犯罪嫌疑人于西南某市被捕，原因为抢夺。在犯罪嫌疑人被押送回案发城市之后，我们对其进行了必要的审讯，以期了解作案细节和他的犯罪心理。

犯罪嫌疑人离婚后，因为经济原因搬进了统建楼。他一直觉得自己人到中年还遭遇这样的事情很不公平。受害者并不是导致犯罪嫌疑人离婚的原因，但是受害者多年来一直和犯罪嫌疑人有情感上的联系。在犯罪嫌疑人遭遇重大负向生活事件的时候，受害者开始义无反顾地照顾他，并未提出结婚要求。犯罪嫌疑人经济来源并不稳定，一直打工，双方因为生活琐事开始出现偶发性争吵。犯罪嫌疑人情绪很容易激动，但在争吵过后往往会表现得很后悔，但这并不影响类似的情况再次出现。犯罪嫌疑人曾经多次寻求心理帮助，被诊断为压力引起的偏执型人格障碍，被建议进行临床治疗及跟踪治疗。周围的人也给了犯罪嫌疑人很多帮助，其社会关系并没有完全脱节，亲戚朋友也经常劝导犯罪嫌疑人。

犯罪心理分析

犯罪嫌疑人对抢夺和故意伤害致人死亡的行为都坦白承认。因为嫌疑人之前并无案底，后期审讯时有了以下报告。

激情犯罪的事实。犯罪行为人无明确犯罪动机去实施故意伤害致人死亡的行为，犯罪决策过程非常短，并无过多的犯罪准备，属于激情犯罪。激情犯罪是在激情状态下的犯罪行为，一般表现为瞬间情绪的无法控制及行为的失控。其实本案中的行为表现集中在情绪的发泄，犯罪行为的发生是因为行为人在和受害者争吵过程中遭受到言语侮辱，以致无法控制情绪，加之长久的对受害者厌烦情绪的累积，瞬间进入思维狭窄或者是即时性冲动，导致意识模糊状态，于是实施了犯罪行为，但是无明确致死受害者的犯意，犯罪心理不稳定，决策周期短，内心矛盾明显，作案后有明显悔意。

未及时到案带来的心理结构巩固。在最初犯案的时候，犯罪行为人的犯罪心理是不稳定的，因为是在激情状态下的初次作案，所以作案后的负面情绪很多。如果这个时候及时到案，那么其犯罪心理的转化就会停止，不会有再犯行为或者比较容易改造。但是由于没有及时到案，行为人的犯罪心理进入潜伏阶段，在消化这些初次犯罪带来的负面情绪之后，其犯罪心理得到了强化与巩固，加之觉得自己已经被作为重要嫌疑人通缉，身上背着人命，那抢夺算什么，于是在合适的犯罪条件下，有了抢夺行为。

供述时减轻责任和否定心理。由于直接参加了前期的犯罪现场调查和后期的审讯与心理判定，我在这个过程中注意到犯罪行为人一些很有意思的行为表现。后期犯罪行为人在看到现场、死者照片以及进行现场指认时会表现出很大程度的不自然，出现紧张、发抖、抠手等行为。在辨认现场照片和对尸体上伤口位置进行确认的过程中，他不敢正视照片，并一再强调犯罪时自己没有主动，而是受害者先拿起刀攻击，自己是由于思维狭窄或即时性冲动导致意识模糊状态下的避险和防卫还击。在这个过程中，自己夺刀并进行了相应的防卫。但是从检查报告来看，致命刀伤在受害者颈部，涉及动脉，其他 3 刀均在头部，并非还击一般涉及部位，而且可以看出当时犯罪行为人的力度很大，他并不处于一个防卫并阻止行为继续的状态。由此可以看出，犯罪行为人在整个审讯过程中一直采取逃避的态度，并不断针对已经发生的事实进行辩解和责任推卸，这里的不敢正视照片或者发抖等表现，当然可以理解为其存在恐惧的情绪，但是更多的辩解和责任推卸行为则是与犯罪行为人之前的障碍有很大的关系。可以理解为这是一种供述过程中减轻责任的做法，但是并不属于外部归因，因为外部归因代表的是心理防御机制的启动。

影视作品的影响。前面提到犯罪行为人有初级的反侦查能力，这个集中体现在他对逃跑方式的处理方面。犯罪行为人简单处理案发现场之后，仅仅带了必要的东西就直奔汽车站，并在汽车站买了一部附带一张手机卡的无实名制手机（当然这是前几年，现在要实现这个是有难度的），然后随便上了一辆马上就要开出的长途车，并在中间站转了一趟车，在整个途中并未入住任何正规酒店或旅馆，没有进行身份信息的登记。这样的反侦查手段在当时其实是给侦查和抓捕带来一定难度的，但是犯罪行为人又是第一次犯罪，后经询问，犯罪行为人承认反侦查技巧是从电视剧里习得的。

犯罪心理中的动力结构。在犯罪心理中存在着两个部分，首先来看本案中犯罪行为人犯罪心理的动力结构部分。

1. 可能涉及反社会的意识。我个人认为，反社会的意识是在犯罪行为发生前即存在于行为人的心理层面的。由于个人的负向生活经历，犯罪行为人产生了错误的社会态度和对社会规范的否定，但这里并不是反社会的人格障碍，并不会有意去挑战公权力或是对他人的感情表现出淡漠。

2. 正常的需要及错误的方式。这个案子表现的主要是情绪发泄的需要。需要注意的是，情绪发泄是每个人都有的正常需要，因为小社会环境，亲密关系等不能提供支持发泄的渠道，所以这种需要虽属正常，但是一直在累积，在累积的过程中又进一步得到了巩固。

3. 犯罪动机。外界诱因带来情绪发泄的突破口，形成了激情状态下的犯罪行为。

4. 不良兴趣。犯罪行为人并无不良兴趣。

犯罪心理中的特殊结构。再来看本案中犯罪行为人犯罪心理的特殊结构部分。

1. 消极的性格特征。这在这个案子的犯罪行为人身上有比较明显的体现，包括情绪冲动性强、不够理智、有报复心、有嫉妒心、挫折耐受力差、易产生消极情绪、自制力差、偏执性强、固执。

2. 与犯罪活动相适应能力。这一点基本没有，犯罪行为人仅有的在逃跑过程中体现出的反侦查能力是从电视剧中习得的。

3. 不良行为习惯。犯罪行为人基本没有。

4. 犯罪行为人的气质特点。因为没有在审讯阶段对犯罪行为人进行气质测试，所以对他的气质特点并不能给出相对准确的结果。有研究显示，大多数人的气质类型并不是单独一种，多呈现混合的状态。

犯罪行为人的犯罪心理已经完成一个周期闭环，但是并没有个性化和完全结构化，这多出现于激情犯罪的罪犯中，因为潜伏周期长，恶变到行为发生过程短，心理斗争密集，特别是在行为发生后。所以这种犯罪者矫正难度

 小，预后良好，再犯可能性小。

相关知识

人在非理智情况下会有多可怕

在谈到这个问题的时候，我想起了很早之前看过的丹尼尔·戈尔曼在《情商》第一部写到的一个小故事，故事的主人公理查德·罗伯斯是一个惯犯，一个刚刚刑满释放的偷窃老手，他打算重出江湖。理查德·罗伯斯以前是个瘾君子，为了满足毒瘾筹措毒资而入室行窃，次数达到了惊人的 100 多次，后在一次犯案过程中被捕，并被判刑。理查德·罗伯斯后来在狱中坦白，他本来早已经萌生了金盆洗手的念头，但是现实情况不允许他这样做，而他也没有什么可以快速挣到钱的技能，况且他要供养女友和他们年仅 3 岁的女儿。他实在是很缺钱。

理查德·罗伯斯在一个午后物色到了合适的目标，随后闯入纽约上东区的一间寓所，此寓所的租户是两位年轻女子——21 岁的《新闻周刊》研究员珍妮丝·威利和 23 岁的小学老师艾米莉·霍弗特。理查德·罗伯斯本来以为寓所白天无人，却没想到研究员威利这一天并没有外出，而是正在家中。在被发现之后，为了不让威利呼救，理查德·罗伯斯用刀威胁威利，并把她绑了起来，随后继续自己的盗窃行为，将寓所内值钱的东西洗劫一空。在罗伯斯正要离开的时候，霍弗特回来了，目睹了罗伯斯的罪行。为了安全脱身，理查德·罗伯斯干脆一不做、二不休，把霍弗特也绑了起来。

理查德·罗伯斯在多年之后回忆往事，他说在绑霍弗特的时候，威利警告他说：“你一定逃脱不了，我记得你的样子，我会协助警察把你抓捕归案的。”理查德·罗伯斯本来想干完这最后一票就洗手不干了，但是这时听到威利的警告，他突然间陷入前所未有的恐慌，随后据他自己说，他完全失去了控制。深陷愤怒和恐惧情绪中的罗伯斯抓起厨房桌子上的汽水瓶把两个女人砸晕，然后又拿起菜刀对两个女人一通猛砍。

理查德·罗伯斯在很多年之后悲恸地说："我当时疯了，头都炸开了。"

这是一个故事，也是一个真实的事件。江山河在《犯罪学理论》中提出，很多激情犯罪都伴随着这种所谓的"神经失控"，也就是非理智。这属于顷刻间爆发的情绪，因为来得太快，所以大脑根本无法判断行动正确与否和用什么程度的行为去应对，边缘神经系统会立刻进入攻击或防御状态去应对当下的情况。而神经失控的特征就是失控之后，失控者并不知道自己当时到底是怎么了。

当然，这只是一个极端的暴力案例。日常生活中也存在着程度较轻的非理智状态，如突然的破口大骂、瞬间的心理压抑，但是事情过后，细细回想起来，又似乎没什么好生气的，这些都是轻度的非理智状态或者"神经失控"。

近几年发生的社会案件中，也有表现为在非理智状态下的暴力犯罪，行为人的行为看上去都比较让人难以理解，多数时候呈现出比较残忍的状态，并且行为人行为后都会呈现类似行为时的记忆空白状态。

你为什么会突然暴怒

"暴怒"这个形容词，看字面就可以理解了，大概意思就是突然的、毫无预兆的异常气愤。但是在犯罪心理学领域，这个词可以有另外一个意思理解，那就是歇斯底里。我们会比较多地从一些影视剧中看到这样的字眼和描述，一般都是一方在描述另一方行为的时候说："天啊，我真没想到，他那时候真是歇斯底里！"歇斯底里只是一个形容词那么简单吗？

歇斯底里（Hysteria）又称癔症，是由精神刺激或不良暗示引起的一类突发神经精神障碍。歇斯底里大多发病突然，可出现感觉、运动和自主神经功能紊乱，或短暂的精神异常。患者具有鲜明的情感色彩，检查不能发现相应的器质性改变，在症状的发生和治疗当中，暗示和自我暗示常常起着重要的作用。

所以我们看到这个词，它并不是一个形容词那么简单，从精神病学的角度来说，它是突然间无法控制的怒火和行为，以及极其反常的状态。

其实说到暴怒或者歇斯底里，我们必须了解一点——它的起因。心理学家弗洛伊德在其著作《歇斯底里症研究》一书中指出，歇斯底里的起因是一种性格偏好，就是冲动。这个冲动并不是我们平常概念里的冲动，我们说的冲动是一种性格偏好，并不是一时的情绪渲染。拥有冲动性格的个体，内心充满了情感纠葛和对于欲望的无法满足，并且一直压抑，冲动就是性格的全部特征。这种性格形成的原因有很多，其中一个我们要深入了解的原因，就是现在一些发展心理学与犯罪心理学结合的研究所讨论的成长过程中，成人教育方式的选择错误。主要体现在以下两个方面。

第一，儿童时期的放任和对任何行为都抱持的宽容态度。很多人说这个情况可能在中国的环境中比较常见，特别是在早些时候的教育观念里面，隔代抚养的情况非常普遍，所以这种情况也会经常发生。其实不然，这个情况会出现在任何国家成人对孩子的抚养过程中，宽容式教育的尺度并不是很好把握，特别是对于新手父母抑或隔代抚养来说。这种情况我们可以从一些社会案例中看到，孩子如果有了非常严重的越轨行为，父母依旧表现得好像没事发生一样，不做任何反馈，不教育也不端正态度，一味地纵容孩子的行为。这让我想起之前在网络上看到的一张动态图片，就是一个孩子在医院，不断地对母亲拳打脚踢，但是母亲就站在那里，没有任何反应。

第二，不合理禁止。与放任相比，另一个极端是不合理禁止。儿童在成长的过程中会伴随很多的尝试行为和探索行为，父母对于孩子很多天性的喜好或是真的出于好奇的探索行为不合理地表示禁止，或者禁止任何自己不喜欢孩子做的行为，当然这些行为里包含正确的行为和错误的行为。但抛开这些，更多的行为是成年人觉得不能做，但是实际上没有太多危险的中间行为。

这两个方面，看上去对立或矛盾，但是同时存在时，就会反映出一种缺乏一致性的教育模式。罗梅拉等人（Olga Gómez-Ortiz，Eva María Romera，Rosario Ortega-Ruiz）在研究文章《育儿风格与欺凌：养育中冷暴力与体罚的中介作用》中表示，个体会对常见的一些社会规则变得无法感知，如我们常见的满足感延迟、忍耐、妥协、谈判、权衡等，这些常见的社会规则和社会情绪无法真的被个体在心理上建立并且巩固起来，于是个体慢慢就会成长为无法适应社会的人，或者可能出现更加严重的情况，即个体会觉得自己被整个社会所抛弃。①

当然，我们不排除一部分歇斯底里的患者可能会有脑部异常的因素存在或是因为器质性的损伤造成行为失控，但是这个占比毕竟是少数。

另外，在讨论歇斯底里的问题之后，我提出一个问题：**如果爱的对象不能得到，产生了怨恨和愤怒，这种情绪是否会转移？**

几乎任何动物都会示弱和撒娇，更不要说人类了。撒娇对于成年人来说，可以被定义为一种社会情感技能，撒娇可以避免很多争端，甚至有可能得到一些便捷。但是如果撒娇行为受挫呢？孩子在成长过程中的撒娇行为如果被禁止或者是对象不能，比如无法获得足够的母爱，那么就会形成一种心理创伤，这种创伤会主导撒娇行为被阻止的负面情绪变成攻击性。随着撒娇行为的增多，这种心理创伤会慢慢地累积和重复。根据阿尔伯特·班杜拉的社会学习理论，孩子成年之后，如果带目的的行为被拒绝或是受阻，就会激发这种创伤带来的潜在攻击性，人就会暴怒，进而去攻击别人。这就是一种情绪的转移。

如果抛开学术的严谨不谈，个人觉得导致人类暴怒的原因实在有很多。当然，并不全是因为你激怒了无辜的对象，有时候可能是因为个体成长中背负的情绪和创伤太多，多到自身无法承受和排解，而我们恰好打开了那扇锁得很死的门。

---

① 可参考 Olga Gómez-Ortiz，Eva María Romera，Rosario Ortega-Ruiz，"Parenting Style and Bullying. The Mediating Role of Parental Psychological Aggression and Physical Punishment"，*Child Abuse & Neglect*，Volume 51，January 2016。

Case No.02：

法院审判员枪击案心理报告

地点：中国北方某市

案件类型：故意杀人

结果：2 名当事人死亡，2 名当事人受伤

背景：认为离婚过程中涉及的财产纠纷判决不公

犯罪动机：对认为伤害了自己的人进行报复，嫉妒，情爱仇恨

犯罪目的：以非法手段剥夺他人生命权

审理结果：未进行审理，犯罪行为人自杀身亡

案件经过（根据新闻报道整理）

20XX 年 2 月 26 日晚上 9 点，某村一栋自建房内，聂某现任丈夫双臂被子弹击中，无生命危险。

20XX 年 2 月 26 日晚上 9 点 05 分，两名男子驾驶一辆白色捷达车逃离现场。

20XX 年 2 月 26 日晚上 9 点 35 分，两名男子来到受害审判员住处楼下，其中一人持枪去敲审判员住处门。

20XX 年 2 月 26 日晚上 9 点 40 分，审判员丈夫开门，嫌疑人哑枪并逃跑。审判员本人及丈夫追出，审判员身中两枪抢救无效身亡，其丈夫中枪受伤。

20XX 年 2 月 26 日晚上 9 点 50 分，两名男子驾驶白色捷达车迅速逃离

审判员被枪击身亡现场。

20XX 年 2 月 26 日晚上 11 点 50 分，两名男子驾驶车辆来到邵先生的住处楼下等候邵先生。

20XX 年 2 月 27 日 0 点，在邵先生住处楼下，邵先生被枪击身亡。

20XX 年 2 月 27 日凌晨 1 点，两名男子驾车被警方围堵并截停，两人未做过多反抗，在车内开枪自杀身亡。

犯罪环境背景及犯罪心理分析

环境背景

案发后，根据同楼层邻居的回忆，受害审判员与丈夫平时为人都非常和善，每次见面都会打招呼。受害审判员平时也不太爱说话，平时刻苦钻研工作，不经常参加应酬和聚会，为人低调。但是每当有邻居向她咨询一些案件或者对法律问题有疑问时，受害审判员都会针对所提出的问题和案件进行耐心的讲解。有邻居曾表达对审判员工作的羡慕，受害审判员称也会有令人发愁的时候，这么说的原因，就是审理案件这个工作本身容易得罪形形色色的人，将自己置于危险之中。

受害审判员曾参与两个犯罪行为人其中之一李某的离婚财产分配案的审理工作，但是李某对审理结果并不满意，甚至产生了一定程度上的抵制情绪和对审判工作的认识错误。

除受害审判员与受伤的审判员丈夫外，另外两名本案的受害者都是与犯罪行为人有间接感情纠葛的人，一名伤者是其前妻聂某的现任丈夫，与聂某婚后感情很好，周围的邻居也都表示过羡慕。而另一名死者邵某的妻子，根据报道，疑似与其中一名犯罪行为人张某相识，而张某也在不久前离异。除此之外，两名犯罪行为人与多名受害者之间并无其他类型的纠纷发生。

犯罪心理分析

犯罪类型。首先肯定的是，本案涉及的因素有爱、嫉妒、憎恨，这些心理上的纠葛状态在犯罪动机上为本案提供了推动力和犯罪动机的确定性。在众多的杀人类型中，有一种杀人类型经常发生于正在形成或是已经形成亲密关系的社会个体间，如兄弟姐妹、亲密的朋友、夫妻、恋人等，这些社会个体间存在着某种关系，这种关系在进行过程中会产生感情纠葛，当这种纠葛慢慢累积，并没有得到很好的疏解，到达一定程度，就变成了犯罪者情绪的推动力和其中一个决定因素，最终会发展为像本案中的以非法剥夺他人生命权为目的的犯罪行为。

本案的各种心理纠葛状态符合“情感纠葛杀人”这一类型的判断标准，所以本案的犯罪类型属于情感纠葛杀人。当然，要注意的是，感情的纠葛并不是只会发展成为情感纠葛杀人这一种犯罪类型，其表现形式有很多种，并不是一对一的直接因果关系。

罪犯的犯罪心理潜伏阶段分析。本案是由报复、嫉妒、情感纠葛引起的情感纠葛杀人类型的杀人案，此类杀人案的犯罪行为人通常伴有不健全的人格和不良的心理因素，并且感情冲动通常会呈现出强烈和无法抑制的趋势。此类型的人多因为后天受挫、处境异常而伴有偏执型人格障碍，多疑敏感，容易产生强烈的嫉妒心理，攻击性强，容易歪曲别人的善意［需要注意的是，这里不是反社会型，根据美国精神病学会的《诊断与统计手册：精神障碍》（第四版）（*The Diagnostic and Statistical Manual of Mental Disorders*，*Fourth Edition*，*DSM-4*）中给出的反社会型人格障碍的特点，结合本案的有计划性、犯罪行为的相对公开性以及犯罪目的和目标的明确性，排除了本案犯罪行为人反社会型人格障碍的可能］。本案犯罪行为人在经历带目的的行为受阻的负性生活事件后（本案中主要体现为情感挫折以及对财产分割结果的不满意）产生了偏执型人格障碍，逐渐开始变得敏感，产生强烈的对目标的嫉妒和对审判结果的愤恨情绪，甚至是对相关人员的情绪泛化。

罪犯的犯罪心理恶变阶段分析。这个阶段主要是犯罪行为人进行信息交换和信息累积的阶段。可以注意到本案中的外界信息，在受害人方面，是和自己之前有或者疑似有感情纠葛的女人的现任丈夫，这个信息基本不用通过外界宣传来了解，犯罪行为人自己可以轻易打听到，涉及的信息如双方目前的感情状况、是否经常争吵、经济状况及金钱如何分配等，可能由于了解到的情况和自己所经历的情况或现实的情况有反差，行为人会产生负向的心理感受。无疑，这种反差越大，越会带来一种嫉妒和质疑的心理，如会出现“为什么不是我”“为什么他们会那么好”这一类的想法。但是，虽然有了这些负向的心理感受，犯罪行为人本身也还是很矛盾的，因为他并不能否定自己对与自己有感情纠葛女人的爱恋心理，这种矛盾越强烈，要报复的心理基础也就越强烈，但是打击目标并不会是女性，而是转向被认为替代了自己位置的其现任丈夫。这就是为什么在本案的枪击过程中，与犯罪行为人有感情纠葛的女性都没有受伤，哪怕是同在一个现场，一方面说明与犯罪行为人感情牵制带来的心理矛盾，另一方面也说明其情绪已经发生了转移，打击目标很明确。

李某的另一目标，关于受害审判员的信息来源可能是多方面的，如政府网站的表彰、其他渠道的打听。审判员在工作中的表现越是优秀，越会反向激起李某对于审判员的报复欲望。李某会产生一种“这样优秀的工作表现都是站在我们这些人的纠纷案上面，通过伤害我和与我相似的人的利益得来的”类似的想法，进一步产生“反正你害得我什么也没有，我就做一个惊天动地的事情给你看看，反正我也没什么好失去的”这样的极端负面情绪，于是犯罪动机就产生了。而这种整体的恶变会带来犯罪心理学中称之为“自组织功能”的出现，导致犯罪行为人的不良心理因素无法摆脱，并慢慢占据其心理主导地位，产生“合力”结构，进而推动犯罪行为人心理结构的外化。

罪犯的犯罪心理实施阶段分析。这一阶段主要表现为动机外化为行为，并伺机作案，制造犯罪机会和条件。本案中的两名犯罪行为人对作案的时间有了初步的规划，但是并未进一步进行踩点和观察，虽然有预谋，但是可以看出计划并不完善，第一个枪击时间和第二个枪击时间都选在一般大众在家的时候，虽然在第二个枪击现场时对审判员的实际情况估计错误，但不影响整个犯罪行为的进行。第三个枪击时间应该是初步了解之后的现场等待，以至于邵某在门口一出现就遭到枪击。这个阶段比较值得注意的就是自制手枪和储备弹药这个犯罪前准备动作，为犯罪的实施储备了物质条件。从后来在车中查获的大量子弹来看，两名犯罪行为人如果没有被截停，可能还会有其他行为产生。

罪犯的犯罪心理衰弱阶段分析。这个阶段中，犯罪行为人的常态心理开始出现，心理矛盾持续增大并会伴有后悔、自责、惊恐等负面情绪。此案的衰弱阶段比较特殊，分为几个小的阶段。第一个阶段出现在犯罪行为人李某第一次枪击成功之后，聂某现任丈夫双臂受伤，随之李某逃跑，犯罪心理进入衰弱阶段，需要进行调整。虽然在犯罪后伴随着惊恐、紧张等情绪，但是由于犯罪行为的成功，并且没有被第一时间抓获，行为人的犯罪心理得到一次强化，加快了再次恶变的进程。第二个阶段出现在李某第二次枪击行为中，也就是对受害审判员进行枪击的哑火之后，后面会做分析。第三个阶段出现在李某完成第二次枪击，打死打伤审判员夫妇并逃跑之后，这个时候其犯罪心理再次进入衰弱阶段，需要进行调整，由于犯罪行为的再次成功，伴随的负面情绪已经远远不及第一次枪击，给予犯罪心理再一次强化，由于后面再无其他枪击行为，李某的常态心理出现，伴随着自责、质疑、恐惧等情绪。第四个阶段是在犯罪行为人张某完成了对邵某的枪击之后出现，伴随的惊恐情绪和心理矛盾会比较大，因为这是张某唯一一次枪击行为。

在受害审判员处首次开枪未成，反身逃跑后又行凶心理分析。这个部分要注意的是计划犯罪里的意外情况给行为人带来的心理改变，因为犯罪行为的实施受到众多因素的影响，变量很多，并不是完全可以按照计划去进行的，更何况本案中的计划本身也不完善，所以意外情况发生的可能性就更大。按照犯罪行为人李某的计划，直接目标——受害审判员开门的一瞬间，开枪进行打击，之后立刻转身离开现场。从作案时间上来说，他选择了晚上 9 点到 10 点这个时间段，因为多数人在这个时间还没有休息，并且都在客厅活动。而受害审判员丈夫开门的这个情况，是李某计划之外的因素，开门者不是第一目标这个情况使得犯罪行为人产生了额外的心理矛盾和不确定性，以至于李某与受害审判员丈夫之间有了一番看上去有点奇怪的交谈——李某确定受害审判员本人是否在家。在得知受害审判员本人在家的情况下，才进一步强化了犯罪行为人本身的犯意，准备进行打击行为。

但是受害审判员正面呵斥犯罪行为人的情况又是另一个犯罪行为人没有考虑到的意外。计划中受害者面对持械闯入者的恐惧并没有在本案中的目标审判员身上出现，而是正面的呵斥和警告，这可能是由于受害审判员多年的工作经验而成，这样的意外情况造成了犯罪行为人的恐惧，慌乱中朝面前距离最近的目标开了两枪，出现了第三个意外——哑火。

在哑火的情况下，李某本能地选择逃跑，这个时候犯罪行为人的躲避心理占了上风，犯罪心理迅速进入衰退期。而受害审判员和丈夫追出的这个行为又使李某有了另一次实施犯罪的心理循环，一方面犯意得到巩固，另一方面为了阻止追逐，进行了第二次射击。

共同犯罪心理分析。两个犯罪行为人李某和张某都是离异男性，直接打击目标虽不同，但是有相似之处，打击的目标是前妻或者有感情纠葛的女性的现任丈夫（张某的目标——邵某的现任妻子与张某关系并没有查明），或者是被认为参与其离婚过程的人。

可以确定的是，两人是在寻求一种合作，而这种合作是协助上的，并不是直接行为上的。也就是说，两人并没有同时打击一个目标，而是各自目标明确。从这一点可以看出，两名犯罪行为人都是理性的，而从各自犯罪目标明确看来，两人分别在共谋之前就已经有了个人明确的犯罪动机和意向，这个基础加速了共谋心理环境的形成。

另外，可以看出，两人有一定的信任基础，在一个人达成目标的时候，另一个人提供协助，足以说明两人在心理上已经形成一种情感信任。基于两人共同的遭遇，以及和两人有关系的女人现在都很好地过着自己新的生活，在这种嫉妒和纠葛的心理状态下，他们之间产生了信任。

两名犯罪行为人的犯罪目的明确，但是并没有严密的组织架构，没有明确的分工。两个人一起实施的特定犯罪目标就是杀人，通过一起实现犯罪目标来辅助或者推动群体里每个人达到自己的目标，犯罪目的成为主观上的自我强化物，这种反馈和学习机制在不断地增强两名犯罪行为人实施共同犯罪的心理基础。

犯罪行为人未进行额外抵抗，在车中开枪自杀的心理分析。本案中，两名犯罪行为人并没有到案，而是在被警方截停后未进行任何抵抗就直接在车内开枪自杀。从两人开枪自杀的行为中可以推断出他们早就考虑过自杀这个方式，因为被截停后发现双方力量悬殊，所以未进行任何抵抗。但从车内发现大量子弹来推断，他们依旧保留了抵抗的可能性。

在犯罪心理学的众多观点中，比较多的学者支持的一种观点是将自杀看作一种将杀人的对象转换为自己的行为。如诺尔（James L. Knoll）在自己的文章《理解他杀—自杀》中提到的那样，这是一种杀死自己的杀人行为。杀人的人经常在犯罪前就已经有自杀的想法，也就是说，自杀和他杀是会发生转化的。[①] 尤其是结伴自杀和大量杀人事件的行为人（本案），本身具有自杀想法的概率最高。企图大量杀人的犯罪行为人因为对人生的绝望和所处的不堪境地而产生自杀意图。出于对把自己逼到绝境的社会的怨恨和嫉妒情绪，衍生出想要更多人陪他一起死的心理，在这个过程中，纠葛情绪慢慢转移到多个目标身上，形成了多目标打击的严重犯罪行为。

本案性质恶劣，在分析这样的社会新闻时会有一定难度，因为同一个社会新闻，每一个看到它的人，对其产生的认知都会不同。另外，鉴于这个案

---

① 可参考 James L. Knoll，“Understanding Homicide-Suicide”，*Psychiatric Clinics of North America*，Volume 39，Issue 4，December 2016。

子的两名犯罪行为人已经死亡，所以所有的分析都是基于新闻媒体的披露信息形成，在分析的信息基础上也需要承担一定的不准确性带来的风险。

相关知识

人类是否真的会因为遭受了巨大打击而变坏

我在一个网络知识分享平台上回答过一些与犯罪心理学相关的问题，其中有这样一个问题："很多动漫和电视剧都会描述一个悲情的人曾经很善良、很正义，因为遭遇了重大事故而变得很坏。现实中真的会这样吗？这是一种心理疾病吗？"

这个问题分为两部分，在讨论这个问题的时候，可以先从第二部分开始，这是一种心理疾病吗？首先明确一下，题中所说的"这"想表示的是一种遇到打击就变坏的状态吗？如果是，那么这可能是一种心理结构的不完善，这种结构的不完善从犯罪心理学角度来说，并不是一种心理疾病。心理结构的不完善不能称为心理疾病的另一个原因是这个情况往往出现在犯罪心理转变周期从潜伏到恶变的中间段，也就是说恶变还没有完成，这样的程度是不能被称为心理疾病的。但是，这里需要多考虑一个可能存在巨大变化的重要因素，那就是本身遭受重大打击的个体是否有隐性的人格障碍。如果人格障碍确实存在，那么在遭受打击之后，就会加速犯罪心理的恶变，并在很大程度上主导恶变之后的犯罪类型和严重程度。

回到实际情况中来看问题的第一部分——"现实中真会这样吗？"

答案是肯定的。

在进入问题之前，要先对这样的重大心理打击会带来哪几种类型的犯罪做一个初步的了解。一般会产生激情犯罪和无计划犯罪两种类型。这里有两个理论，美国社会心理学家伯科维茨（Leonard Berkowitz）在1984年首次提出的认知—新联结模型和兹尔曼（Dolf Zillmann）在1988年首次提出的兴奋迁移理论（Excitation Transfer Theory）。它们都可以解释由情境刺激引起的挫折状态下即时发生的无计划的暴力行为的心理机制。

认知—新联结模型（Cognitive–neoassociation model）。伯科维茨在其著作《关于愤怒和侵略的形成与调节：认知—新联想主义分析》（*On the formation and regulation of anger and aggression: A cognitive–neoassociationistic analysis*）中指出，该模型强调了挫折性事件（通常表现为带目的行为受阻）引起的负面情绪可能自动引发各种与逃避或攻击的倾向相联系的情感、思想和记忆。在产生负性情绪的状态下，一些人可能不对行为的性质和后果进行进一步思考或思考过程异常短暂就迅速行动，有时甚至诉诸暴力。在这样的情况下，很容易形成激情状态下的犯罪行为。

兴奋迁移理论（Excitation Transfer Theory）。兹尔曼在其文章《情绪行为中的兴奋转移》（*Transfer of Excitation in Emotional Behavior*）中提出，个体对于对身体和心理具有重大意义的刺激性情境会做出情绪反应，这种生理唤醒只有随着时间的推移才会逐渐消退。举个例子，一个人工作一直很好，自己觉得能力很强，但是这天受到了批评，产生了愤怒或是委屈的情绪，很可能直到晚上回家这种情绪也没有经过自己的调节而消失，这个时候如果他进家门发现家里有人在做苟且之事，那这样的情境就会触发之前的剩余情绪并融合升级，导致发生犯罪行为。简单地说，就是一个上宽下窄的容器，情绪产生之后需要一个时间段去缓解和抒发，这个时候如果经历连续的负性事件或者刺激性事件，造成负面情绪不断产生，那容器就装不下了，溢出来就会导致自我控制和行为的越轨或者犯罪行为的发生。

在众多的理论依据中，一个犯罪行为的公式吸引了我，这个公式是由美国学者亚伯拉罕森（Abrahamsen）提出的，贝茨（Jerome E. Bates）在其文章《亚伯拉罕森的犯罪行为成因论》（*Abrahamsen's Theory of the Etiology of Criminal Acts*）中重申了这一公式，如下：

$C=(T+S)/R$

C：犯罪行为

T：个人犯罪倾向

S：外界犯罪因素的诱惑状态

R：犯罪诱因的心理抗拒力

在这个公式中，考虑到我们每个人都会多多少少面临各种各样的打击，但是受到重大打击转变成犯罪人的毕竟是少部分，所占比例真的不是很大。而犯罪人的心理结构里缺少或者说不完善的是自我调节那部分，也就是公式中的R值不高。接下来在假设环境中，因为重大打击或是生活事件带来的负面情绪，如沮丧、失望、仇恨、恐惧、紧张等，这个公式中的S值会变得很高，高到爆表那种。

这个时候在假设情况下，心理结构完善的人会通过心理调节机制去消除负面情绪或者让负面情绪停留在潜伏状态（通常包括道德判断、教育模式等），这是R值很高的类型。而不完善的人就会因为这种调节机制的缺失而无法控制负面情绪的发展，转而形成犯罪意图（犯罪意图里面包含的诉求可能有很多种，如渴望被理解、相对程度较高的物欲、相对程度较高的性欲、对社会的仇恨情绪的抒发、对不满遭遇的报复等），这就是T的形成模式。恶变就在这个过程中慢慢形成，配合犯罪心理的恶变到外化，从而有了犯罪行为，最终有了C值。

一般这类型犯罪心理的形成速度快，犯罪前心理矛盾少，无计划，目标可能固定，也可能不固定（取决于犯罪人想表现出来的诉求，如果是直接目标造成打击，那犯罪行为目标就是给予打击的直接目标，如情杀；如果是大社会环境造成打击，那犯罪行为的目标就是给予打击的大环境目标，如危害社会安全犯罪类型——放火、投毒、危险驾驶等）。

造成犯罪的动机有哪些？犯罪人种类有哪些？犯罪目前都是可以预防的吗

我们经常提到的动机，其实际意义是法律层面一个单一的概念，但是放在犯罪心理学上来说，犯罪的发生并不是一个单一成因的结果，而是一个系列的变化过程，简单来说就是犯罪意图内外化的过程。需要明确的是，虽然这些欲求相对程度较高，但是依旧属于普遍正常的情况，不能觉得犯罪人的欲求就是畸形的。只有在满足欲望的冲动迫不及待，正常手段不能满足欲求，并且选择侵犯他人利益和社会利益去满足欲望的方式的时候，才会启动形成犯罪心理的初始环节。笼统地说，犯罪动机产生的原因有四个，第一，除变态外的正常需要；第二，个人需要与社会需要处于对立；第三，品德缺陷与抑制力缺乏；第四，正常手段无法满足个体的需要。

犯罪行为为什么发生？宋晓明等主编的《犯罪心理学》中总结了学界常见的或者说被大多数人接受的阐释犯罪行为发生的理论。

1. 内、外化机制：如字面理解，该理论认为犯罪行为的发生是一个两段式的过程。从吸收外界客观的消极因素到形成主体的犯罪心理是内化的过程；犯罪心理进行整合到实施犯罪行为是外化的过程。缺少其中任何一段，犯罪行为都不会实际发生。

2. 刺激、反应与反馈机制：该理论由张春兴提出后由义池教授用于犯罪心理学研究，根据《犯罪学大辞书》中的解释，该理论主要部分集中在理论中涉及的三个因素的互相作用和反应上。三个因素互相作用可以分为 S-R（刺激一反应），O-R（个体一反应），R-R（前后反应）三种，其中 S 表示外在不良因素（如刺激源、环境因素等），O 表示主体内不良因素（如自我控制差、情绪问题、人格障碍等），R 表示各种违法行为因素的总和。

3. 量变、质变机制：这个从字面上理解就很简单，各种不良因素量变进行累积最终形成质变，并导致犯罪行为的发生。

4. 防御机制：在思维狭窄或即时性冲动导致的意识模糊中，为了消除由心理冲突或挫折引起的焦虑，维持和恢复心理平衡而采取的自我保护方法，分为合理、认同、反向、投射几种，是个体在应激状态下经常出现的一种心理机制，在平常状态下，如心理咨询过程中也会经常出现。

5. 四阶段论：梅传强博士在其著作《犯罪心理生成机制研究》中提出，犯罪心理的形成有四个阶段：人格缺陷、犯罪意识、罪过心理、犯罪心理转化。

看完犯罪行为发生的原因后，我们进一步来了解犯罪人都有哪些类型（前四种为普通模式，后三种为特殊模式）。[①]

1. 原发型：从小就是个“坏孩子”，当然这并不代表承认了“性恶论”，只是在某些情况下，如精神病态或是脑损伤或发育不完全的情况下，在很小的时候就产生了越轨或是行为上的偏差。

2. 继发型：半路出家型，通常这类型的犯罪者矫治效果会比较好，因为这类型的犯罪者一般都是在个别负性生活事件影响下认知产生偏差而进行犯罪，所以犯罪心理并没有完全形成，矫治难度较小，再犯概率也较小。

3. 突变型：就是激动得一下子没忍住，就变异了。这就是一般的激情状态下发生的犯罪行为的情况。

4. 机遇型：刚好遇到，不做白不做。这种情况比较多地表现为商场顺手盗窃，偶发性比较明显。

5. 朦胧型：做完之后不知道为什么做了，这种情况的出现一般伴随着精神类疾病或是突发疾病，在犯罪行为发生后，行为人从突发疾病的状况中恢复，并伴有选择性失忆的情况，如歇斯底里症。

6. 习惯型：经常这么做，就顺手了，通常表现在惯犯身上，犯罪心理已经定型并且个性化，主导了犯罪人的思维模式。

---

① 分类概念首次出现于罗大华教授与马皑教授合著的《犯罪心理学》一书中，即罗大华、马皑：《犯罪心理学》（第二版），中国人民大学出版社 2016 年版。

7. 变态型：变态心理引起的犯罪行为多呈现手段残忍的特点，犯罪原因通常不寻常，有欲望的发泄，有犯罪人根据自己扭曲观念进行的表达，犯罪现场通常会伴有很多艺术、哲学的因素，受害者通常被视为战利品或是犯罪人自己的作品，此类型的犯罪人在中国并不多见。

看了这么多之后，回到题目上面，犯罪目前是不是可以预防？就目前的情况来说，虽然各种技术都较以前有了长足的发展，但是针对个别案件的预防依旧是比较有难度的，因为论单一案件，一般都是长期的外界环境刺激引起的内部心理变动造成的，要么是决策时间非常短，要么就是计划缜密。有点类似于地震的发生，预见会有难度，就好像做好抗震和逃生教育一样，只能从大环境入手。目前比较显著且力度比较大的预防手段有“天眼”系统的运用，并且正在加大覆盖的范围。

有需要就有动机，而建立在动机上的犯罪行为的预防要做到全面或是针对个别犯罪进行判断和预防很难，因为影响一个人做出犯罪行为的因素很多，并无定向预防手段，但毕竟犯罪人是整体的少数，所以不断地加大整体环境的安全系数，是一个降低犯罪率行之有效的办法。

Case No.03：

请问你愿不愿意当我画作的模特啊？
——大久保清连续强奸杀人案

地点：日本群马县

案件类型：连续强奸杀人

结果：10 名当事人遭到强奸，其中 8 名当事人被杀害

背景：人格障碍造成的扭曲型发泄犯罪

犯罪动机：发泄性欲，满足空缺心理

犯罪目的：违反女性性自由与其发生性关系，非法剥夺他人生命权利

审理结果：大久保清于 1973 年 2 月被判处死刑，3 年后被执行死刑

案件经过（根据新闻报道整理）

说起日本群马县，可能很多人都没听过，但是说起电影《头文字 D》，很多人就会知道一个地方——秋名山。秋名山是日本群马县的名山，以公路弯道众多出名。抛开电影不讲，群马县还因为日本刑事司法历史上的另一件事情被记录。

1971 年春天，日本群马县发生了多起年轻女性失踪的案件，经过初步侦查，警方并没有得到什么有利的线索，但是由于案发地点相对集中，目标群体也相对固定，于是警方决定并案调查。调查一直在进行，直到群马县快进入夏季，也就是最后一位当事人受害的时候。

1971 年 5 月 7 日，群马县藤冈市一位上班族女性在家中留下了一张字条，

字条内容是："有人问我愿不愿意当他的画作模特，我还是去当面拒绝一下好了。"之后她骑着自行车出门，随后便消失了。

该女性失踪之后，其哥哥一直在寻找妹妹的下落，直到在藤冈市内发现了妹妹的自行车，并且在自行车停放处附近发现了一名开马自达新款跑车的男人。因为跑车真的太显眼了，而该男人又开着跑车在妹妹自行车附近不断地观望，使得该男子看上去很可疑，所以哥哥决定上前询问，不料该男子驾车直接逃跑。哥哥记下跑车的车牌号并报了警。警方查到该男子是住在高崎市的大久保清。本来警方只是觉得抓大久保清回来例行问话可能有助于调查，或者是大久保清知晓失踪女子的动向，但是随后大久保清的供述让所有办案警察都惊呆了，该案件也成了日本历史上有名的大量杀人案件。

根据大久保清的供述，自 1971 年 3 月 31 日到 1971 年 5 月 10 日，包括 5 月 7 日留下字条的女性在内，他在群马县范围内已经用同样的手段强奸并杀害了 8 名 16 岁到 22 岁的女性，并将这些女性的尸体藏匿在某处。

根据当时的口供，大久保清说自己戴着贝雷帽，穿着衬衫，以画家、美术老师、英文老师等身份为幌子，开着最新款的马自达跑车，前后询问了共计 150 位以上的年轻女性，以"愿不愿意当我画作的模特"等非常巧妙的言语邀约女性，上车的女性有将近 3 成，实际 50 名左右，其中 10 名遭到大久保清的强奸，而被杀害的 8 名女性全部是因为反抗激烈或是被发现想要乘机报警而遭到杀害并被弃尸。①

犯罪环境背景及犯罪心理分析

环境背景

大久保清出生在当时日本社会较富裕的家庭，从小父母就对他关爱有

---

① ［日］PHP 研究所：《犯罪心理学》，简中昊译，我国台湾地区晨星出版社 2013 年版。

加，基本上要什么给什么。大久保清的学习成绩并不好，从小学到高中，学习成绩基本都在全班的末尾徘徊，学习方面并没有很出色的表现。但是在另外一方面，大久保清却似乎表现出了“天分”。在高中的档案记录里有这样一句描述大久保清性格的话：“很会说话，有可以很好地欺骗他人的才能。”

从高中时期开始，大久保清就出现了对女同学恶作剧的行为，并且丝毫没有随着年龄增长而收敛的迹象。大久保清高中念完之后并没有选择继续升学，而是开始帮家里务农，同时做一些家电和农副产品的贩卖生意，但是生意最终都不是很成功。

大久保清 18 岁的时候有第一次犯罪行为出现，之后比较频繁地出现一些犯罪行为，如轻度的盗窃、恐吓，严重至强奸致伤等，其中包含不起诉案件 4 件，和解案件两件。由于其家庭条件不错，所以哪怕在这种情况下，他依旧被父母过度地保护着。而开始大量连续杀人的行为则出现在大久保清于 1971 年 3 月 6 日假释出狱后的不足一个月内。①

值得一提的是，大久保清在不到 30 岁时结婚，与妻子育有两个孩子，看来大久保清很好地隐瞒了之前的犯罪记录。与大久保清结婚这么多年来，妻子一直都没有发现他的真面目。

犯罪心理分析

首先，人格障碍的形成。大久保清由于父母的溺爱，在成长过程中发生了心理发展上的固化，可能存在人格障碍的情况。他高中时期开始对女生进行恶作剧，并且这种情况并没有在学习阶段有所缓解。后期在审讯过程中，犯罪行为人交代这种行为产生的原因是希望得到别人的重视和关注。迪尔凯姆在其著作《自杀论》中提出了“失范”的概念，而罗伯特·金·默顿则在

---

① ［日］PHP 研究所：《犯罪心理学》，简中昊译，我国台湾地区晨星出版社 2013 年版。

其著作《社会理论与社会结构》中用“失范理论”来研究越轨行为，根据此概念，大久保清想要达到的吸引别人注意的目标是合法的，但是采取了越轨行为突出自己，提醒别人自己的存在。大久保清18岁开始有犯罪记录，其中的恐吓犯罪说明他意识里觉得自己的地位非常重要，并且经常以自我为中心，这与成长过程中父母对他的养育方式有关系，并没有使他形成很好的对自我的定位认知，以至于成年进入社会之后，他依旧以这样的认知模式去处理问题。可以判断大久保清可能是表演型人格障碍。

其次，犯罪心理的个性化。大久保清的整个犯罪生涯分为两个阶段，这两个阶段都存在着犯罪心理的个性化。第一个阶段是18岁开始出现的犯罪，在大久保清18岁开始出现的6起犯罪行为中，强奸致伤这一项是在大久保清连续强奸杀人之前的犯罪记录里面最严重的，但是这6起案件的和解和不起诉说明父母对他的极力袒护（无选择性的包容）。这种看上去正面的负面反馈加快了大久保清犯罪心理的完善速度，并且潜伏期的焦虑感和后悔在这样的袒护下慢慢变得不强烈，犯罪心理的个性化慢慢形成。对于之前已经发生过的记录在案的罪行，大久保清可谓驾轻就熟，已经形成了自己的一套手法和犯罪心理循环。

被保释后，大久保清的犯罪生涯进入第二个阶段，同样也存在着犯罪心理的个性化循环。在大久保清被保释以后，其之前的个性化结构依旧影响着他的思维和行为模式，所以他依旧选择以犯罪手段满足自己的畸形欲望，开始了连续强奸杀人的犯罪生涯。在刚开始的时候，大久保清并没有被抓到，或者说一直都没有被抓到，所以他的犯罪心理不断被强化，再犯时间开始缩短，程度开始加深，犯罪心理完全个性化。但凡遇到有一点欲望需要发泄的时候，他就会想起以这种手段去处理。

最后，内心矛盾激起的犯意。女性对于大久保清来说不仅是他发泄性欲的对象，也是能够和他共有他的想象时间、帮他满足自己虚荣心的工具。大久保清会觉得这些上了他车的女性都是被他虚构出来的职业和所开的新款马自达跑车所吸引，而这种虚构的肯定感恰好就是他需要的。但是，一旦他从这一系列的幻想中走出，就必须要面对不如意的现实情况，并且憎恨这些女性给自己带来的空虚感和堕落感，于是杀心即起，加上女性的激烈反抗行为与想要报警行为的存在，就更加坚定了大久保清杀死这些看到他真面目的女人的心，因为他刚刚从监狱出来，肯定不想因为更严重的罪行再次被抓。

另外，表演型人格障碍给予大久保清的副作用就是情绪很容易激动，特别是当别人不能顺他的意或是满足他的欲望的时候，就会出现爆发性的行为，但是同时，他又急切地渴望得到理解和关注。大久保清以为这些上了他车的女人对他是有好感的，是可以理解他的，但是当他意识到自己只能通过强奸得到这些年轻的女人时，这种现实打击对于表演型人格障碍者来说是巨大的，所以就像前面所说的，为了弥补自己内心的空缺和堕落，加之还有一些个体的激烈反抗，杀了这些女人就一了百了，她们的存在就是对他的一种侮辱。

相关知识

当行为人进化成累犯，行为人在想什么

首先可以肯定的是，累犯肯定是要加重处罚的，因为都已经执行完毕，几年内（每个国家的法规年限不同）又一次犯罪，这个当然要加重，不加重难道无动于衷不成？很多人可能会问，累犯都已经被处罚过一次，为什么还会继续犯罪呢？原因是什么呢？累犯继续犯罪的原因有以下几种：

- 初犯年龄偏年轻化，改造不到位。这里的改造不到位很大一部分原因是如果初次犯罪年龄比较小的话，其改造的难度是比较大的。邬庆祥等人在研究文章《未成年刑释人员重新违法犯罪影响因素的研究》中指出，初犯时年龄越小，再犯的可能性就越大。越小的年龄，意味着犯罪习惯就越顽固，矫正的成

 功概率就越小。[①] 而犯罪年龄变化的这个趋向，确实也是在往年轻化发展的。

- 标签化或者污名化。这是犯罪行为人发生再犯、成为累犯的一个重要因素，也可以理解为社会支持不完善。
- 于监狱中交流习得新的犯罪技能。
- 对于群体行为的抵抗力缺失。很多时候再犯表现为群体性，再社会化之后，由于认识的人一部分也是再社会化人员，所以会出现一个群体中的某一些人对另外一部分人的影响。
- 环境影响依然存在。环境的改变和其中所存在的现实问题，并不会随着犯罪行为人个体的再社会化而改变，所以环境因素依旧存在。

说完了再犯的原因，累犯的心理上又有什么样的特点呢？

首先，依旧是物欲。不要以为经过监狱中的再社会化过程，物欲就会被磨灭，太单纯了！物欲是一个一直存在的因素，累犯在这方面的表现可能和其他人不太一样。赵桂芬副教授曾经提到过，累犯对于物欲有一种弥补心态。累犯由于在监狱中受到比较严格的管制，在重新返回社会之后会产生一种之前失去的现在都要拿回来的心理，当然这种心理是不平常的，也不是所有累犯都会有的，但是在概率上，这种心理是存在的，而且在再犯罪的过程中发挥着比较重要的推动作用。

其次，交往。不可否认，人是社会的动物，交往的需求是所有人都会有的，而有过前科的人也不例外。被监禁，有时候意味着监狱外社会关系的断裂和缺失，但是这种缺失会在监狱内得到弥补。监狱是个什么场所，真的只是剥夺人身自由的场所吗？通常认为监狱是一个剥夺人身自由并对犯人进行改造的地方。斯卡尔贝克（David Skarbek）在文章《监狱帮派、规范和组织》中表示，监狱也可以是一个各种犯罪技能交流的地方，虽然有比较强的管控，

---

① 郇庆祥、胡雅静、林小培：“未成年刑释人员重新违法犯罪影响因素的研究”，载《青少年犯罪问题》2003 年第 3 期。

但是各种犯罪行为人集中于一个相对密闭的环境中，这种情况发生的概率就加大了。[①]发生在监狱中的这种交流和学习，是针对犯罪技能和犯罪经历的，这种交流和学习是负面的，但是可悲的是，这种行为并不能被完全制止。所以，从监狱出来，曾经在里面的朋友或是朋友的朋友也在外面，自然就会走得比较近，他们会相互影响。当然，群体中确实有正面的再社会化人员，但是一旦有几个负面的再社会化人员出现，那就很难去控制群体的影响了。

再次，标签化或者污名化。日本著名刑法学家西原春夫先生在其代表作《刑法的根基与哲学》中对这个问题有过探讨。标签化或污名化的程度很严重，可以摧毁一个人重新建立的自信心，然后令其产生很深的自我否定，并且走回老路。但是标签化或污名化是不是能很好地避免？在一个社会道德观念强、超我压制的社会环境中，标签化或者污名化是很容易产生的。到目前为止，服刑人员再社会化这个层面依旧做得不够好，不够全面。很多犯罪行为人再犯的其中一个很重要的原因就是社会支持不足，他们不被接纳或者被排挤，没有办法找到正常的工作，或者是妻离子散等情况的普遍发生，让这部分犯罪行为人再社会化之后依旧没有办法回到正常的生活中，以正规手段去谋求发展。

一般会变为初犯结束改造之后，怀着激动的心情回到社会，但是社会环境的反馈是负面的，很多人因为初犯的经历而对个体敬而远之，并不能接纳他，一旦有任何的非正常行为首先怀疑的就是有前科的个体，这样的行为和表现使得个体觉得自己不被社会所接受，没有出路，于是开始怀疑自己能做什么，最后回到犯罪的心理状态。

复次，报复。为什么要报复？雅各布斯和赖特（Bruce A. Jacobs，Richard Wright）在《街头公正：犯罪世界的复仇》一书中指出，报复的根源是心理感

---

① 可参考 David Skarbek，"Prison Gangs，Norms，and Organizations"，*Journal of Economic Behavior & Organization*，Volume 82，Issue 1，April 2012。

受层面的不对等。行为人可能会出现对公权力的反感、对社会的灰心、觉得判决不公正、觉得自己是被冤枉的等心理，这些负面心理最终都会发酵，形成一种漠然的心态，表现为对社会的不关心、对感情的淡漠、对公权力的排斥等。[①]而抱着这样心态的行为人在回到社会的怀抱的时候，标签化或者污名化的效应使得他们不能融入，这个时候这种淡漠的心态就会转变为一种抱怨，犯罪行为人会认为自己今天这样的处境完全就是之前的种种造成的，在这样的情况下，就会产生报复心理，会出现我不好任何人都不能好的心态，从而积极实施犯罪行为。而抱有这种心理状态的犯罪行为人，其所犯罪行的严重程度可能会急剧增加，并偏向于手段残忍及社会影响力大的危害公共安全类别的犯罪。

最后，犯罪合理化。在犯罪心理发展的过程中，“犯罪”这个概念早已在一部分多次犯罪行为人的心理层面逐渐个性化，形成了一种动力定型，所以在对待犯罪这件事情的态度上，多次犯罪行为人和一般人是不一样的，甚至和初次犯罪的犯罪人也不同。多次犯罪行为人在很大程度上认为犯罪是一种合理的、一定会发生和存在的行为，而对于犯罪行为人本身来说，也就是一种正常的谋生手段而已。所以去探究多次犯罪行为人的犯罪动机时会发现，部分犯罪行为人的犯罪行为都是在下意识的判断下产生的，并不需要刺激和推动，想要什么就去用对应的或者自己熟悉的犯罪手段做了，就好像犯罪已经变成自己生活的一部分，并且是合理的一部分，而多次犯罪行为人也不理解一般人认为犯罪是错误的行为这一认知。

当然，以上只是多次犯罪行为人心理中比较显著的几个特点，并不是全部，可以思考一下，类似于“犯罪合理化”这样的关键心理特点，在一个无犯罪个体从初次犯进化到多次犯的过程中，是如何变化发展的，曲线又是怎么样的呢？

---

① 可参考 Bruce A. Jacobs，Richard Wright，*Street Justice：Retaliation in the Criminal Underworld*，Cambridge University Press，2006。

Case No.04：

跪下！给本女王跪下！——角田美代子连续杀人案

地点：日本兵库县

案件类型：拘禁，暴力伤害及连续杀人

结果：5 名当事人死亡，另 4 名当事人下落不明

背景：以经济利益为目标的胁迫式犯罪（伴有斯德哥尔摩综合征）

犯罪动机：获取养老金及存款，并在目标离世后获取保险金

犯罪目的：获取经济利益的过程中附带非法剥夺他人生命权利

审理结果：未进行审理，犯罪行为人角田美代子于 2012 年 7 月被逮捕，并于 2012 年 12 月在看守所内自杀身亡

案件经过（根据新闻报道整理）

现在的犯罪题材影视剧或相关题材的文学作品中可能经常会出现用水泥桶藏尸并抛尸的桥段，而这样的案件就真实地在日本的兵库县尼崎市发生了。这个用于藏尸的水泥桶，好像一把开启隐秘之门的钥匙，牵出了其背后一连串的以经济利益为目的的离奇杀人案，案件的主要嫌疑人角田美代子，通过压力与暴力的叠加实现了对被害人亲属的心理控制，从而实现了让被害人亲属对被害人进行虐杀的亲人间相杀行为。这个看上去难以理解的离奇案件就是“尼崎连续杀人事件”，也叫“角田美代子杀人事件”。尼崎连续杀人事件是随着两起命案被发现而浮出水面的。

案件 A：2011 年 11 月，日本兵库县尼崎市一个出租仓库内发现了一个被水泥注满的铁桶，警方封锁了现场并切割铁桶进行检查，随后于铁桶中发现一具被水泥浇筑封死的女性尸体。经司法鉴定，警方确认死者身份为同年 9 月被登记为失踪人口并一直在寻找的 66 岁当地妇女大江和子。

案件 B：2012 年 10 月初，警方接到报案称，在兵库县尼崎市一处民居内发现 3 具已经高度腐烂的尸体。经勘查得知，第一名被害人是老年女性，身高约 1.50 米，年龄大约 70 岁，被埋藏时脸部朝下，身上一丝不挂，没有明显外伤；第二名被害人系年轻女子，尸体腐烂严重；第三名被害人死亡时间大约在 1 年前，由于已经白骨化，所以不能从现场准确判断其性别与年龄，但现场发现了死者的白头发。

警方合并案件进行调查后，根据掌握的证据，发现所有线索都指向一名叫角田美代子的六旬妇人。据日本兵库县警方公布的消息，与角田美代子关系密切的人中已有 7 人在这几年内不知所踪，其中分别为 3 个男人和 4 个女人，年龄最小的 29 岁，年龄最大的 87 岁。

随着案件调查的深入，兵库县警方发现，案件 A 中被害人大江和子的死亡原因是暴力殴打致死，而进行如此残忍行为的人竟然是大江和子的两个女儿。警方随即逮捕了大江和子的两个女儿和其中一个女儿的前夫川村博之。根据证词，唆使她们殴打自己母亲致死的人正是角田美代子。

案件 A 中，角田美代子与川村博之于 2009 年 4 月在电车站相识，当时角田美代子推着的婴儿车在电车上被门夹住，在电车公司工作的川村博之为她解决了问题。而川村博之在后续与角田美代子的交往中，与其构筑起奇妙的“信赖关系”，有人说这种关系是基于性存在的。川村博之不仅在角田美代子的劝说下毅然辞去电车公司的“铁饭碗”，还把自己大约 1000 万日元的退职金（退休金）全数交给了她。在角田美代子的唆使下，川村博之与大江和子的女儿办理了离婚手续，随后他居然把角田美代子带进了大江和子的家中居住（在暴力威胁和性诱惑的情况下）。

2011 年 9 月，事情开始变得更加令人匪夷所思。角田美代子命令川村博之及大江和子的两个女儿监禁自己的母亲，并要求大江一家居住在角田美代子自己的住处附近，随时接受她的指示。大江和子曾一度逃离兵库县至东京生活，却又被家人强行从东京带回并监禁于兵库县家中，随后两个女儿多次对自己的母亲施暴，最终导致其死亡。据警方调查和后期犯罪行为人供述，大江和子家族人员睡觉、吃饭甚至上厕所等一切事宜都需要得到角田美代子的许可。

案件 B 中，自 2003 年以来发现 3 具尸体的民居的租户都一直行踪不明，但是房屋所有人并没有报警，一直到案发前 3 个月，其房屋所有人才突然选择报警寻人。据房主介绍，在房中原来住着一位老妇，自从其丈夫去世之后，老妇和长子一直在这里相依为命。但老妇 10 年前突然失踪，其长子也下落不明。

房子的所有权人告诉警方，老妇失踪后的这么多年，一直是老妇的次子来付房屋的租金，但是这几年换成了一名自称是老妇孙女的女性来支付房租。经过警方调查，这名女性确实是失踪老妇的孙女，名字叫角田瑠衣[①]。

警方通过调查养老金账户资金往来动向后发现，与角田美代子没有血缘关系的妹妹角田三枝子和她的义女角田瑠衣从 2012 年 8 月以来，开始从失踪老妇及其叔父的账户中擅自盗领养老年金和存款，总涉案金额约为 400 万日元。这些被盗领的钱全部落到了角田美代子手中，并成了角田一家的生活费。

此外，警察调查信息中的另外一点很值得注意，与角田美代子没有血缘关系的妹妹角田三枝子曾经有过一段婚姻，其丈夫在一次家庭集体出游时失足从山上摔下死亡，角田一家因此获得了一笔不菲的保险金。

---

① 根据《现代汉语词典》(第七版)，“瑠”字通用为“琉”，此处及下文出于尊重实际姓名考虑，仍写为“角田瑠衣”。——编者注

犯罪环境背景及犯罪心理分析

环境背景

由于此案件中的细节令人匪夷所思，手段残忍并有违伦常，所以当时在日本社会引起了很多的讨论。根据后续对本案核心人物——角田美代子背景的深入挖掘和走访，媒体已经确定了角田美代子的背景资料。比如，角田美代子的生活规律非常单一，一般是白天在游艺厅玩电子赌博（这种游艺厅在日本合法化，里面全部是各种赌博老虎机，一般奖金以奖券形式发放，赢的人再用奖券去兑换各种物品，不返回现金是为了规避法律上的风险），晚上基本都在酒吧度过。同时，根据后期对住处附近的邻居进行走访得知，角田美代子常常和貌似黑社会成员的男子来往，两人结伴在街上招摇过市。久而久之，角田美代子就被附近的居民看成当地的“大姐大”，谁都不敢得罪她，她自己也开始凭借这一点耀武扬威。甚至还有一些民众请她出面，利用她给人的印象去摆平一些邻里纠纷。

据日本媒体报道，角田美代子每天都浓妆艳抹，穿着打扮也都非常讲究。很多男人都称她是“妖妇”，甚至把她看作“狐狸精”。川村博之就是被角田美代子的特殊“媚力”征服，从而拜倒在她的石榴裙下。

犯罪心理分析

首先，胁迫式犯罪心理的产生。犯罪行为人为什么会选择胁迫式的方式实施犯罪行为，这一点恰恰就是尼崎连续杀人事件最特别的地方。综观本案不难发现，对本案中全部被害人实施的伤害行为，角田美代子都是靠着被害人至亲的手去完成的，自己从来没有参与过任何直接的暴力行为。而且本案中采用的手法并不是传统意义上的胁迫，传统意义上的胁迫一般以暴力为行为的主要组成部分，而角田美代子是靠着由外部环境和言语对人心理上的压迫来完成对被害人至亲的胁迫，也就是利用环境因素改变行为人的心理认知。

调查角田美代子的家庭情况后大概可以知道，之所以会选择这样的方式，其实是角田美代子对于自己父亲行为的模仿和延续。角田美代子的父亲在早期就是利用我个人称之为**“剥削—施恩”**的方式来控制手下工人工作的，大比例地剥削工人的劳动所得，在工人负面情绪慢慢出现的时候，偶尔又给予工人部分好处，加上时间的累积，就会造成工人的矛盾心理，既想离开，但是又没有足够的勇气离开。而角田美代子在自己和别人身上更多地延续了这种方式，并且把这种方式改变成**“暴力—生存”**这样更加直接和恐怖的模型，站在犯罪心理循环层面上来说，达成了一种犯罪心理及犯罪手段上的进化。

其次，斯德哥尔摩综合征及求生意识带来的矛盾。这是在案例分析中首次提到受害者心理的问题，与这个概念相关的本案中的人物，也就是作为犯罪行为人一起被逮捕的角田瑠衣。角田瑠衣本身是受害者高松的女儿，但是在恐怖情绪的支配下，自愿成为主犯义女，并最终成为其儿媳妇，角色从受害者转变为加害者。原因是什么？就是恐惧和求生本能矛盾所引起的斯德哥尔摩综合征。

霍尔顿（Richard Horton）在其研究文章《离线：斯德哥尔摩综合征》中提到，斯德哥尔摩综合征可见诸各种不同的经验，集中营的囚犯、战俘、受虐妇女与乱伦的受害者都可能发生斯德哥尔摩综合征。[①] 斯德哥尔摩综合征因为发生在斯德哥尔摩人质挟持事件中而得名。

在本案中，角田美代子和手下数十人一起进入被害人家中居住，这个行为让被害人觉得家这个私密的空间从根本上被入侵，而这又发生在极其注重个人隐私和具有极强羞耻感的日本社会，这样的行为一瞬间所带来的压力让受害者及其亲属产生了很强的恐惧感并表现出无所适从，这种情绪在家庭成

---

① 可参考 Richard Horton，“Offline：The Stockholm Syndrome”，*The Lancet*，Volume 381，Issue 9874，13-19，April 2013。

员之间蔓延开来并进一步发展。

角田美代子随后强迫被害人家族中的某个成员去殴打其他人，但特殊的是，殴打其他家庭成员这一行为并不是以命令的形式发出，而是选择，你可以选择不去殴打其他家庭成员，这样的话你就会直接被角田美代子的打手殴打。刚开始可能会坚持不去殴打其他家庭成员，但是在承受了几次自己被殴打的痛苦之后，大部分家庭成员都屈服了，都会选择按照要求去殴打其他家庭成员，这样就在亲属间产生了行凶者和受害者，并基于亲属之间不顾感情的殴打行为而产生怨恨。

行凶者会觉得自己也是逼不得已，因为如果不殴打别人，自己就会被角田美代子的打手一次次地殴打，换成任何人都承受不了；受害者会觉得你为了自己免受皮肉之苦，枉顾亲情。而就在怨恨情绪慢慢累积的这个时候，角田美代子会更换殴打者，受害者的报复心理就会瞬间被激发！这种含报复情绪的殴打行为只会越来越重，而这个时候被角田美代子点为殴打者的人就会觉得自己被照顾和恩宠，是角田美代子给了这个人机会去复仇，并在极度恐惧与压力突然释放的这种交替情况下产生逆向的爱慕和臣服心理，觉得角田美代子对自己是特殊的，是有感情的，并且只有角田美代子才能让自己活下去。

再次，情感淡漠和过度自我崇拜。从日本媒体报道的背景环境里，我们可以知道角田美代子很注重自己的外表，每天浓妆艳抹，享受被有势力的男人簇拥（没有势力的“软柿子”就是被她控制的目标）。另外，角田美代子由于经常和类似社团人士在一起，因此被一些居民视为“大姐大”，可以判断她很享受这样的角色定位，并以这个身份出面调停一些邻里纠纷。这些信息可以告诉我们角田美代子大概是一个怎样的人，如情感淡漠和过度自我崇拜。

本案中的角田美代子案发时已经超过 60 岁，却依旧浓妆艳抹，每天晚上出入酒吧，不论个人的交友习惯，最起码可以断定角田美代子喜欢被异性簇拥或是被很多异性关注的那种感觉，并且不断寻求感情上的快速刺激，这就是情感淡漠的表现之一。而过度的自我崇拜或者说过度的自信，我认为则是周遭环境后天给予的，因为角田美代子的一些交友情况使得居民误以为她是黑社会“大姐大”，请求她出面摆平一些事情，本身可能角田美代子只是享受那偶尔一两次的帮忙调停，但是随着这样的情况越来越多，她就爱上了被人需要的感觉和象征性的权力，这种心理会以几何的速度推高她的自我崇拜感和定位，以至于后期角田美代子一直以女王的身份自居，并且这样的定位也充分体现在她犯下的罪行与使用的犯罪手段中。

最后，巨大经济利益激起的犯意。我们目前知道的以经济利益为目的的犯罪有很多，但是大部分以经济利益为目的的犯罪并不会发展到致死这个阶段，因为犯罪的目标是物质性的，说得俗一点是“一般只限于求财”。排除激情状态下的犯罪转换，要达到以致死手段去实现以经济利益为目的的犯罪，其中牵扯的经济利益对犯罪行为人来说一定是巨大的，并且这种犯罪行为可以被淡化，犯罪所得可以做到看上去理所当然得到的，在满足这些前提的情况下，就有可能会转变为致死的犯罪。这类型复合犯罪行为最常见的，就是本案涉及的骗取保险金或养老金（其他各种补偿金）类型。

与其他犯罪手法较传统的案件不同的是，角田美代子的骗取行为并不是本人作为行为人的直接骗取，而是贯彻了借刀杀人的方法，在得到保险金后，让受益人主动赠予或者指示表面无连带关系人去领取。这就满足了犯罪行为被淡化，犯罪所得看上去理所当然的这个条件。从另一个方面去考虑，由于角田美代子日常的赌博和酒吧等生活开销很大，还要支付诸如打手的费用，所以短期内的小额经济利益并不能满足她本人及周围人的日常开销，所以当角田美代子依靠自己的手段拿到川村博之的 1000 万日元退职金后，她开始运用相同的手段瞄准年事已高的老年人的巨额保险金。对于熟悉套路和手段的角田美代子来说，这部分巨额但是又没有多少人关注的利益就成了她必须拿到的东西。

日本社会老龄化情况严重（后面会讲到日本“无缘社会”引发的问题），角田美代子觉得没有人会真的在乎一个高龄老人的死亡，在她所生活的日本，绝大部分人过得都很自我。在这样的社会大环境下，如果这件事情是由受害老年人的子女亲自处理，那就更加显得自然和值得同情。在这样的双重环境刺激下，角田美代子觉得按照这套逻辑可以充分撇清自己的关系及顺带获得巨额的经济利益以供挥霍，而本身怂恿别人、控制群体情绪也是她擅长的手段，于是犯意就这样轻而易举地产生了。

角田美代子作为震惊日本的这起案件的主使，并没有受到她应该面对的审判。她于2012年7月被日本警方逮捕，于同年12月12日在看守所内自杀身亡。对于角田美代子选择自杀结束自己生命的方式，日本社会并没有过多的评论，甚至可以称得上反应冷淡。角田美代子的自杀，大概是因为畏罪，在被逮捕后，犯罪心理进入衰退阶段。明知自己已经犯罪，将面临严重的惩罚，而之前又有很重的自我崇拜存在，没有考虑过会出现自己被逮捕的情况，所以各种负面的情绪会比一般犯罪行为人在犯罪心理衰退阶段更加集中地爆发，加上之前羞耻心很强的社会舆论的针对和调查（关于日本人的耻感文化，在鲁思·本尼迪克特的著作《菊与刀》中有深刻的讨论），她走上自杀的道路是不能避免的。

相关知识

“弑亲”有几种心理结构类型

其实很早就想写一写弑亲这个问题，因为弑亲这个行为触及人类最根本的社会关系层面，而这一层社会关系在中国这样的超我体系中往往显得格外重要。对父母的态度和行为，在中国甚至可以成为一种绝对个人道德准则的评价标准。

因为自己并没有很透彻地理解弑亲这个行为的犯罪心理，所以一直也没有写出任何的分析，一直感觉如此复杂的恶背后应该存在着复杂的结构。法国哲学家里克尔（Paul Ricoeur）在其著作《恶的象征》（*La Symbolique du Mal*）中，综合运用现象学和释义学方法，描述了恶的原始象征系列及成因。在深入查询相关资料之后也证实了我的想法，弑亲这个行为的产生是一个非常复杂的过程，往往聚合了环境、精神、机体等多方面的因素，所以每一个弑亲的案件都应该单独进行分析，不能套用一个概括性的犯罪心理。

个别案件个别分析确实是弑亲的犯罪心理分析中需要面对的一个问题，在没有一套概括的结构的前提下，我们依旧可以来讨论一下弑亲的几种类型。在这之前，我们先来看一个观点，就是“关系越紧密，越容易引起弑亲”。

个人认为，抛开因为财产纠纷而引起的针对父母或近亲属的伤害致死，大部分弑亲发生的前提都是家庭关系或亲属直接关系的恶化，而这种恶化在关系中呈现出一种增长和发展的趋势，并没有得到有效的抑制或是抑制不住。关系越紧密，这种变化带来的打击和扭曲就越大。很多时候，行为人不能理解的就是，原本亲密无间的家庭关系为什么会在这样的路上越走越远？而你越努力融合，带来的效果就往往越糟或是越不明显，因为这种恶化实际上是几方的对合意向造成的，并不是一方去努力就可以改善的。这种亲密关系的恶化会带来充满爱与憎恨矛盾的感情纠葛心理状态，纠葛积压会越来越严重，于是在适当的刺激下产生了情感纠葛杀人。

在确定弑亲这个犯罪行为的影响因素有爱、憎恨、纠葛等之后，我们来看一下，弑亲行为研究者在他们的研究中提出的这种由极其矛盾的心理和无处发泄的积压情感所引发的犯罪行为的几个常见的类型。需要注意的是，随着社会快速发展，社会的很多方面都受到了冲击，社会关系结构也不例外地发生着改变，这些改变同时也带来了弑亲行为种类的变化。

第一种，弑君型。出于保护的心理去杀人，一般杀害的目标是担任父亲角色的个体。父亲这个角色的教育方式、对家庭的管理方式或是与子女的相处模式如果太苛刻或者显得不恰当，就会被部分家庭成员理解为残暴的存在，常年的高压环境很可能会激发为了保护自己和家人而远离父亲这个角色的暴力、虐待及高压统治的逆向心理，从而引发弑亲的杀人伤害行为。

第二种，逃避型。为了逃避一些来自父母的要求而杀人。一般如被强迫做自己不喜欢的工作，被强迫去念书，或是为了逃避被父母殴打。在此种类型的案件中，弑亲犯罪的行为人都经历过很长时间的被强迫生活，无论大事小事基本没有选择的自主权，在逐渐成熟之后，急于逃避现有的环境。

第三种，偏执型。为了报复从前的错误而进行的杀人。哪怕长大后过得很自由，没有被父母或者近亲属干预，也没有什么情感上的纠葛，但是因为为人偏执，并不能忘记和尝试理解年幼时父母或者近亲属的行为，为了报复父母或近亲属在小时候管教自己过程中所实施的自认为错误的行为而进行的报复型杀人。

第四种，病态型。家庭关系太压抑，为了得到解脱杀人。这种一般都是因为在成长过程中被保护过度或者无底线原谅，成长之后形成不自立但是又想自立的心理矛盾，慢慢发展成为想要从比较绝对的保护环境中脱离的强迫性病态而进行的杀人。

第五种，分裂型。这个类型比较特殊，也不多见。因为某些未及时调和的原因导致的家族成员之间亲密社会关系的断裂，这种分裂带来了家庭成员或是近亲属这个社会关系群体的调节功能丧失和畸形，不愉快及其他负面情绪的积压无法在社会关系内得到排解，因此进行的针对父母或者亲属的弑亲行为。

以上 5 种，是对目前发生过的案例中总结出来的一些共通点进行归类得出的，但是前面也说过，社会的快速发展带来社会关系的变化，这种变化必然会带来各种因素的改变，而这些最终都会影响弑亲这个行为的变化。

每一个弑亲案件都是对社会关系底线的挑战和突破，但是没有两个弑亲的案子是完全相同的，就好像世界上没有两片完全相同的叶子一样。**它不仅在道德准则上是一种特殊的存在，在犯罪心理分析上，也是如此。**

聊一聊“狱内自杀”

前几天看书的时候看到“狱内自杀”这个问题，为什么觉得这个问题可以拿出来说一下？一方面是觉得监狱管控很严格，自杀缺少了凶器之类的要素，肯定不能很容易地实施；另一方面是因为看到一组数据，被震撼了，这组数据来自 1995 年苏格兰的一项研究，而同样的数据趋势在 2002 年又出现了。

“自杀囚犯中有 9% 是在被关押的 24 小时之内自杀的，而有 2/3 是在被关押的前 3 个月之内自杀的。”（Bogue Parker，1995）

在被关押的 24 小时之内自杀的比例居然有 9%。这完全颠覆了我之前关于管控严格，不容易实施自杀行为的想法。这是怎样的一个高比例，又是什么原因造成囚犯心理崩溃而自杀呢？

自杀是什么？学术一点的解释就是行为人故意剥夺自己生命的行为，它同样也是对生命权的剥夺，只不过目标是行为人自己。早期的自杀，在有些国家如英国，其实被规定为一项刑事犯罪，没错，你自杀了还要被定罪，不过这种立法情况在 1961 年以后的英国就不存在了，其他国家也慢慢根据情况修改了法律。

又是在英国，从 1990 年前后吧，政府研究机构就对在监狱内的自杀行为全部做了详细的记录。根据克莱顿（David A. Crighton）和托尔（Graham J. Towl）所著《监狱里的心理学》（*Psychology in Prisons*）中的资料显示，1988 年至 1998 年，不包括苏格兰地区的监狱在内，每 1 万名男性囚犯中就有 94 名出现了自杀行为。而托尔等人在其著作《狱内自杀》（*Suicide in Prisons*）中指出，这个比例比普通人的自杀率高出很多，并提出这种数据揭示的是一个越来越普遍并高发的现实，就是监狱的整个环境对犯罪行为人心理的反馈造成的自杀行为正在逐年增多。看过为数不多的讨论这个话题的论文之后，我简单总结了以下几个可能影响狱内自杀率的因素。

性　别

在谈论男女性别所造成的不同这个问题上，你别说，这个数据还真是有差距的。伍尔丹等人（Kristen Clements-Nolle，Matthew Wolden，Jessey Bargmann-Losche）在《童年创伤与女囚自杀风险》中提出，女性无论是不是在监狱这个环境里面，整体的自杀率都比男性要低。[①] 女性本身的抗压能力与情绪排解能力是一个因素，女性在监狱内可以通过更多的手段去排解情绪；另外一个因素就是监狱内环境对男女的反馈不同，这个反馈对男性有时候是毁灭式的，包括持续的重暴力行为及其他有一定隐蔽性的同性性侵犯在内。

刑期长短

刑期长短实际上是导致狱内自杀非常重要的因素之一。刑期的长短不同，会对狱内自杀率带来直接的影响。一般来说，被判处无期徒刑的犯罪行为人的自杀率会比被判处有期徒刑的犯罪行为人高得多。

另外，有研究显示，被判处有期徒刑的犯罪行为人的自杀率会随着其在监狱中服刑时间的延长而降低，成反比。而这个情况并不适用于无期徒刑的行为人。[②] 也就是说，刚开始如果知道自己是有期徒刑的话，行为人就会对后续的转变抱有一定期望，并且服刑时间越长，离出狱时间越近，对新生活的渴望就会降低狱内自杀的概率。如果刚开始就被判处无期徒刑，那么就意味着以后都要在监狱中度过没有出头的日子，在这样的情况下，行为人自杀的概率就会变得很高。这也很好理解，环境的反馈影响持续存在，并且一直影响着行为人的心理，造成持续的压力。

转狱次数

转狱次数这个因素其实和前面的一个因素有类似的地方。刑期长短讲的是在相对稳定或者固定的环境中，长久的环境压力带来的反馈造成的巨大心

---

① 可参考 Kristen Clements-Nolle，Matthew Wolden，Jessey Bargmann-Losche，“Childhood Trauma and Risk for Past and Future Suicide Attemps among Women in Prison”，*Women's Health Issues*，Volume 19，Issue 3，May-June 2009。

② 可参考 Graham J. Towl，Louisa Snow，Martin McHugh，*Suicide in Prisons*，Oxford：Blackwell，2002。

理压力；而转狱次数讲的则是不断变化或是相对不稳定的环境给犯罪行为人带来的重新适应的挑战和环境差异带来的冲击。

心理上刚刚适应，又挪窝了，关键这种环境的变动还是出于非自愿的，新的监狱环境意味着又要重新适应一次，又要摸清关系，找到类似群体等，也意味着新的变量和压力，在这些因素的影响下，行为人自杀的概率也会随着转狱次数的增加而增大。

罪行类别

犯的什么罪是不是也对狱内自杀率有影响呢？在考虑狱内自杀这个问题的时候，这是一个需要考虑的次级因素。

杀人就不说了，因为他杀行为的犯罪行为人一般都伴有自杀的倾向，在监狱内持续的压抑和负面情绪的积压会促成自杀这个行为的发生；在性犯罪和其他暴力犯罪层面，行为人的自杀概率也会比一般犯罪行为人的自杀概率高，原因有很多，如发泄渠道闭塞、人格层面障碍等。在西方的整个犯罪体系中，性犯罪者在整体犯罪行为人的范围内是普遍受到其他类型犯罪行为人鄙视的，包括在矫治的过程中，多数的矫治监狱都会把性犯罪行为人与其他类别犯罪行为人分开。

我们在新闻中有时也可以看到性犯罪行为人被其他犯罪行为人暴力殴打的情况，从历史上看，欧洲从中世纪开始最残酷的刑罚都是施给性犯罪者的，尤其是针对儿童的性犯罪者。这个在《忠实的刽子手：动荡十六世纪的生死荣辱》和《人类砍头小史》中都多少有所提及，感兴趣的读者可以去了解一下。性犯罪者在监狱中亦不能得到相对平等的对待，承受着更多的压力和负面情绪的袭击，所以其狱内自杀的概率也会高过其他类别的犯罪行为人。

如何改善狱内自杀情况

写出这个标题的一刹那，我已经隐约可以听到一些读者心里质疑的声音，为什么要改善？这些人本来就是犯罪者，侵害了社会利益，毁了其他人，破坏了社会稳定。

我理解这个想法，确实有时候有些犯罪行为人做出的行为真的让人恨得牙痒痒，但是失去自由、权利和这些犯罪行为人在监狱里感受到的一切（绝对不会开心），在很大程度上就已经是对他们的惩罚，所以该做的还是要做，该改变的还是要寻求改变，否则我们之间也就没有什么区别了。

关于改善或者说降低狱内自杀的概率，我无法谈论太多，因为目前这方面工作尚处在摸索阶段，所以只能简单地带过。萨韦德拉（Javier Saavedra）和洛佩斯（Marcelino López）在《男性囚犯狱内自杀风险》中指出，以下因素需要引起监狱工作人员的重视：

1. 倾听困难和关心
2. 中立态度
3. 保持服刑人员个性化
4. 了解服刑人员背景
5. 理解和尊重[①]

看完就知道为什么我只说关键词并简单带过，这些关键词预示着从实际操作角度来说很难实现，从执行者角度来说比较难接受。在“降低狱内自杀概率”这个命题上，需要的是专业的、完全中立的执行者，对服刑的犯罪行为人进行跟进。但是，这里面遇到的问题又何止是人员比例极大的不平衡可以概括的。所以，改善狱内自杀的情况看上去还有很长一段路，需要更多的人努力去走。

---

① 可参考 Javier Saavedra，Marcelino López，“Risk of Suicide in Male Prison Inmates”，*Revista de Psiquiatría y Salud Mental*（English Edition），Volume 8，Issue 4，October–December 2015。

Case No.05：

犯罪之路上有我对你的爱——大学情杀案

地点：中国南方某市

案件类型：激情状态下引起的情感纠葛杀人

结果：女当事人死亡

背景：以情感诉求为目的的纠葛犯罪

犯罪动机：压抑情绪发泄和寻求心理寄托

犯罪目的：以谈判为行为最初目的，后在应激状态下转变为攻击行为

审理结果：犯罪行为人徐某被当场抓获，以故意杀人罪追究刑事责任

人物关系：犯罪行为人（徐某）与被害者（周某）之前是情侣关系，两人是同乡，另外还有周某的新男友（洪某）

案件经过（根据新闻报道整理）

情杀的桥段经常在影视剧中看到，主人公因为内心深处的感情纠葛，相爱相杀，让人唏嘘又无奈，有时候影视剧会很复杂，包括权、钱、欲望的重叠，时不时加上几段时空穿越，而且会按照翔实的计划进行。但是回到现实中的情杀，或者说情感纠葛杀人案件上，从平常社会新闻的报道就可以看出与影视剧内容的不同。我们一起来分析一起不掺杂任何权钱利益，情感寄托过于单一的纯粹的情感纠葛引发的杀人案件。

徐某和周某是高中同学，且是同一个地方的人，上大学之后确立了恋爱

关系，案发时两人都已经是在读的研究生。这么算起来，两人确立恋爱关系已经6年，可以算得上很长一段时间了。从一些网络上留存的证据来看，其间两人的感情一度非常好，经常有互动，并且根据新闻报道，作为工科男的徐某，在恋爱纪念日或周某生日的时候，还会送花给她。

徐某本身是个很普通的大学生，普通得看上去没有太多的存在感。据同学回忆，学习之外，徐某的兴趣爱好就是在宿舍打游戏。徐某比周某早一年考上研究生，随后开始辅导周某考取同一所学校的研究生。让徐某没有想到的是，两个人长达6年的感情，在周某成功考上研究生之后发生了改变。

20XX 年年初，受害者周某向徐某提出分手。

20XX 年 1 月 21 日，徐某更新社交媒体，并发布“1900＜100”这样的一串数字。“1900”是徐某和周某在一起的天数。而“100”则是周某和一位同班男生（洪某，非老乡）认识的天数。

据同学回忆，分手之后的徐某生活态度变得异常消极，精神状态一直很不好，经常在社交媒体上发一些和自杀相关的内容。周围的朋友觉得徐某情绪低落是因为与周某这么多年的感情没有了，且两个人的背景和生活轨迹高度重合，就像失去了一半的自己，换成谁都受不了这样的打击。虽然这样的说法可能失之偏颇，但徐某很显然没有处理好这件事带来的影响，并在分手之后出现一些情绪诱因的生理反应。

20XX 年 3 月 9 日至 20XX 年 3 月 17 日，徐某先后 4 次前往学校的心理咨询室进行咨询，并接受心理咨询室老师的意见前往医院神经内科就诊。就诊记录显示，徐某被诊断为抑郁和狂躁，并伴有生理症状，如失眠、呕吐、食欲低下、体重骤降等。

而这些痛苦没有阻断徐某分手后依旧希望与受害者周某复合的心理和行为。据周某的母亲反映，徐某分手后一直没有停止过对周某的骚扰行为，社交工具被拉黑之后就是不停地打电话，要求与周某见面甚至当面围堵。一开始，周某依旧会安慰和稍作陪伴，但是正因为这样，徐某可能觉得还有希望，所以围追堵截的情况越发严重，发展至周某逐渐开始躲避徐某。

20XX 年 3 月 30 日，徐某从网上购得刺激性液体氢氟酸和长约 15 厘米的单刃尖刀。

徐某被捕后供述称，购买管制物品的理由是为了证明自己有伤害和震慑周某新男友洪某的能力。为了挽回周某，徐某曾威胁周某说要伤害其新男友，却反被周某嘲笑体格不如别人就不要到处吓唬人。

4 月以后，徐某开始给周某发送大量的短信，内容包括嘘寒问暖、自言自语、直抒胸臆等，骚扰周某的情况也越发严重和无法控制。

徐某带着实验室里的水果刀找到周某，想要讨个说法。面临毕业求职压力的他，要求周某在其毕业前的几个月中不要与洪某来往，但遭到了拒绝，他提刀前往洪某的寝室，也被人拦了下来。

20XX 年 4 月 29 日晚，徐某又一次打电话要求与周某见面，周某被父亲劝阻，于是拒绝了徐某见面的要求，随后两人发生了争吵。

徐某觉得自己咽不下这口气，就从实验室里拿出藏着的匕首和 1 瓶氢氟酸、6 瓶酒精放进书包，来到周某宿舍楼下。由于当日时间较晚，徐某未能找到周某，便背着书包回到自己宿舍。

20XX 年 4 月 30 日一早，本打算把作案工具放回实验室的徐某在食堂看到周某与洪某吃饭，越想越气，于是尾随周某想与她谈谈，但是遭到拒绝。

徐某带着刀和氢氟酸，找到正在图书馆自习的周某和洪某想要谈判，但周某的新男友当面拒绝，徐某假装拧开瓶盖威胁洪某，没想到洪某拿出电话报警，徐某受到刺激打开液体瓶盖，拔出刀去追洪某，但是无奈洪某跑得太快，徐某并未追上。徐某回头看到周某也在报警，彻底被激怒，把所有怒火转向了周某。

20XX 年 4 月 30 日上午 10 点左右，徐某向周某身上泼了刺激性液体，随后持刀刺向周某胸腹，其后又连续刺了数刀。

犯罪环境背景及犯罪心理分析

环境背景（根据新闻报道整理）

同村人印象中的犯罪行为人徐某是个懂礼貌、学习成绩好、愿意在学习上帮助别人的孩子。另外，同村的人表示与徐某接触并不算多，因为其性格很内向，一回家就往楼上钻。高中考上城里的学校以后，徐某在家的时间就越来越少了。

徐某的家境并不算好，住的房子是10年前借钱盖起来的，屋子里布置很简单，并没有多少家具，甚至也没怎么装修，仅有的家电也都是很老的款式。徐某的父母长期在外打工，抓住一切时间和机会赚钱。正是在他们这样的努力下，这几年徐某家里的经济状况相比之前好了很多。案发同一年春节，徐某家里进行了装修，但是基本上所有的装修都集中在徐某的房间，还特意铺了木地板。

徐某是家里唯一一个孩子，不用做家务，不用下地干活，唯一需要做的就是读好书。而本来经济条件一般的父母，除家里的必要开支外，每次只要徐某开口要钱，都会拿出比徐某所需更多的钱给其支出，家里也一直坚持把比较好的东西都给徐某用，物质方面尽量满足。

内向、低调的徐某在上大学以后和家里的沟通不多，基本不说和学校有关的事情，也基本没有其他方面的沟通。根据徐某同学回忆，徐某有时候有些意气用事，脾气像小孩子一样。记得一次期末考试，徐某被人误会提前拿到了答案，他非常生气，并难以控制自己的情绪，随后在网络空间上留下了很多辱骂性的词汇。

犯罪心理分析

首先，单一情感寄托的崩塌。犯罪行为人徐某和受害者周某在高中时期开始产生情愫，大学一开始就确定了恋爱关系，这看上去是很多高中时期开始萌生爱意并过渡到大学的情侣的正常套路，但是需要注意一点，这里很容易忽略生活背景对于心理情感寄托的加固。徐某和周某是同乡，生活环境高度重合，有很多共同的记忆，并且徐某从小性格比较内向，虽乐于助人，但是与人交流不多，与周某在一起后，共同的生活背景给他们提供了很多交流的话题，让徐某产生了依赖心理并起到了加固的作用。这样的基础使徐某认为，自己和周某的感情并不像其他情侣之间的一般恋爱关系，而是一种趋向于亲情层面的情感寄托，只有周某可以和他进行顺畅且深入的交流，或者说徐某只愿意向周某倾诉。

而周某提出分手的这个举动无疑导致徐某认为自己唯一的情感寄托崩塌，并且周某在短时间之内找到了一个并没有共同生活背景的同班男生，占据了男朋友的位置，这使得徐某以前对于共同生活背景的笃信也一并崩坏，产生了强烈的自我否定与自我怀疑。

其次，正反馈情绪发泄渠道缺失。徐某没有太多的兴趣爱好，除了学习就是在宿舍打游戏，这是一段同学的回忆描述。我并不是说打游戏不是一种情绪发泄的途径（适量的游戏是可以起到很好的情绪疏导作用的），不同就在于，徐某过于沉迷其中，而似乎徐某所有的发泄情绪的途径都是集中在虚拟世界里的，无论是在虚拟空间中留下辱骂性词汇，还是不断地更换负面签名，发自杀朋友圈，沉迷游戏，这些虚拟的发泄渠道缺少最基本的面对面沟通，并不能有效地进行正情绪反馈，而游戏中的一些内容还反向刺激着徐某的一些负面心理的形成，如自杀。

犯罪行为人徐某并不是没有朋友，本科阶段的几个朋友都在徐某和周某分手后给徐某打过电话进行安慰，表示理解他的心情，希望他调整好自己，渡过难关。但是，这样的沟通对于一个本就陷入自我怀疑的内向的人来说是不够的，这就好像吃退烧药，烧上去的时候吃一粒，退下来了，但是如果不去除病毒感染或者炎症，过段时间还是会烧上去。而在我看来，小社会环境的破碎，是徐某犯罪心理形成的主要助力，其中就包括最重要的一个因素——家庭（并不全是家庭的问题，家庭只是其中比较重要的一个因素）。

徐某的父母为了家庭常年在外打工，徐某小的时候和父母的沟通不多。案件发生后，根据徐某父亲的回忆，徐某从来不和家人说学校发生的事情，互相交流也很少。结合这些信息和徐某的表现可以判断，徐某的内向和压抑并不是针对外在的防御心理过重造成的，而更多的是家庭沟通缺失造成的一种心理发展的固化表现（基本判断是停留在肛欲期这个阶段）。加之在成长过程中父母对徐某的溺爱，徐某认为并没有必要进行交流，所有他要的父母都会给他，而他也没必要把更多的想法说给父母听，一方面是要求一定可以被满足，另一方面是上了大学之后，可能心里会有一种说了父母也不一定会理解的想法。在这种情况下，徐某会产生为什么还要交流的想法，并且实际上影响着他的行为。

再次，抑郁型的人格障碍。对于犯罪行为人徐某来说，他在分手前的个人发展上并没有遇到什么重大的负性生活事件，一路走来并没有什么挫折，各方面都可以称得上比较顺利，学习成绩很好，周围评价不错，感情状态也很平稳。但是，受害人周某上了研究生之后突如其来的分手让徐某遭受了第一次，也是最严重的一次打击，令他承受着严重的自我怀疑和巨大的精神压力（周某研究生考试顺利通过也有徐某尽力辅导的功劳）。随着时间的推移和这些负面情绪的无法排解，压力渐渐发展成了严重的心理问题，到后期有神经症的趋势。徐某曾去学校心理咨询室进行心理咨询并去医院进行检查，结果也确实是抑郁和有躁狂倾向。

抑郁型人格障碍也称“情绪低落型人格障碍”。其临床表现为精神不振，寡言少语，过分担忧，容易发怒，自感负担沉重，精力不济，对任何事情都感到困难重重、无能为力和难以预料结局，对生活的看法充满悲观愁情，成天抱怨命运。[①]

可以看到，徐某的种种行为和表现确实大部分符合抑郁型人格障碍的临床症状表现，加之本身的内向性格，肛欲期的心理发展固化，情绪压抑和累积就变得更加明显。在朋友圈和社交软件的签名里，犯罪行为人徐某把自己的多变、悲观展现得淋漓尽致。而徐某表弟在案发后回忆说，徐某在与其打游戏的过程中，以自己被相恋多年的女朋友周某甩掉一事进行调侃，但是听起来更多的是一种无奈的抱怨。

复次，冲动下的自我控制不足引起的激情犯罪。“孩子气”“意气用事”是徐某同学事发后对徐某性格特点的回忆。徐某心理发展在肛欲期的固化，导致他不能很好地排解负面情绪，容易造成情绪的积压，当积压到一定量的时候，就好像摇晃后的碳酸饮料突然被打开瓶盖一样，会出现一个集中爆发的情绪宣泄情况。而家庭的溺爱则造成徐某对于行为后果的估计认知错误（因为之前如果犯错父母都会无底线地选择包容），自我控制力不足，所以会出现孩子气和意气用事这样的行为和心理特点，在做事情之前并没有仔细考虑行为会带来的后果，决策时间过短。

在案发时，犯罪行为人本来的目的是要求进行三方的谈判，而带着腐蚀性液体和刀具也是为了帮自己增添谈判的筹码，不让对方看不起自己，显示自己有震慑周某新男友的能力，这是由于徐某对自己体格的自卑与之前周某对自己体格的嘲笑造成的。谈判的要求提出之后，一方并没有过多考虑直接拒绝并要报警，徐某感到自己的要求不被正视与被忽视，而报警的行为意味着他将更加耻辱。

徐某认为，这样的行为意味着对自己的攻击。在这样的情况下，徐某的边缘神经系统进入应激状态，开始以防御为导向的攻击行为，这个时候徐某

---

① 可参考 American Psychiatric Association，*The Diagnostic and Statistical Manual of Mental Disorders, Fifth Edition*（*DSM-5*），American Psychiatric Publishing。

的行为还是可以控制的。而攻击目标的逃脱进一步刺激了徐某，徐某认为在自己明显占优势的情况下，在众目睽睽之下，自己居然还让目标逃脱了，羞耻感陡增。正在这时，犯罪行为人徐某下意识地回头想寻求前女友周某的理解，但是看到周某同样在报警，这又意味着对自己的攻击，而这样的攻击行为居然是自己依旧深爱和忘不掉的人做出的，徐某再一次受到刺激，觉得周某不顾多年的感情，遂决定向周某实施报复，于是攻击指令升级，进入歇斯底里的病态，无法控制自己的行为，对周某实施了攻击。

最后，自杀转他杀，他杀转自杀。最后才来写自杀转他杀与他杀转自杀，并不是因为这个心理结构是最后出现的，恰恰相反，这个心理结构贯穿于整个案件。受害者周某的母亲在案发后回忆起整个事情的经过，谈到自己最害怕的就是徐某自杀，而这种害怕看上去是合理的。因为综合前面我们分析的各种环境和心理因素，徐某确实有强烈的想了结自己生命的心理倾向，并且据同学回忆，徐某在分手后经常在社交媒体上发一些与自杀相关的言论，而在案发后，从现场照片可以看到，徐某一度站在图书馆的围栏边徘徊。据徐某后期回忆，自己觉得事态发展无法控制，想着一死了之，但是最后并没有走到自杀这一步，并被保安按住。

为什么自杀的念头一再出现，但却一直没有实施自杀行为？因为犯罪行为人徐某本身是个懦弱的人，本来现实就令他无法面对，更别说在现实中实施一些自己没有勇气去实施的行为了，特别是这个行为是针对自己的攻击行为，徐某无法突破自己的心理防线。回顾之前的经过我们可以注意到，徐某所有的攻击行为都是在网上表现的，他以一种相对隐蔽的方式来宣泄自己的攻击欲望，包括游戏人物的自杀式袭击。

当自杀这种对自己的攻击行为无法实现的时候，攻击行为就可能会发生转移，目标往往就是使行为人产生自杀念头的目标或是给予他挫折的目标，这个人反映到这个案子里，就是前女友周某及周某的新男友洪某。在冲动的情绪及应激状态的推动下，徐某最终实施了看上去无法理解的他杀行为，而他杀行为结束之后，徐某恢复冷静，又一次陷入懦弱的心境。

西塞罗说过这样一句话：“人抛弃理智就要受感情的支配，脆弱的感情泛滥不可收拾，就像一只船不小心驶入了深海，找不到停泊处。”

相关知识

“跟踪”是否属于犯罪

“跟踪”在《现代汉语词典》(第七版)中的解释是，紧紧跟在后面(追赶、监视等)。

只看字面解释不能很明确地看出这个部分我们所要讨论的内容，但是从犯罪心理的角度去解释“跟踪”，其实是有几个关键词的，如“故意”“恐惧”“不接受”。布洛乌(E. Blaauw)等人于2002年发表在《人际暴力》(*Journal of Interpersonal Violence*)的研究文章《跟踪行为的代价：跟踪行为特征与受害者心理病理学的关系》(*The Toll of Stalking: The Relationship Between Features of Stalking and Psychopathology of Victims*)中提出，“跟踪”大概的定义就是若干个体故意实施的他人不接受的尾随行为，这种行为会造成他人的恐惧或是反感或是被威胁。

“跟踪”这个行为在很多影视文学作品中也好，实际案例中也好，都会时不时地出现，我个人觉得，它属于一个可能产生犯罪行为的前置行为。“跟踪”这个行为所包含的隐性内容，有时候会对犯罪行为人后续的犯罪行为走向产生比较关键的影响。

当然，跟踪作为一个要求实际发生的行为，也分多种产生动机，如表白、满足心理快感、希望得到独处机会、恐吓、报复、找寻攻击机会、监视等，我认为这些动机可能都不是单一出现的，一个跟踪行为的动机肯定是复合式的。

举例来说，A 男爱慕 B 女，但是苦于没有机会当面诉说对她的爱慕之情，所以在经历长期的心理冲突之后，选择对 B 女进行跟踪，并找当面诉说的机会。这个例子里的跟踪行为的动机可以理解为表白，希望得到独处机会，可能还有满足心理快感（如果 A 男陷入严重的单相思或是具有钟情妄想的话）。在这种不知情的环境下，B 女的心理应该是感到恐惧、反感。

需要注意的是，前面例子里面说的这种比较单纯的跟踪行为，虽然确实给被跟踪者造成了困扰，但是在这种跟踪被界定为一种犯罪行为时却存在争议，类似的行为还包括前男（女）友的单纯尾随行为（单纯跟踪或尾随行为指的是只跟踪但并不会发生任何法律规定的明显违法犯罪行为）。

基于施皮茨伯格（Brian H. Spitzberg）和库帕克（William R. Cupach）在 2004 年发表的著作《关系追求的黑暗面》（*The Dark Side of Relationship Pursuit*）中的观点，大致可以将跟踪分为 8 个类别，分别是：

1. 伪亲密（过度求爱行为）
2. 间接接触（网络跟踪）
3. 互动式接触（寻求独处机会）
4. 监视
5. 入侵
6. 骚扰及恐吓
7. 强制与威胁
8. 攻击

从以上分类中，我们可以看到，有些行为是比较温和的，如互动式接触；而有些行为则是伴随着或多或少的暴力行为，如强制、威胁或是攻击。有一组研究数据，更直观地告诉我们跟踪这个行为与犯罪行为的关联情况，有超过 50% 的跟踪行为中存在威胁，30% 的跟踪行为中涉及暴力，10% 的跟踪行为中涉及性犯罪行为。①

从以上数据来看，跟踪在现实中的很多情况下已经不单单是我前面说的前置行为，而是发展成包含犯罪行为在内的一系列动作。进一步说，跟踪行为中存在的一些因素，如偏男性化（超过 75% 的跟踪行为实施者是男性）和心理障碍伴随化（多数跟踪者有心理障碍，如之前提到的钟情妄想或是偏执型的障碍），也推高了跟踪过程中的犯罪行为转化概率。

回到我们讨论的主题上来，跟踪是否属于犯罪？站在个人的角度，我觉得答案应该是很肯定的，跟踪这一系列动作应该被定义为一种犯罪行为。但是很遗憾，在中国，跟踪被定义为侵犯了公民的民事权利（隐私权之类），不属于刑法的范畴，或者是可以归纳为违法行为。

话说回来，法律的修改和完善确实需要很长的时间，并不是一蹴而就的。就是在美国（判例法国家），反跟踪的相应法案也是在 20 世纪 90 年代末期因为一个众所周知的影迷跟踪谋杀案——罗伯特·巴多案，才被确立的，有兴趣的读者可以找到案件了解一下这个法案的产生过程。

---

① ［英］詹妮弗·M. 布朗、伊丽莎白·A. 坎贝尔主编：《剑桥司法心理学手册》，马皑等译，中国政法大学出版社 2013 年版。

Case No.06：

光明已来，梦已醒——甘肃白银案

地点：中国甘肃白银，中国内蒙古

案件类型：连续强奸杀人

结果：11 名女当事人死亡

背景：长期压抑造成的人格分裂带来的犯罪

犯罪动机：欲望和压抑的复杂情绪

犯罪目的：发泄（第一起案件为求财）

审理结果：20×× 年 3 月，法院公开宣判此案。犯罪行为人高某被以故意杀人、强奸、抢劫、侮辱尸体等行为判处死刑，第二年 1 月被执行死刑

案件经过（根据新闻报道整理）

19XX 年 5 月 26 日下午 5 点左右，白银某公司 23 岁的女职工白某被害于白银区永丰街家中。警方勘验发现，受害人“颈部被切开，上衣被推至双乳之上，下身赤裸，上身共有刀伤 26 处”。

6 年后的 7 月 27 日下午 2 点 50 分，白银供电局 19 岁女临时工石某在其单身宿舍内遇害。警方勘验发现，受害人“颈部被切开，上身共有刀伤 36 处”。

10 年后的 1 月 16 日下午 4 点左右，居民发现白银区胜利街 29 岁的女青年杨某在家中遇害，调查证实杨某被害时间为 1 月 13 日。警方勘验发现，

受害人“颈部被切开，全身赤裸，上身共有刀伤16处，双耳及头顶部有13厘米 ×24厘米皮肉缺失”。**1月19日下午5点45分**，家住白银区水川路的27岁女青年邓某在家中遇害。警方勘验发现，受害人“上衣被推至双乳之上，裤子被扒至膝盖处，颈部被刺割，上身共有刀伤8处，左乳头及背部有30厘米 ×24厘米皮肉缺失”。**7月30日下午6点左右**，白银供电局职工曾某8岁的女儿苗苗（化名）在家中遇害。警方勘验发现，受害人“下身赤裸，颈部系有皮带，阴部被撕裂并检出精子”。**11月30日上午11点左右**，白银某公司女青年崔某在白银区东山路的家中被杀害。警方勘验发现，受害人“颈部被切开，上身有22处刀伤，下身赤裸，双乳、双手及阴部缺失”。

12年后的11月20日上午11点左右，白银棉纺厂28岁的女工罗某在家中被人杀害。警方勘验发现，受害人“颈部被切开，裤子被扒至膝盖处，双手缺失”。

13年后的5月22日上午9点左右，白银区妇幼保健站28岁的女护士张某在白银区水川路的家中被害。警方勘验发现，受害人“颈部等处有锐器伤16处，并遭强奸”。

14年后的2月9日下午1点左右，25岁的女子朱某在白银区陶乐春宾馆客房中被杀害。警方勘验发现，受害人“颈部被切开，上衣被推至双乳之上，下身赤裸，遭到强奸”。

犯罪环境背景及犯罪心理分析

环境背景（根据新闻报道并整理）

简单说一下犯罪行为人高某的环境背景，之所以在这里对环境背景做简单的阐述，是因为媒体对这个案件的关注度很高，针对高某背景的报道也很

 多，所以这里只是整合了一些我认为比较重要的环境背景因素。

犯罪行为人高某平常话不多，内向、老实、性情沉默，几乎不和人争吵，很孝顺，这是村民对高某最基本的印象。高某的父亲去世前瘫痪了好几年，那时高某守在床前端屎端尿，每天给父亲擦洗全身。因为父亲身上疼痛难忍，高某半夜骑自行车到距离青城镇 30 公里外的白银市去买止疼药。

只有高中学历的高某最向往空军类学校，他的愿望是这辈子要吃航空这碗饭。第一年参加高考以 4 分之差与他向往的学校失之交臂。之后，高某又补习了一年并再次参加高考，但最后还是没有达到他心仪学校的分数线，再次错过。

高某兄弟姐妹共 8 人，5 个姐姐，两个哥哥，他是最小的一个。亲密社会关系上发生的负性生活事件是在高某小的时候，他的双胞胎哥哥掉进河里溺水遇难。哥哥的事对高某打击很大，他曾多次跑到哥哥遇难的地方失声痛哭。

高某在高考失败后开始做生意，第一笔生意是贩卖刀具。每次吃完饭，高某就把他贩卖的各种刀具拿出来讲给别人听，哪一种刀适合干什么用，哪一种刀比较锋利。高某在经营刀具生意的几年中积累了很多刀具知识，可以说对刀具很有研究。

高某的最大爱好就是赌博，但是他对赌博的输赢表现得又满不在乎，就算赢了牌，也只是微微一笑，看上去并没有很开心。如果输了钱，他也只是嘿嘿笑一下。据朋友回忆，与高某打一晚上麻将，他的话最多超不过 10 句，有时候甚至一句话都不说，话少得让人害怕。“打一晚上的牌，他连个屁声也不吭。就是输得再多，他的表情都是那个样，也不激动，也不埋怨，有时候我们几个人合起来打他，他就是发觉了，也不会大吵大闹。”

犯罪心理分析

首先，成长环境带来的压抑型性格。犯罪行为人高某是家里的老幺（最后出生的孩子），在阿尔弗雷德·阿德勒的《自卑与超越》一书中，有一大段是专门谈论老幺可能面临的心理问题：由于在家庭中位置的特殊性，老幺受到的关爱是最多的，但是，树敌也是最多的。这并不能影响老幺成长的顺风顺水，因为是最小的孩子，所以可以得到很多的帮助，并且吸收哥哥姐姐的很多经验，从而规避掉成长路上遇到的一些风险，所以老幺一般都很优秀，差也差不到哪里去。看完这段描述之后，回到犯罪行为人高某的童年，会发现高某确实也优秀过，由于家族整体属于比较优秀的，可以算得上人才辈出，所以高某在成长方面面临的压力会比其他的老幺更大，而这种优秀和期望一直伴随着他的成长直到高考。

高某第一次高考失利了，以非常小的分数差距落榜，但是高考的失利并不是他真正意义上遇到的第一次打击。真正可以称为高某所经历的第一次打击的，是哥哥的意外离世。对于小时候的高某来说，一直以来学习和模仿的榜样突然去世了，相对于伤感，更多的是少了很多的安全感。这对于正处于成长阶段的孩子来说，造成的心理压力是巨大的，最终导致高某的性格更加内向，他不能和其他人说，因为大家都会觉得他是家里的老幺，他所有的负面情绪都会有人照顾，但这不是他想要的，他要的就是单纯的情绪发泄而已，所以他数次跑到哥哥发生意外的地方号啕大哭。

高某在补习之后的第二次高考失利，我认为这是从根本上造成大面积负面情绪积压的原因。太多的期望和支持压在高某的身上，如果这一次高考再度失败，就意味着太大的落差和更强的负面情绪。作为一个人才辈出的家族里的老幺，理应很有出息，学业有成。在成长的过程中，犯罪行为人高某基本都是抱持着这样的观念，也一直在朝着这个方向努力，但是由于现实的种种原因（实力也好，运气也好），造成了他两次考试失利，这就带来了心理上的转变，使得高某开始自我否定，加之性格内向，可能那个时候也没有太多的途径去排解，造成大面积的负面情绪积压。这样他慢慢形成了压抑型的性格，并最终发展成人格障碍。

其次，人格障碍与变态型犯罪者。从犯罪行为人高某的犯罪行为上进行分析，他应该属于变态型的犯罪者，因为在其实施的犯罪行为中有很多被视为不寻常的行为出现，并且有很强的情绪和欲望宣泄的感情因素体现，是不单一的犯罪行为。马皑教授在《犯罪心理学》一书中提到了变态型犯罪者的特点，这类型犯罪者通常都伴有多重人格，在不实施犯罪行为的时候和普通人没有区别，可以正常生活和融入社会，但是一旦犯罪行为发生，其所做出的行为就让人很难理解，这恰好是犯罪行为人高某的日常生活表现之一。而变态型犯罪者的心理和行为之间的联系，一般是通过各种人格障碍的特点来体现的，如感知上的、情绪控制上的，还有意识上的。

综合犯罪行为人高某的表现，附加其他一些因素的分析，其所表现的人格方面的问题很有可能是分裂型人格障碍。这种人格障碍的特征与高某在生活中所体现出的一些特征高度吻合，如对他人表现出的情感淡漠，缺乏亲密或值得信任的人际关系，无知心朋友，为人较孤僻，喜欢沉思，总是单独活动，对别人的赞扬和批评无动于衷（孩子考上好学校别人都会很羡慕，但是高某自己却很少表现出高兴），很少表现强烈的情绪体验（高某曾经与人发生暴力冲突直到流血过多晕倒），缺乏进取心（打工并没有存钱，而是全部用于赌博），性表现冷淡（间歇性猥亵和强奸行为）。

而犯罪行为人高某本身，由于自身压抑的情绪和对自己性心理发展不完善的自卑，在犯罪行为中伴有性变态的行为表现，这可以理解为一种自卑的转化，因为无处诉说，所以只能把这些积压的情绪和这种不完善的心理状态发泄到目标身上，具象化为行为，出现如割除受害者性器官、性虐待受害者等具有强烈情感因素的行为。

再次，单一的发泄途径与情绪长久积压。犯罪行为人高某没有太多的爱好，可能有些人会说，有啊，他爱赌博啊。没错，但是这种“爱好”并不能帮助他发泄心中压抑的情绪，因为缺少了倾诉渠道。当然，犯罪行为人高某也爱养狗，可以和动物倾诉，但是缺乏有效的反馈。前述的环境背景里面有一段描述提到，犯罪行为人高某就算在进行自己热爱的赌博的时候，话都少得让人害怕，而赌博也不是一个可以一直持续的“爱好”。没有人和人之间行之有效的正面沟通，加之本身我们说到的犯罪行为人高某压抑型的性格，他也许只是当赌博行为是一个简单的行为而已，并没有多余的感情体验，也就没办法进一步去诉说心里的感觉。而养狗，我们可以从新闻材料里知道犯罪行为人高某爱狗如命，有时候甚至都没钱吃饭了，还要买肉给狗吃，这种行为其实是心理寄托的一种转移，可以适当地起到一点缓解作用。但是高某并无法和狗进行交流，所以爱狗如命只能是一种单纯的心理寄托，以高某心理的压抑来说，这个程度已经起不了多大的作用了。

本来亲人之间是一个很好的发泄渠道，但本案中很可惜的是，由于犯罪行为人高某常年在外打工，和老婆孩子聚少离多，这样的社会关系纽带并不牢固，出现了诸如家庭亲情关系缺失之类的问题。感情淡漠，加之本身的分裂型人格障碍，这种感情淡漠的情况就会更加严重。所以，在小社会环境中，发泄渠道一样是封闭且非常有限的。**这样一直发展下去，加上犯罪行为人高某沉默并喜欢独处的性格，负面情绪就会一直累积，无处发泄，这个时候曾经转化的犯罪行为给他带来的那种心理快感就会格外地吸引他。长期的压抑情绪一次性发泄，从一定程度上让犯罪行为人高某意识到这种发泄途径是可以选择的，并且对他有着非常大的吸引力，加之猥亵和强奸行为的伴随，推高了心理快感的体验和补偿。**在这样的情况下，犯罪行为人高某的犯罪心理循环随着一次又一次的犯罪行为渐渐稳固，潜伏状态所承受的负面情绪越来越少，个性化犯罪心理形成，当情绪累积到一定程度时，就会下意识地去考虑重复实施与之前犯罪行为类似的犯罪。

最后，进化与返祖。犯罪者的进化这个研究方向是很值得关注的，一直都有研究者在进行讨论。进化这个现象在连续犯罪中一直都有显现，这里说的进化并不是我们平常讨论的生物学上的进化。犯罪心理学讲的进化其实是一种犯罪技巧和心理稳定度的增长，在某种程度上也意味着犯罪心理的突破和个性化的过程。至于返祖，与进化搭配起来就形成了一个犯罪心理上的共生矛盾面，因为这两个概念一般是不会同时出现在常见的犯罪行为人身上的，但是连续犯罪者，特别在不是很常见的变态型的犯罪者和职业型的犯罪者身上，就会有这样共生的情况出现。

回到甘肃白银案中，这样矛盾的共生就出现了，我们可以看到犯罪行为人高某在所有案件中犯罪行为的进化过程。首先，割喉作为一种致死行为存在于除小女孩受害案外的其他案件中，但是对于强奸行为来说情况就不一样了。**在第一起案件中，转化冲动犯罪开始的时候，是不存在强奸行为的，有的只是可能发生的猥亵。**另外，最开始的几个受害者都有衣物被推高到胸部以上的情况，随着犯罪者心理的稳固，衣物被去除从而进行猥亵或者观赏受害者裸体已经不能满足犯罪行为人高某在这样心理结构下的快感需求，所以行为进一步进化成入侵性的强奸行为或是更严重的对尸体的侮辱，这个过程就是第一种进化。

而本案中还存在着另一种伴随着返祖行为的进化，那就是对于受害者身体组织和器官的收集和保存。这个看上去很难理解的复杂行为蕴含着两层含义，第一层的进化含义，可以看到犯罪行为人高某对于剥离受害者器官或者是部分身体组织的需求在实施一系列犯罪行为的过程中一直在变化，从最开始几起案件不存在器官和组织剥离上升到后面案件中需求的出现，从小面积上升到大面积，从部分第二性征上升到第一性征，从被动行为器官到主动行为器官这样的进化；而第二层的返祖含义，则表现在犯罪行为人高某对被害者器官和组织的剥离和保留，这就好像我们祖先对于猎物的部分器官，如骨头、肉的剥离保留或收集起来留着以后使用一样（手部的截取和保存，可能是有什么特殊含义，这个我没有考虑清楚，是否和行为人的自体性行为有关系，目前只是猜测，因为曾经有过这样的案例）。

这个案子涉及的很多问题无法逐一陈述在定性分析之中，所以专门写了下面针对个别问题的回答，这里我只回答我想到的且可以回答的问题，其他还有个别疑点是我无法回答的，在此表示歉意。

1. 初次犯案与后续犯案的区别。犯罪行为人高某的初次犯案，个人认为是转化型的冲动犯罪，并没有犯罪的预谋，但在初次冲动犯罪的行为中依旧表现出他的一些心理诉求。入室盗窃是基础犯罪行为，被人撞破后，冲动下进入歇斯底里状态，于是产生了杀人和猥亵行为。初次犯罪中犯罪行为人高某的表现与《情商》一书中所述的一起歇斯底里的入室盗窃转化暴力犯罪案很类似。这个可以理解，因为入室盗窃被撞破从而转化成暴力致死犯罪的可能性很高。但是后续的案件，报道出来的就都没有盗窃行为了，全部是溜门（就是在门没有关上的时候乘机进入房间或者是阻止关门）进去直接发生的猥亵、强奸和杀人。可以理解为犯罪行为人高某舍弃了有迹可循的盗窃行为（因为盗窃要销赃，而当地范围比较小），进而选择了可以带来极大心理快感的猥亵和后续的强奸，至于灭口，从一开始转化的那一刻，犯罪行为人高某的行为就已经被贴上“必须灭口”的标签。

2. 行为人致死手法选择。几乎所有的案件，致命攻击部位全部是颈部（除了 8 岁的苗苗，可能是皮带窒息）。为什么是颈部而不是其他部位，如腹部、胸部之类的地方，这很可能和之前犯罪行为人高某打工做的第一份生意——贩卖刀具有一定的关系。犯罪行为人高某熟知各种刀具的用法和锋利程度，而这份生意也会使他了解到如果快速让动物死亡，特别是在目标反抗的时候，如何让目标快速停止反抗，并且不能发出呼救的声音（至于有一位受害者颈部是刺割伤，我认为是因为犯罪行为人高某过度自信的过失，致使一次未成功致死，反抗过程中加大了对受害者颈部的攻击力度，所以有刺的行为）。

3. 行为人作案范围选择。多数案件的发生地点都在一个比较近的范围，其中有两起不在白银本地，但也都是在犯罪行为人高某外出打工的地点发生的。这个其实就是犯罪者对于行为范围选择的问题。一般的犯罪者都会选择自己熟悉的大环境来实施犯罪行为，这样做有几点考虑，首先是好逃跑，好隐蔽和藏匿；其次是犯罪者在熟悉的环境中实施犯罪行为时因为环境变量的可预测性比较高，所以带来的心理压力会比较小，有利于犯罪行为的实施。罗斯姆（D. K.

Rossmo）在其著作《地理学的犯罪心理画像》中提出，在犯罪地理学的知识体系里，是可以根据连续作案的犯罪地点绘制出犯罪嫌疑人大概出没范围的地域图的，但是对于本来就属于流窜性较强的犯罪类型来说，如盗窃或是抢劫，实践中就会有一定困难。需要注意的是，本案中犯罪行为人高某并不属于一般的犯罪者，所以其选择作案范围和目标的深层次心理原因有待考证。

4. 行为人父子关系。很多人都会关注媒体在犯罪行为人高某到案后对他儿子的采访，并且惊异于犯罪行为人高某儿子的冷静。其实，我觉得这种冷静是最普通和正常的。综观犯罪行为人高某儿子叙述的成长过程，“我比较担心我妈妈的情绪”这句话，就知道在他的成长过程中，父亲角色的缺失是很明显的，既定的事实是犯罪行为人高某并没有在儿子成长的过程中发挥作为父亲的社会角色所应该起到的作用，或者说仅有的作用也是被儿子否定的。

个体心理学的理论体系当中有一个关于依赖的基本观点，儿子本身对于母亲的依赖在童年时期会达到顶峰，其后慢慢会随着年龄的增长而转向对父亲的认同，而父亲在孩子整个成长过程中的参与是很重要的。换句话说，父亲的社会角色在孩子童年时期如果没有成功介入的话，很可能出现被置换和封存的情况，而犯罪行为人高某的情况恰恰如此。儿子对于高某作为父亲的印象很浅淡，并且多数是中性和负面的。从某种程度上来说，犯罪行为人高某在其儿子心理上的定位可能还不及儿子生活中的一位好朋友。那么，对于一个心理定位如此低的人表示遗憾和不理解就是对于一个普通心理角色最好的评价，这就好像我们看到一切没有太多关联性的新闻事件一样，只能表示惋惜、遗憾、不理解。

5. 犯罪基因的遗传。在这里单独讨论这个问题，就是因为关于这个问题的一些意见居然可以在知识分享平台上得到一部分人的支持。我是坚定的反天生犯罪人论者，因为到目前为止，除意大利 19 世纪犯罪学家切萨雷・龙勃罗梭在其早期著作《犯罪人论》中提出的基于颅相学的研究理论外（后期被自己推翻），并没有直接的科学研究证实人类是带有直接指向犯罪的基因的，并且这种基因存在于人类的遗传当中。至于所谓的双生子研究，也就是同卵双胞胎的犯罪轨迹和概率研究，由于基因库数量问题，还有就是无法从根本上隔离双胞胎在同一类似生活环境下的这个问题，并不能从根本上形成因果。我并不否认人类身上携带有与自我控制、情绪唤醒水平有关的基因，也不否认人与人之间脑反射区存在不同，但是我坚定地认为（最起码目前这种坚定还在），攻击行为源自模仿和学习，任何人都置身于环境之中，犯罪并不能遗传，但是可以配合自控、情绪唤醒和脑反射等生理因素来触发。

6. 曾经讲述杀人过程。变态型犯罪者大都会有这样的行为产生，因为多数变态型犯罪者都伴有双重人格，所以对于自己做出的犯罪行为是没有多少负面的感觉的，甚至有时候会把它讲出来当成娱乐，享受聆听者那种聚精会神甚至有时候带点羡慕的眼光和被簇拥的感觉。犯罪者通常希望通过这样的表述达到两个方面的目的：第一，排解自己的压抑心理；第二，从他人处得到心理快感和强化。

7. 仅有的两次显现暴力经历。在犯罪行为人高某被抓之前，出现过仅有的两次有记录的外显型暴力行为，一次为带有相对隐蔽性的家庭暴力行为，一次为在跳舞过程中产生摩擦而导致的冲动状态下的暴力事件。从这两次仅有的外显暴力行为中，我们可以看到犯罪行为人高某性格里压抑的那一面。在家庭暴力的那次冲突中，妻子被犯罪行为人高某殴打，高某却几天不理老婆（后续冷暴力），要老婆哭着找自己。这种情绪的压抑和暴力行为过后深深的自责是无法排解的。在跳舞产生的暴力冲突中，犯罪行为人高某被人用刀捅了，依旧站着不动，没有表情，这种行为并不是一般心理状态下的人可以做出的，高某一直在压抑自己的防卫和反抗心理，而一般心理状态下的人都会顺应。但高某一直处于这种压抑状态直到失血过多晕倒。

8. 关于被害者全部是红衣女子的澄清。其实很多人说为什么他只杀穿红衣服的女子，包括我之前看媒体报道都说红衣服之类的，说是造成了当地穿红色衣服女子的恐慌。我也确实考虑过为什么红衣服会成为筛选目标的标准，是否是一种依恋缺失的报复（因为之前有报道说犯罪行为人高某的相册里有一张某亲戚穿红色衣服的照片，高某一直很重视这个亲戚，但是后面此女子嫁人，并且过得不幸福，高某很是伤心和自责），但是后面采访到当年参加过这个案子调查的刑警前辈，其指出并没有所谓的只杀红衣女子的情况，这只是一种谣传而已。对于红衣的猜测就这样结束了，不过倒是可以考虑一下其他案件中出现的根据一些特点筛选作案目标的心理特点，毕竟这在连续杀人案中屡次出现。

9. 年龄最小受害者为什么不是惯常犯罪手法致死。首先，8 岁的受害者由于生理发育的原因对犯罪行为人高某的行为并不能达成有效的反抗。其次，由于突如其来的惊吓，8 岁的受害者肯定表现出异常的惊恐和战栗（边缘神经系统的应激状态），在这种情况下，犯罪行为人没有必要去割喉致死，而是被极大地激发了人性方面的变态心理，于是发生了受害者窒息性的死亡。当然还有在这之前的性虐待和强奸，脖子上的皮带，很可能说明犯罪行为人高某把 8 岁的受害者当成了自己的猎物来支配和圈养，而最后，应该是在强奸和虐待过程中不断寻求刺激的最大化带来的暴力强度过大导致其死亡。

10. 偶发性强奸和猥亵的原因。综观所有的案件调查简报，会发现好像我们前面所说的，有一些是衣服被除去的猥亵和欣赏，有一些则是明确遭到强奸的，那么这种间歇性的变动原因是什么？猥亵和强奸的这种交替变动，以及行为中体现出的这种性压抑，结合性犯罪犯罪人的生理特点（有很多性犯罪犯罪人都伴有不同程度上的性障碍），已经说明其有一定程度的性障碍。但是有人会问，行为人有两个孩子，一个有两个孩子的人，性障碍是否是一种猜测？是一种猜测，但是这种猜测有两个原因，一个是人格障碍造成的，前面分析过，另一个是职业伤害。根据时间轴，我们可以判断这个性障碍是在孩子出生之后所患，外出打工造成的职业伤害让行为人患病，不仅是勃起障碍，还有肝脏的问题。犯罪行为人高某从事的是金属冶炼工作，由于技术落后，很容易让他摄入过量的重金属，而工作所在地又是重金属的盛产地，这样的职业伤害导致其勃起障碍和肝病。而这些又反向激发了高某的犯罪行为，因为肝不好的人情绪自控能力比较差，容易激动，容易有出格行为，这个是有文献可以佐证的。

11. 重判但是慢杀。由于甘肃白银案的社会影响太恶劣，对众多受害者及受害者家属造成了巨大且持续的伤害，所以犯罪行为人高某到案后，社会上存在着一种声音，就是重判快杀。高某当然应该被重判，因为所犯行为确实刷新了很多人的底线，在后续审判中高某也确实被判死刑。但是至于“快杀”这个观点，个人倒是持有一些保留意见的。为什么执行要慢呢？高某被重判是毋庸置疑的，没有任何的理由可以减轻刑罚，但是如果很快速地执行死刑，那么高某身上的很多信息就会随着他的被行刑而消失。

高某的身份除了是一个连续重暴力犯罪的犯罪者，在我看来还有一个身份，他还是中国社会很少见的一个犯罪类型的典型犯罪者。换句话说，高某的犯罪行为和高某本人有比较大的研究价值，通过更透彻地深入了解高某的行为和心理机制，可以帮助我们更好地了解变态型犯罪者的特点，并对以后有所帮助。另外一点，目前知道的这些案件就是高某所犯下的所有的罪行吗？可能未必，这类型的犯罪者一般并不会完全坦白自己的所作所为，虽然刑罚上已经触及上限，但是如果有其他案件还没有调查清楚，那么对于受害者家属来说，无疑是不公平的。基于这两点考虑，个人认为应该重判但是慢杀。

很多人为这个案子付出了艰辛的努力，而在多年的悬而未决之后，终于等来了光明。当年案子留下了足够的生物证据，还有目击证人，但是因为当时技术条件有限，加之行为人有一定的反侦查能力，还有一些其他根本判断上的问题，造成了长时间的胶着，但是依旧不能否认前辈的坚持和努力。

最后，我们在探究真相的时候，请不要忘记逝去者，是她们给了我们线索去维护正义，也不要侵犯了受害者家属选择忘却的权利。

相关知识

反侦查心理如何形成

反侦查心理是一个看上去很普通但实际上在办案过程中可以形成巨大阻碍的心理因素，有一定反侦查心理及行为基础的犯罪行为人，哪怕在冲动犯罪之后，也可以冷静地处理犯罪现场或各种后续情况。

那么，为什么犯罪行为人会有反侦查心理，这种心理形成的原因是什么，是不是每个犯罪行为人都有反侦查心理呢？

反侦查心理和反侦查行为

我们在社会新闻中看到的情况显示，并不是所有的犯罪者都懂得去实施反侦查行为。需要注意的是，行为和心理是不一样的，虽然两者之间有千丝万缕的联系，但是毕竟行为的实施需要一定的物质条件，有一定局限性，而心理的产生则不需要。

刘品新在《反侦查行为：犯罪侦查的新视角》中提出，反侦查行为是在反侦查心理的支配下，结合其他的物质条件基础，进一步实施的手段或者是方法。反侦查心理是一直贯穿于行为之中的要素，而反侦查行为大多数时候也同样贯穿于犯罪行为的整个周期中，如果细分来看，也有区别，预谋犯罪的反侦查行为从犯罪行为真正实施之前就开始了，特别是激情状态犯罪或是带有浓重的感情色彩的突发纠葛犯罪行为，其反侦查一般都是补救措施，因为整个决策过程比较短，所以大概率只能采取补救措施作为反侦查手段。

反侦查行为一般包括伪造作案时间、犯罪现场干扰、个体形象改变、销赃、转攻为守、证言证词干扰。在实际情况中，针对作案时间和现场，以及个体形象所实施的反侦查比较多，如伪造不在场证明，清理、毁坏或者转移及伪造现场，乔装打扮，面部识别特征的遮蔽，言语上说话方式的改变，行为上左右利手的改变，使用假身份，甚至包括整容等一切可以阻碍正常侦查活动的行为。这些都在反侦查的范畴。

反侦查心理的普遍性

反侦查心理是犯罪行为人的普遍心理吗？这个问题的答案是肯定的。因为反侦查心理基于犯罪行为人本能产生。这种出于本能的考虑，在一定程度上是因为犯罪行为人的自我保护意识。

可能有人会问，犯罪者难道还会有自我保护意识吗？他们都是去做一些伤害别人的事情。犯罪行为人当然有自我保护的意识了，任何人都有自我保护的意识，不能因为行为人实施的可能是伤害别人的行为而否定其具有的自我保护本能，更何况有一些犯罪正是由于不适当的自我保护造成的，如激情状态下犯罪的一些动机。

反侦查心理产生原因

谈到反侦查心理产生的原因，我们必须结合之前所说的内容来阐述，主要有以下两点。

首先，自我保护的本能。这部分先要肯定的一点是，犯罪行为人依旧是会进行选择的个体。在整个犯罪行为的过程中，犯罪行为人都在经历着心理上的矛盾和抉择。而在这些抉择之后，犯罪行为人则会根据所承担的风险和实际得到的回报来对是否实施犯罪行为进行判断。

话说得直接一点，毕竟犯罪是个无论放在哪里都具有很高风险等级的行为，而且能够影响犯罪行为的变量很多，就算是犯罪行为人铁了心去干一票，也肯定还是会很在乎自己是不是能安全地撤离，要不犯罪行为人费这么大劲做这么肮脏的违法犯罪行为就没有什么实际的意义了。正所谓“有命赚，没命花”，肯定是不划算的。

进一步说这个事情，大多数犯罪行为人对利己这个方面都是比较重视的，毕竟犯罪行为是以伤害他人权利、满足自己欲望为主要手段的，所以在如此重视自己利益的犯罪行为人的心理层面上，肯定会更加注意自己能否顺利退出或者撤离。这个特点在计划犯罪中尤其明显，因为激情状态下的犯罪一般都是临时起意。

其次，逃避惩罚的既定认知。既定认知包括直接的和间接的。什么是既定认知？就是个体本身的固有认知模式，主要是个体的经验占据了大部分。从既定认知的层面上来说，犯罪行为人的反侦查心理在很大程度上受到了日常生活形成的习惯性和在犯罪这个行为上所进行的尝试的影响。

日常生活形成的习惯性指的是，在日常生活中，我们都会养成一些逃避的习惯方法，如扯个谎、推卸责任或者躲起来一段时间让别人联系不到之类的。但是随着这些习惯的深入，犯罪行为人会形成一种既定的模式和认知，这些既定的模式和认知就在犯罪行为人的反侦查行为中起着下意识的支配作用。

至于犯罪经验，这个就是靠犯罪行为人自己的理解和观察学习或是模仿去获得。现在比较常见的就是对影视或文学作品中出现的一些反侦查行为的模仿，这也是这几年大众经常关注的一个问题，这些情节或者场景会不会反向地教导犯罪行为人一些反侦查的技巧，而目前看来，这个现象多多少少肯定是有的。犯罪行为人更多是通过对影视或文学作品中反侦查的模仿去获得一种认识，这种认识的核心概念就是反侦查是一个犯罪过程中必不可少的有利行为，只要通过模仿认识到了这一点，犯罪行为人的这个心理就会得到巩固。

犯罪行为人会在作案后拿取死者的东西或者身体部位吗

为什么会出现犯罪行为人拿走被害人的东西，或者是剥离身体部分这样的掠夺行为？

现实中有没有犯罪行为人有这样的行为发生？其实还挺多的，拿走被害人的东西在很多类型的犯罪中都有出现；至于身体部分，在一些比较有名的恶性案件中，也是会出现的。其实对人体组织的剥离和收集行为不只会出现在犯罪者身上，在其他社会角色身上也会有所体现，如士兵、科学家或贵族。

英国牛津大学的人类学家弗朗西斯·拉尔森在其著作《人类砍头小史》中就指出了发生在这几种社会角色身上的对人类身体组织的剥离与收集行为。首先是欧洲贵族对人头的崇拜，他们想尽一切办法搜罗名人或其他人种的人头做成工艺品，有身份的人头会彰显他们贵族的地位，如保皇派的护国公这种位置上的人的头颅。这样有社会地位的人的头颅会被当时的一些贵族放在自己的豪宅里，或是当作艺术品展示给宾客，更有甚者把头颅固定在手杖的顶端。

中世纪的一些科学家同样对人类的头颅有着浓厚的兴趣。颅相学在那个时候正兴盛，而对人头的研究也进入鼎盛时期。很多颅相学家通过各种手段收集大量的人类颅骨进行科学研究，为此不惜去盗挖尸体，或是花高价通过中间人去向食人族购买非洲人的颅骨。

离我们最近的对人类身体组织的剥离与收集行为主要发生在世界大战期间。美军的士兵会把日本士兵的耳朵、手指，甚至头割下来带回去送给自己的亲朋好友作为纪念品，或者是放在战车、战船上面作为护身符。在东南亚战场，这种行为尤其突出，美军曾一度严令禁止这种对身体组织的剥离和收集行为，但是研究数据显示，大多数从战场运回本土的日本士兵尸体都是不完整的，而这种不完整不是由武器打击造成的。

排除这些特殊时期或是特殊环境的人体组织剥离和收集行为，此行为作为犯罪行为实施的后续，其发生的根本心理支撑是什么？这种行为是否会出现在特殊的犯罪者类型中？这个大问题要从后半部分开始回答。

变态型

整个问题是基于一个很现实的结果提出的，就是受害者已经死亡。所以讨论应该首先针对可以致死的犯罪行为，如谋杀、重暴力。而后半部分的问题则集中在犯罪者的类型上。综观所有的犯罪者类型，有一种犯罪者的类型很符合这种重暴力然后剥离身体部位的设定，那就是变态型犯罪者，也就预示这种情况的发生多数出现在这个类型的犯罪者身上。

这种类型的犯罪者有双重人格，矛盾性强，易冲动，情绪控制有问题，犯罪模式自成一派，犯罪行为往往带有很强的个人意愿的表达和艺术或者哲学色彩，也经常出现把受害者看作自己的艺术品来塑造或是当作战利品来收集的情况，如一些非常经典的惊悚悬疑影视剧集中出现的那些人物。[①]但是，这并不意味着其他类型的犯罪者不会有这样的犯罪后续行为出现。举个最普通的例子，在被称为“犯罪生涯入门犯罪”的盗窃中，扒手也会去对手指进行剥离，不过动机比较单纯，就是对目标的惩罚和对信息的隐匿。

那么回到前半部分的问题，这样的行为发生的心理原因是什么？可以说，不是因为变态，也是因为变态。

收　集

有些人说，总要“允许”犯罪者有一些个人的小癖好，而且这种行为本身多发在变态型犯罪者的身上，他们本身就是变态的呀！那就来聊一聊众多癖好中与这个问题相关的一种癖好——收集癖。

收集癖是一个基本所有人都有的癖好，玩具、同系列的书籍、邮票、电子产品、衣服，只要你想得到的，都可以找到对应的收集人。我自己就是一个虔诚但是没有那么狂热的美国动漫手办的收集爱好者。

收集会给行为人带来满足。这类型的犯罪者也会收集，收集受害者的东西，收集受害者的身体组织，原因是什么？一方面是为了时刻提醒自己曾做

---

① 罗大华教授与马皑教授在合著的《犯罪心理学》（第二版）一书中，针对犯罪者分类的部分有这样的概括。见罗大华、马皑：《犯罪心理学》（第二版），中国人民大学出版社 2016 年版。

过什么不得了的事情，另一方面就是用来以点带面地激活当时的情境，回忆当时的细节，在行为后持续满足自己的心理需要。当然，变态型犯罪者本身的收集行为中还有很多哲学和艺术因素的存在。

挑 战

这个问题为什么会出现挑战的含义？又要挑战些什么？

这类型犯罪者要挑战的是试图把他们缉拿归案的公权力和社会的道德底线。从犯罪现场勘查的角度来说，犯罪现场中要是少了某样东西，或是死者少了某个部位，其实相对于调查者来说，是留下了更多的线索和证据的。一般的犯罪者是不会拿走现场不必要的一些东西的，因为接触越多，残留就越多，这样做可能会增加自己的反侦查压力。

但是，这类型的犯罪行为人很特殊，他们喜欢让很多人知道自己的行为，他们享受被社会关注的感觉。大众对犯罪者的行为越恐惧，就越会给这类型的犯罪者带来心理上的快感和成就感。这类型的犯罪者不是很担心被抓住，因为被抓住这个事情从一开始就不在他们考虑范围内，特别自我！也特别任性！

塑 造

谈到自我和任性，艺术就是特别自我的东西，而一般的艺术作品，作者都会在上面署名，只是署名的方式有很多种。拿走受害者一个类似的东西或是部位，或者把现场布置成特殊的样式，或者好像影视剧中那样留下同一个标志，这就是这类型犯罪者艺术表现的署名方式。

前面我们说过，在这类型的犯罪者的犯罪结果中有很多的个人情绪和想表达的东西，它不是简单的小偷小摸，这类型的人在通过犯罪去表达一种很浓烈的个人情感，所以拿走自认为重要的部分，也可以理解为是塑造艺术作品的一个环节而已。

Case No.07：

罪的先河——绫濑水泥杀人案

地点：日本东京东区

案件类型：非法拘禁附带虐待，杀人，抛尸

结果：1 名女当事人死亡

背景：群体及环境影响下的恶性犯罪

犯罪动机：群体情绪发泄与个体负面心理发泄

犯罪目的：发泄、娱乐

审理结果：对几名犯罪行为人与其他犯罪行为参与者提起公诉，并根据其行为判处不同刑期的有期徒刑

人物关系（此处仅列举主要人物，根据新闻报道整理）

A，男（18 岁），主犯，已刑满出狱。

B，男（17 岁），已被释放。在出狱之后的 2004 年 5 月 19 日，其又因为监禁与殴打友人而被判处 4 年有期徒刑。

C，男（17 岁），犯罪行为参与者。

D，男（16 岁），拘禁住所提供者。

E，男（17 岁），曾以说笑的口吻回忆这件事，对此毫无反省。

名词解释

1. 逆侦测：根据电信技术反向侦测来电信息的电子侦查技术。

2. 吸食强力胶：之前流行的一种滥用化学药剂行为，会让人产生类似醉酒的快感，属于类毒品范畴。

案件经过（根据新闻报道整理）

1988 年 11 月 25 日下午 6 点左右，A 到 D 的家里约他一同去抢劫。

1988 年 11 月 25 日晚上 8 点左右，A 与 D 骑着摩托车在游荡途中遇见打完工骑着脚踏车正要返家的学生古田顺子，A 随即用暴力威胁手段将其带到宾馆强暴。

1988 年 11 月 25 日晚上 10 点左右，A 打电话给先行返家的 D，听到 B 和 C 也在他家后，便叫他们 3 个人出来。4 个人合力将古田顺子带往 D 家的二楼进行监禁。这天，D 的父亲因为参加员工旅行活动不在家，家里只有母亲和哥哥 G。

1988 年 11 月 28 日，A 以“给你们看个好东西”为由，把 E（当时 17 岁）和 F（当时 16 岁）约出来，之后一伙人在 D 家人熟睡的深夜轮奸了受害人古田顺子。在众人实施轮奸行为的过程中，受害人古田顺子曾经拼命抵抗，并一度吵醒了在楼下睡觉的 D 的母亲，但是顺子的脸被压在寝具上而无法发出求救的声音。

1988 年 11 月 30 日晚上 9 点左右，D 的母亲第一次在自己家中的二楼看见受害人古田顺子，随即嘱咐 D 赶快让顺子回家。但后来她发现顺子还在自己家的二楼，便又一次直接要求顺子快回家，只是这样的要求似乎没什么效果。

犯罪行为团伙不分昼夜地玩弄受害人古田顺子的肉体，每当她受不了凌虐昏倒时，少年们就会把她的头浸到水桶里，等她清醒后再继续凌虐。这段时间，团伙成员轮流在 D 家二楼监视受害人，防止受害人逃跑。

1988 年 12 月初的某日下午 4 点左右，受害人古田顺子趁几个行为人睡着之际，从二楼来到一楼的客厅，并打电话报警。这一行为被睡在电话附近的 A 发现，他立刻制止了受害人的行为。很快，警方利用逆侦测查到 D 家的电话，打过去确认时，A 接起电话敷衍警方后便挂断了电话。A 和 B 因为此事，对受害人古田顺子的凌虐手法也更加残暴和无度，打她、踢她，甚至还拿打火机烧伤她的脚背。

1988 年 12 月 5 日，东京的中野车站内发生了电车追撞事件。A 故意欺骗顺子说："你父亲在那台电车上挂了，现在电视正在播。你看到没有？"当顺子露出担心的表情后又故意问她："你现在是什么心情？""我很难过。"听到顺子的回答后 A 又告诉她："其实我是骗你的。"A、B、D 三人不断重复着"死了""还活着"之类的话语，让受害人古田顺子的心理陷入极度的不安状态中。

1988 年 12 月 10 日，受害人古田顺子开始央求几个犯罪行为人放她回家。于是领头的 A 就问道："你回家后要怎么跟你老妈说？""我会跟我妈说，我这段时间都在外游玩。""穿学校制服能在外玩这么久是吗？"A 如此质问顺子，同时因为顺子的回答对其施以暴行，对她又踢又打，甚至还将打火机的填充油倒在顺子的脚上并点火，通过围观顺子惊慌失措地要将火拍熄的样子来取乐，类似的行为发生了好几次。

1988 年 12 月中旬的一天，受害人古田顺子因为尿失禁弄脏了 D 家的棉被，B 和 D 狠狠地打了她一顿。不断的殴打导致顺子的脸部异常肿胀，已经完全看不出五官轮廓，惨不忍睹，而几个犯罪行为人却因此笑成一团。

1988 年 12 月底，对受害人古田顺子的施暴程度加深的同时，几个犯罪行为人给顺子吃的食物也越来越随便。食物主要是 D 的哥哥 G（当时 17 岁）

来负责。刚被监禁的第一天还叫外卖，后来只剩下一天一瓶牛奶，偶尔配上一块面包。“我什么都做，请你们放我回家。”顺子不断地苦苦哀求。在这样的情况下，顺子被强迫全裸跳舞、在几个犯罪行为人面前自慰，甚至还被他们进行更进一步的性虐待。

D 的双亲此时已经察觉到不对劲，但是怕再追问下去儿子 D 会发飙，因此一直对二楼的声音充耳不闻。随着时间的推移和针对顺子的凌虐不断加强，顺子因为之前脚上的烧伤化脓而无法行走，身体也变得越来越虚弱，伤口还散发出恶臭。A 因为讨厌这股臭味，也逐渐减少了去 D 家的次数。

1989 年 1 月 4 日早上 6 点，A 因为通宵打麻将输了很多钱火气正大，便将这股怒气发到了受害人古田顺子身上。B、C、D 三人因为讨厌顺子脚上伤口化脓散发出来的臭味，便离开 D 家，聚在 C 家里打电玩。A 到 C 家找他们后，一伙人前往 D 家。到达 D 家二楼之后，几个犯罪行为人配合着音乐的旋律对顺子进行殴打，顺子因为口鼻流血，鲜血染红了地面。C 因为不想沾到血，于是将 A 吸强力胶用的塑料袋套在手上，痛打顺子的肩膀和手。最后，顺子在这样严重的暴力行为中全身呈现僵硬状态并开始痉挛。

在几个犯罪行为人施暴的过程中，A 拿出了一支铁棒，铁棒前端附有 1.7 公斤的铁球，D 将那支铁棒往顺子的肚子上捶了下去。轮到 A 来施暴时，B、C、D 三人便在一旁出主意，一副半开玩笑的神情，任暴行更加严重。上午 10 点，持续将近 4 个小时的暴行结束。A 在用录音带的磁带绑住顺子的脚防止她逃跑后，几个犯罪行为人出门去蒸桑拿，随后受害人古田顺子死亡。

1989 年 1 月 5 日早上，不知该如何处理尸体的几个犯罪行为人将顺子的尸体用毛巾包住，放在旅行袋内提上车，之后将顺子的尸体连同她的书包一同放入从附近工地偷来的汽油桶里，倒入水泥。水泥是 A 从他以前工作的地方拿来的。早上 8 点，几个犯罪行为人原本想将汽油桶丢弃到海里，但是当驾车行驶至海滨公园整备地附近时，心里害怕，便将汽油桶抛出车外，丢弃在整备地里。

注意：几个犯罪行为人在监禁受害人古田顺子期间，曾经邀请不良少年多达数十人来 D 家二楼对顺子实施侵害。

犯罪环境背景及犯罪心理分析

环境背景（根据新闻报道整理）

此事件对日本社会影响深远。抛开案件本身的残忍不谈，这应该是日本刑事案件历史上第一次用水泥来弃尸，所以之后渐渐开始有人在犯案过程中对这种抛尸手段加以模仿。此外，日本立法机构也因为此案件中未成年犯罪行为人残忍至极的行为而重新审视《少年法》的规定，并在案件判决后特别修改了《少年法》。

回到环境背景方面：

主犯 A（当时 18 岁），父亲在证券公司上班，母亲则是钢琴老师，还有一个妹妹。父母两人的工作都很忙，A 从小就得不到双亲的关爱，而双亲彼此的关系也不和谐。A 从小脾气就很暴躁，初中（日本称国中）时开始学习柔道，成绩不错，因此作为柔道特长生上了高中。因为 A 的柔道表现很突出，进入高中后在学校常常被学长霸凌，为了发泄怨气，A 会在街上找小混混和中年男子的麻烦，在家则会对母亲拳打脚踢。A 在高中一年级的第二学期被学校退学，之后出去打工，同时加入了暴走族（普遍被认为是黑社会的早期形态），平时靠飞车抢劫来赚外快，其间又染上毒瘾，开始和流氓打起交道。

A 后来成立了一个叫作“极青会”的少年流氓组织，自己担任组织首领，平时主要做一些类似强迫推销店家买花等的行为。同时他和 B、C、D 三人的渊源很深，关系也很不错。A 因为帮 D 的哥哥教训偷车贼，能够自由进出 D 家。同时 A 又跟 C 的姐姐交往，所以 C 之后就理所当然地变成 A 的小弟。

从犯 B（当时 17 岁），小学三年级时父母离异，有一个姐姐，母亲在酒店上班，对他疏于照料。B 在初中时曾经做过一年 A 的学弟。B 毕业后考上私立高中，但同样在高中一年级的第二学期被学校退学，之后有两个多月的时间是在夜校上学，白天的工作则不定。

从犯 C（当时 17 岁），幼年时父母离异，母亲是美容师，工作忙碌，没有时间照料 C，父亲在离婚后不久死于交通事故。家中还有一个姐姐。C 中学时期是 A 的学弟，和 A 相差一届。高中进工业学校就读，但同样很快就被学校退学，进入社会之后不停地换工作。

从犯 D（当时 16 岁），犯罪行为实施场所的提供者与行为参与者。D 的父母在同一家诊疗所工作，父亲的职位是行政主任，母亲则是护士。家中还有一个哥哥 G（受害者食物提供者）。D 的父母同样感情不和，在家中口角不断。D 初中时是 A 的学弟，和 A 相差两届，后就读于工业高中[①]，但刚读一年就休学了，而后进入社会没有固定工作，整天游手好闲。

注意：这群行为人的父母因为害怕自己的小孩，因此就算孩子有越轨的行为也不敢斥责。4 个人几乎每天晚上都会聚集在 D 家的二楼。A 当时就已经在用自己的摩托车从事犯罪，如强拉女子上车后施以强暴，或者是飞车抢劫等。

犯罪心理分析

一方面，小社会环境。看到这个小标题可能很多人会说，哎呀，不就是原生家庭多么糟糕、父母疏于管教之类的嘛？没错，是包括这些，但是又不仅限于这些。这个案子中涉及的几个青少年犯罪行为人所处的社会环境比较特殊，相比家庭环境，个人认为其他环境因素对本案犯罪行为人产生的影响更大。

① 以培养工业技能为主的高中，是职业高中的一部分。

为什么这么说？因为当我们关注这些犯罪行为人的环境背景时，会发现一个共同点——这些青少年犯罪行为人的父母当中，没有一人是涉及犯罪的，甚至连违法行为都没有。肯特·基尔在其《精神病态者的科学》一书中指出，如果一个行为人，在父母一方或双方有越轨行为或是犯罪行为的家庭环境下长大，那么这个行为人很可能会因为家庭环境的影响而变成犯罪易感体质，也就意味着行为人后续犯罪的可能性会比一般个体高。[①] 但如果是父母都没有越轨行为或犯罪行为的家庭呢？如本案中涉及的家庭。

在这个案件里，我们关注的小社会环境应该从家庭更多地转移到学校和朋友圈去。本案中的几个犯罪行为人都有被退学或是自己休学的背景，当然，这可能是因为行为人在学校的行为威胁到其他学生（从背景资料可以了解到）或者觉得自己和学校的环境格格不入。但是在该接受教育的时期从学校脱离，这对所处特殊年龄段的几个犯罪行为人来说无疑是一种非常强的负面反馈，会让犯罪行为人觉得自己瞬间成了无管制的早期社会人，被相对平静的环境排除在外或者抛弃，加深了行为人的自我否定。另外，几个犯罪行为人的朋友圈对犯罪行为的发生起到了进一步的推动作用。在回顾案件背景的时候可以注意到这个案子的特殊性，除了最开始 A 对顺子的强奸行为是一个人完成的（强奸的前置行为也是 A 和 D 结伴完成的），其他后续的犯罪行为均为群体或者结伴实施，实施人数不少于两人。几个犯罪行为人互为走得很近的朋友（不论这种接近是出于什么目的），每个人的行为都在互相影响，互为对方学习和模仿的对象。只要朋友圈中的一个人出现了犯罪行为，这样的心理因素就会随着接触而被另一个人感受到，每一次犯罪行为的发生都是一种负面反馈的交流，这种交流使得犯罪心理随着越轨或犯罪行为次数的增多而趋于稳定。

另一方面，乌合之众与群体犯罪。在古田顺子的案子里，我们不得不谈

---

① ［美］肯特·基尔：《精神病态者的科学》，唐璐译，湖南科学技术出版社 2016 年版。

到群体心理对群体中个体的影响，以及群体犯罪心理的可怕。这种心理在极大程度上影响着犯罪行为的残忍程度。好像所有的群体犯罪一样，邪教类别、传销类别、煽动类别的犯罪行为在发生的过程中，总会伴随着一些让人无法理解的行为——个体为什么会轻易听从群体中处于领导地位的人的指挥？个体为什么会暂时失去自主思考和判断行为后果的能力？我们从以下几个方面来分析古田顺子被杀案中的群体犯罪心理。

第一，群体中展现出的去个性化。一个群体行为，包括哪几点？古斯塔夫·勒庞（勒庞的经历很奇特，同时又透着满满的无奈，有兴趣的读者可以了解一下）在 1895 年出版的著作《乌合之众：大众心理研究》中指出，一个群体行为应该包含 3 个最基本的方面：**1. 群体中的个体寻求行为参照；2. 群体中的个体对偏离的恐惧；3. 群体体现出的凝聚力。**反观在古田顺子被害案中涉及的群体犯罪行为，行为参照物开始的时候是 A 对受害人顺子实施的犯罪行为，后面变成了几个犯罪行为人的群体行为。个体对偏离的恐惧则体现在 A 作为本案的主犯，明确地告知其他人可以这样对待古田顺子，并且自己已经这样做了，邀请他们一起来，这个群体中的每个人都担心，如果别人都做了，自己不做，那么犯罪群体中的其他人会如何对待自己？群体的凝聚力在这个案子里面，具体体现为大家都参与实施了同一个犯罪行为，已经在一条船上，形成了群体内认为的命运共同体，并且有 A 这个带头大哥在控制着整个犯罪群体的动向。

在以上 3 个因素的复合作用下，个体融入群体时，他的自我意识会下降，体现出来的就是去个性化，具体表现为自我控制和自我评价下降，伴随着行为的从众和行为尺度把握不准确等，这也是个体产生侵犯行为的众多因素中的一个。个体自我意识水平降低的时候，会对外来命令不假思索、盲目服从。自我控制力水平降低的时候，其侵犯性就会增加。站在这个角度，我们就很好理解行为人的群体行为了。对有侵犯行为的行为人的研究表明，侵犯动机是有意做一些受谴责行为而使自己获得平衡和满足的一种心理倾向。当个体融入群体时，群体的整个情境都很浮躁，群体主流思想目标明确（就是去发泄），会导致个体去个性化速度加快，在去个性化过程中，很容易发生一些平常不太出现的行为，一方面因为后面会谈到的责任的分摊，另一方面群体这样的氛围推动了行为人实施侵犯行为来求偿的心理，当然包括这个案子中很不合理甚至是变态的持续侵犯性行为。

第二，群体对于行为后果的认知缺失。之前和朋友在讨论这个案子时，谈到自己的一些观点："任何个体在实施一个行为的前期，都或多或少会对行为带来的后果做预先判断，但是这个案子看上去并不是这样。到了监禁后期，行为人才开始知觉可能会有不好的后果发生。"无疑，本案中的犯罪行为人的行为都是非常残暴、匪夷所思，并且是不受控制的。为什么？

上一段开始谈到的那句话，讲述的是个体的行为历程。而本案中，基本上所有的犯罪行为都是以群体为单位实施的。社会心理学中提出的几个概念，如"责任意识降低""责任分散""责任分摊"，可能可以解释本案中的一些行为。提出这些概念基于一个现象或者说问题，就是一般有他人在场的时候，对个体的利他行为往往会有负面的影响，在场的人数越多，利他行为就会越少，产生利他行为的概率也会越低。

但是一般在我们的印象里，总认为人多才可以更好地帮忙，事实真的如此吗？他人在场，导致个体责任意识丧失或者责任分散，群体中的个体会觉得眼前这个事情，自己不一定非要做；自己不做的话，周围这么多人总会有人出来帮忙的；就算不帮忙，也并不完全是自己的责任。举两个在谈论这个问题时最常见的例子，一个如在等绿灯的路口，大家都在焦急地等待红灯转绿，这个时候一个人闯了红灯，那么就会有人开始跟随，还会有很多人处于迈步与不迈步的边缘。观察一下这些人的脚就可以发现这种行为上的挣扎。而另一个例子就是很多事故有很多人围观，但是上前帮忙的人却很少，排除现在一些人怕自己帮忙被讹钱的因素，更多的是因为围观的个体觉得这个忙自己不帮的话，围观的群体里总会有人上前帮忙的。

在古田顺子被害案里，由于这种责任分散，各个行为人都觉得别人会有分寸，会意识到所实施行为可能产生的后果，如寄希望于A作为指挥者会意识到并且告诉他们该怎么做，所以并不完全是自己的事情，加之本身处在青少年心理和生理发展的不对等阶段，缺少有效的筛选机制，产生对于行为认知的缺失，最后造成无法控制的后果。如果情境中出现助人行为的榜样，就会产生一定的示范效应，对侵犯行为会有抑制作用。很可惜，这个群体实施的全部是严重的侵犯行为！而应发挥重要作用的父母也没有及时起到作用，或者说作用不能。

第三，受害者心理。古田顺子被害案还有一个需要谈到的方面，就是受害者心理，其根本关注点在于，曾经D的妈妈先后两次，一次叫D送古田顺子回去，另一次是直接叫古田顺子回去，受害者顺子都没有继续要求离开或是自行离开。第一次的情况在看过背景之后比较好理解，母亲的角色在D这里是没有任何权威的，所以D不会理会母亲的要求，肯定不会乖乖地把古田顺子送回去。但是第二次的情况呢？ D的母亲直接叫顺子自行离开，顺子也并没有行动，原因是什么？

这两次请求离开的情况，都发生在顺子被拘禁的前几天，受害人古田顺子在这几天里遭受到的是频繁的轮奸和性凌辱，紧接着顺子做了一个行为，偷偷跑下楼准备打电话报警。把古田顺子所有的行为放在一起来看，先是拒绝自行离开，然后又自己打电话报警，这说明了什么？

这些行为说明受害人古田顺子有以下几种心理状态：其一，受害人古田顺子低估了行为人对自己的伤害程度，认为几个犯罪行为人的群体行为依旧处于偶发阶段，并且程度不会继续恶化，这个时候的她对于自己的遭遇依旧存有侥幸心理。其二，受害人古田顺子寄希望于外部对自己的寻找，因为自己已经很多天没有归家，顺子寄希望于父母对自己的寻找，以及她自己报警之后警察的调查和救援。其三，害怕报复。对于受害人古田顺子来说，她心理上认为这群不良少年什么事都做得出来，甚至连自己的父母都不放在眼里，特别是主犯 A 在当地小有名气，是青少年帮派的首领。所以即使顺子跑回家去，也很有可能会被再一次抓回来，而且还有可能危害到家人的安全。又因为顺子认识几个犯罪行为人，几个犯罪行为人害怕顺子报警并指认他们的所作所为，所以一定会想方设法把自己控制住，这种对于后续行为的恐惧导致顺子不敢进一步自行离开。

这个案子中的受害者并没有产生斯德哥尔摩综合征的情况。

第四，原发型犯罪者的进化之路。原发型犯罪者属于从小就坏的那种，是渐变类别犯罪者中最难矫治的类型，因为其犯罪心理已经稳固，所以矫治难度最大。这类型犯罪者从少年时期开始，通过不良交往和对违法越轨行为的尝试，积累了很多的负面社会经验，逐渐发展成个性化的犯罪心理，并开始实施犯罪行为。这类犯罪者社会化过程不完全或是经历了错误的社会化，第一次实施犯罪行为的年龄较小，如“犯罪行为正当化”这样的犯罪心理根深蒂固。在古田顺子被害案里，犯罪行为人 A 起到的作用尤其大，因为 A 在实际情况中已经成了犯罪群体的领导者，也就是主犯，但是 A 的行为并不是一天就产生和定型的，从背景中我们可以看出 A 的越轨行为发展和变动的轨迹。

A 在成长的过程中，由于缺乏关爱，所以变得脾气暴躁（因为 A 觉得发脾气可以获得父母的关注和爱，慢慢这样的行为就根植在 A 的心理层面），后续学了柔道，这下厉害了，柔道上取得的成绩极大地满足了 A 的表现欲和控制欲，使他觉得自己有能力独当一面。A 怀着跃跃欲试的期待进入高中，在柔道方面的表现依旧很亮眼，但是带来的结果却是被学长霸凌，因为学长觉得 A 抢了自己的风头，那就要压压风头。这个时候 A 很压抑，因为现实情况和自己想象的那种感觉之间差距太大，于是他就去社会上发泄，选择目标为有越轨行为的混混（为自己的暴力行为找合理化借口）及中年大叔（对于年长者的目标泛化的报复）。除了这些社会目标，A 回到家还有针对母亲的暴力行为（一方面报复母亲对自己童年的忽视，另一方面是对父亲学习母亲的态度）。因为这些是A认为没有多大问题的行为，而学校开除了A，A这个时候觉得：因为“正常行为”开除我，那索性我就不读了，于是去打工。

A在被学校开除进入社会之后，由于感觉自己本身就是不同于正在上学的孩子的边缘人，所以对于越轨行为群体是不抗拒的，于是加入了暴走族。那个时候的暴走族不像现在的。我记得第一次去日本的第一天，就在街上见过暴走族，现在的比较文明了，那个时候的暴走族就是黑社会前置阶段。于是这个时候的A开始正式接触犯罪行为，犯罪心理也开始了快速个性化和动力定型的转变过程。在这一过程中，A的各种犯罪技能也在团体内部的交流中慢慢变得完善。

这个进化的道路同样可以套用在B、C、D身上。值得注意的是，原发型犯罪者是众多类型犯罪者中最难矫正的，再犯的可能性很大，而且其中也有较多可以被定义为“精神病态”的人。

其他问题

青少年犯罪的心理，在本书第二大部分会有专门的文章进行分析，所以这里就不多讲了，多数主要是因为心理和生理发展的不平衡及社会撕裂造成的扭曲形成的越轨或者犯罪行为。

古田顺子被害案中，除A以外的几个犯罪行为人不存在显性的人格障碍，多数的残暴行为是由于群体的影响及青少年时期认知错误的强化造成的。而A作为主犯，在整个案件过程中明显地体现出情感淡漠、偏执、情绪化、蔑视社会准则和法律等性格特点，有一些程度已经很严重，所以个人认为古田顺子被害案中的主犯A是有反社会人格障碍存在的。

另外一个问题就是几个犯罪行为人在抛尸路上产生的恐惧心理。这个是犯罪行为完成之后，犯罪心理进入后续潜伏阶段的正常反应，这个时候行为人开始受到各种负面心理的攻击，不断地挑战自己的衡量标准和行为准则，恐惧就是其中之一。加之古田顺子被害案中的犯罪行为是群体完成的，所以这种负面心理在群体中的个体间被放大，其影响会比单独在个体身上体现大得多。

还有一个是抛尸手段的模仿问题，采用水泥封尸确实为后来的一些犯罪者在反侦查方面提供了一个可以参考的例子。很多人以为这个案子的侦破是因为发现了藏尸的汽油桶，其实并不是，这个案子的几个犯罪行为人归案是因为行为人在其他违法犯罪行为的过程中被逮捕，并在被警察审讯的过程中偶然透露出来的，而藏尸的汽油桶一直都在海边当初被抛弃的地方。

继发行为：

2004 年 7 月 3 日，日本埼玉县的一名计算机操作员——神作让（当时 33 岁）遭到逮捕。警方指控神作让涉嫌绑架、监禁他的一名男性友人（当时 27 岁），并对其男性友人施暴造成伤害。而神作让就是当年的“绫濑水泥杀人案”中，因为对古田顺子实施严重虐待行为并最终导致受害人死亡，被东京高等法院判处不定期有期徒刑 5 年至 10 年的少年 B。

2005 年 3 月 1 日，东京地方法院最终判处神作让有期徒刑 4 年，因为此刑期过短，与公诉人求刑的差距太大（求刑为有期徒刑 70 年），引起社会一片哗然，针对有如此严重犯罪前科的行为人再犯产生了激烈的讨论。

相关知识

有些人为什么会喜欢虐待动物

喜欢虐待动物，从犯罪心理学的角度应该怎样理解这种行为的源起呢？我们中的绝大多数人倾向于对可爱的、体积小的东西表达喜爱之情或者持正面的态度。小动物或者是宠物，在大众观念里对人呈现出的也多是友好的画面，有些可以一直陪伴在人的左右，有缓解孤独、治愈心灵的作用，甚至国外有监狱用养宠物和小动物来矫正犯罪行为人的一些观念和心理状态。

但不可否认的是，在我们的日常生活中却发生着一些与前述情况完全相反的事情。无论是社会新闻还是社交媒体，都会报道虐待动物的新闻。行为人通过自己拍摄的视频、照片向大众展示自己的虐待行为，顺便配上一些残忍或是戏谑的文字。研究显示，有相对隐蔽性的行为，其行为的实际发生数量和暴露在大众面前的数量存在比较大的差异。而虐待动物行为的实际发生数量和被大众知晓的数量的差距可能是非常大的，因为其行为的发生，很多时候是在相对隐蔽的场所，如自己家中，所以可以理解为私密性很高的暴力攻击行为，因其对象并不是人，所以一般不会引人注意。

那么，为什么会有这样的针对动物的虐待行为出现呢？

在回答这个问题之前，我们要弄清楚人的暴力行为包括虐待行为的发生基础因素有哪些。简单来说，为什么人会有泛暴力行为产生？个人觉得，虽然暴力这种行为会给其他个体造成广泛的影响，但从根本上来说，暴力行为与其他行为一样，是一种诉求的表达途径，而这个表达途径就包括很多的基础因素在里面。班杜拉（Albert Bandura）在其著作《社会学习理论》中就提到过，人的攻击性行为之所以发生，其根本影响因素有以下几个：模仿、挫折、带目的行为受阻、生活环境的巨大变化、精神类疾病等。所以，任何暴力行为，包括针对动物的虐待行为，发生的根本原因一定涉及前述若干因素的其中一项或几项。在明确这个大前提之后，我们来具体分析，为什么人会有虐待动物的行为出现。

首先，虐待动物是一种心理发展退化的返祖行为。我们的祖先，从猿类进化到智人，在生物进化和与大自然做生存游戏的过程中，学会了制作和使用武器打猎。打猎技能的习得，就意味着对其他动物的捕捉和杀害。当然，这是一种原始性和生存的本能。随着进化和社会发展，这部分的心理倾向并没有因为社会供给的充足和生存环境的稳定而完全消失，只是长时间被压抑，当我们的心理发展受阻的时候（受阻的原因可能是挫折，或者是生活环境的剧烈变化），心理就会固化或者倒退，出现返祖行为，本我急速发展，单一追求快感来弥补心理的创伤。

其次，自我强化。这个因素适用于所有做出非常规行为的人。艾莉森·艾特瑞尔在其《互联网心理学：寻找另一个自己》中指出，这些非常规行为人或不被重视，或没有社会存在感，或被质疑各方面的能力，虐待动物并且发到社交媒体上给人看，就是要吸引别人的注意，证明自己是有能力的，是可以做出一些一般人不敢做出的行为的。[①]现在借助网络的社交媒体传播速度极快、覆盖面广，可以很快引起很多人的注意。这是一种自我心理的强化手段，从一个侧面也体现了实施这样非常规行为的个体缺失通过正常渠道彰显自我能力的手段和某方面实际能力的低下。

再次，负面情绪发泄目标的转移。如果挫折、被打击，或是生活环境剧烈变化带来的负面情绪得不到正确释放，就会引发人类的暴力行为。但是由于种种原因，当直接发泄目标处于“不能”状态的时候，这种以情绪发泄为动机的暴力行为就会下意识地选择另一个目标，也就是发生了发泄目标的转移。比如，甲走在路上被人撞倒了，欲上前与人理论，没想到对方人高马大的，于是选择忍气吞声回家，进家门看到家里养的狗正在咬自己的拖鞋，在越想越气的情况下上去就是一脚，踢的时候还喊着“你这个畜生”。其实小狗咬拖鞋是一个很普通的行为，这种对于小狗的暴力行为就是发泄目标的转移。一般转移的目标都是没有攻击性的，最常见的就是小动物，因为可以把情绪宣泄到极致，有些暴力行为人可能选择孩子作为转移目标，这样的暴力行为就非常严重了。

最后，童年缺少关爱及成年后的人格障碍。童年时期虐待动物，会不会

---

① ［英］艾莉森·艾特瑞尔：《互联网心理学：寻找另一个自己》，于丹妮译，电子工业出版社 2017 年版。

造成成年后暴力行为的比例增加或者成年后的犯罪行为呢？恐怕答案是肯定的。阿斯科涅（Frank R. Ascione）在所著《动物虐待与青少年暴力》（*Animal Abuse and Youth Violence*）中提出，在童年时期对于动物实施虐待行为的原因中，影响最大的就是行为人得不到足够的家庭关爱。在这种情况下成长起来的孩子就很可能产生沟通能力不足的问题和人际交往上的障碍，而为了引起家庭成员或是周围人的足够关心，不管这种关心是什么性质的，责备也好，维护也罢，孩子就会不断地做出各种出格的行为去吸引周围人的注意。关爱缺失情况越严重，出格行为的程度就越深。

成年后，由于童年时对动物的虐待行为造成的成长过程中的各种社会因素的缺失，如同情、责任感、羞耻感，以及对动物进行虐待时养成的冷漠性格，实施虐待行为的人可能会变为反社会的易感个体，发展成反社会人格障碍的比例会比较高。这种由于童年虐待行为形成的心理与行为上的固有模式会投射到社会中，变成对社会规则及法律的蔑视。而更加严重的，就是随着虐待动物行为次数的增加和一次次虐待行为反馈的增强，个体后期遇到不可发泄的情绪时，已经不满足于虐待小型不会反抗的动物，这个时候很可能会发生目标的转移，产生严重的针对同类的暴力发泄和虐待行为（有时候这种暴力和虐待行为的目标是行为人自己，这个时候会产生严重的自虐或者自残行为），其根本动机同样也是在发泄自己无法发泄的情绪。

对于动物的虐待是一种不道德的非正常行为（越轨行为），不要认为这种针对非人类动物的虐待是儿戏，可以抛开道德因素肆意妄为。实际情况恰好相反，这种行为会深深地影响个体心理与行为的发展，为成年后的针对人的暴力犯罪埋下伏笔。哈罗德·霍夫尔博士（Harold Hovel）于 2015 年在其研究报告《动物虐待与人类暴力行为之间的联系》（*The Connection Between Animal Abuse and Human Violence*）中列举了若干个儿童时期有虐待动物的行为，长大后犯有非常严重的近乎变态罪行的案例来说明虐待动物行为和严重犯罪之间的联系，他们分别是：

安德鲁·高登（Andrew Golden）：犯罪行为人 11 岁时伏击了幼儿园，射杀了 3 名儿童、2 名成人，儿童时期有射杀小狗的爱好。

基普·金克尔（Kip Kinkle）：很有名的校园枪手，15 岁的时候杀害父母，枪击学校 24 名儿童，致死 2 人，虐待动物成瘾，每天 3 次。

迈克尔·卡尔尼奥（Micheal Carneal）：犯罪行为人 14 岁时在一场祷告会上突然向 8 人射击，杀死 3 人，有虐猫爱好。

卢克·伍德汉姆（Luke Woodham）：校园枪手，16 岁时弑亲，向 7 人射击，虐狗致死。

但需要额外注意的是，虐待动物是否一定会预示严重的杀人行为？其解释力度是非常有限的，大多数围绕虐待动物和严重暴力犯罪之间关系的研究都集中在冲动型杀人和虐待型杀人这两个类别上，其他类型的涉及较少，也并不是所有的虐待型杀人犯童年都有虐待动物的行为出现，所以其解释力度依旧存在着争议。就单一类别来说，尚且可以解释，但如果扩大到全部类别作为普遍影响因素，那就要额外考虑其他因素了。

Case No.08：

残缺的人心——神奈川福利院大量杀人案

地点：日本群马县神奈川

案件类型：故意杀人

结果：19 人死亡，26 人受伤

背景：畸形心理状态下的发泄犯罪

犯罪动机：报复和发泄

犯罪目的：发泄不合理的情绪

审理结果：作案后于凌晨 3 点向警方自首，审理结果未透露

案件经过（根据新闻报道整理）

2012 年，犯罪行为人植松圣因在工作中殴打残疾人，被神奈川福利院开除。

2016 年 2 月，植松圣带着一封请愿信，试图送交到日本国会众议院议长官邸。信里涉及的主要内容为“要创造一个能让残疾人安乐死的世界”。东京警方在收到信的当天把信的内容通报给神奈川警方，后者又通知了相模原市政府，警方认为植松圣有伤害他人的危险倾向，希望可以对他多加注意。

相模原市政府根据日本相关法律，决定把植松圣强制送入医院精神科。经化验，其尿液中有大麻并呈阳性反应。植松圣在医院接受了药物和心理治疗，医生认定他已经没有伤人危险。植松圣于 2016 年 3 月 2 日出院。

2016 年 7 月 26 日凌晨 2 点 45 分，植松圣持刀闯入日本神奈川县相模原市残疾人福利院“津久井山百合园”内疯狂杀人，致使 19 人死亡，26 人受伤。

2016 年 7 月 26 日凌晨 3 点，植松圣向警方自首。

犯罪环境背景及犯罪心理分析

环境背景（根据新闻报道整理）

案件发生后，据与犯罪行为人相识的人回忆，植松圣小时候很乖巧，是老师、同学和邻居心目中的“三好学生”。因为其父亲是教师，所以植松圣本来志向也是进入教育这个行业。毕业之后，他还回到母校实习过一段时间，学生对他的印象都很不错，说他是个“开朗的好老师”。不过后来因为种种原因，植松圣并没有当老师或是进入教育行业工作，而是在福利院就职。

据日本时事通信社报道，犯罪行为人植松圣的邻居介绍说，他平时是一个性格开朗、态度谦逊的好青年，就在案发前四五天还跟他打过招呼，邻居当时并未发现植松圣有什么不寻常的地方。植松圣平时一个人生活，还经常在家中招待朋友，邻居能听见从屋里传出来的欢声笑语。

之前讲到犯罪行为人植松圣曾在案发的神奈川福利院工作，大概距离案发 4 年前，也就是 2012 年，植松圣因为在工作中殴打残疾人而被神奈川福利院开除。被开除之后的一段时间，植松圣开始频繁进出夜店，大面积刺青、染发，甚至开始吸毒。也是从那时起，植松圣开始在社交媒体上频繁发表“日本的未来就是老头老太太遍地”之类的言论。

同样是在 2012 年，植松圣与父母发生过一次激烈争执，一气之下把父母赶出家门，到案发时一直保持着一个人居住的状态。据一名住在附近的主妇回忆，2016 年春天，有一名社会福利人员来周边调查情况时反复询问植松圣的情况，问他是否有奇怪行为出现。

另有一名住在附近的男子对植松圣的印象不是很好，这位男子告诉记者说："植松圣的精神状态不太稳定，平常行为恶劣也是众所周知的。"据附近的其他邻居说，植松圣的手腕一直到背上都有刺青，在案件发生前大概一个月，他突然把头发也染成了黄色。

据日本媒体对现场的跟踪报道，植松圣被捕后居然面露笑容，显得颇为兴奋和开心，并称自己为日本社会的"救世主"。

犯罪心理分析

首先，偏执（过分概括化和绝对化）。本案中的犯罪行为人植松圣有明显的偏执倾向，并且这种偏执情况已经发展得比较严重，可以明显觉察到犯罪行为人身上一些过分概括化和绝对化的认知，如植松圣认为残疾人在浪费这个世界的资源，或是诸如只有除掉残疾人才能让这个世界达到真正平衡的认知。这种偏执的认知在一般人身上可能也多少会有，但是都停留在无行为阶段，也就是潜伏阶段。偏执是一个区间，一般人的偏执阈值一直都处于稳定水平，而且适当的偏执在生活中是有利于一个人目标的达成和执行力提升的。但是本案中犯罪行为人植松圣的偏执认知，已经具象化到日常生活中，变为实际的行为并使用错误的手段予以执行。从另一个方面看，在本案中，行为人植松圣的偏执更多地体现为对于特殊群体或是社会弱势群体的错误认知和敌意，而不是在本人价值观上针对某一具体事件的极度坚持和对别人意见的抵触。

对于行为人是否是偏执型人格障碍患者这个问题，答案基本是肯定的。当然，可能会有人质疑，认为本案的犯罪行为人应该属于反社会型的人格障碍，对于此判断也是可以讨论的。站在人格障碍的特点上来看，反社会型人格障碍患者多数时候情感淡漠，犯罪行为无计划，行为决策短或者突然发生，目标通常无特殊选择。反观本案中的犯罪行为人，从背景上可以知道植松圣并非情感淡漠的人，相反，包括他在福利院实施的屠杀行为在内，他的很多行为有很丰富的情感因素体现，而本案中的犯罪行为显然也是经过长久计划的，并不是路过福利院临时起意或偶然发生的。所以，个人觉得本案中的犯罪行为人更多地符合偏执型人格障碍的特征。

其他需要考虑的因素可能是犯罪行为人有吸毒的情况，虽然大麻在一些国家并不属于毒品的范畴，但是其对神经是有麻醉作用的。植松圣在检测时大麻呈阳性，如果这种吸食大麻的行为再次发生，很可能会极大地增强行为人实施行为时的勇气和执行力，推动行为人超现的错误认知具象化。

其次，报复。本案中的报复是一个需要着重考虑的方向，但是这种报复是建立在犯罪行为人本身偏执的错误认知上的。行为人植松圣因为在工作中殴打残疾人而被神奈川福利院开除。犯罪行为人认为自己的行为并没有问题，而在其他没有偏执认知的人看来，导致行为人丢掉工作的根本原因是他对于残疾人和老年人极端错误的认知。但是因为犯罪行为人过分概括化和绝对化的心理认知状态，反而把自己被福利院开除归因于对残疾人行为不端带来的不公平对待，认为自己的建设性意见没有人在意，反而因为一些自认为正常的行为而受到打压，这样的心理认知状态导致他产生了强烈的针对残疾人的报复心理。

从案件背景及犯罪行为的实施等方面可以看出，本案中体现出的报复心理并不是针对直接挫折行为个体的。因为偏执的认知错误，本案从一开始就没有造成直接挫折行为的个体，所以一开始的报复目标就是泛化的或者说是针对特定群体的，也就是全部的残疾人和老年人（目标范围暂时局限于福利院，如果犯罪行为人没有自首被逮捕，那么范围就会扩大）。这种情况和认知特征一般会出现在反社会型人格障碍或者偏执型人格障碍的人身上。本案中犯罪行为人的特点，前述属于偏执型多于反社会型，也正是因为这样，这种针对一个群体的报复行为有浓重的感情色彩，甚至包含着所谓普世的意图在里面，以至于犯罪行为人植松圣在自首之后面带笑容地说自己是“救世主”。

最后，双重性格倾向。我觉得这部分应该是这个案例最有意思的地方，因为本案中的犯罪行为人植松圣看上去有双重性格。在我看来，本案中体现出的双重性格并不是在犯罪行为人少年时期形成的，而是在他大学毕业后回到母校担任实习教师，但是最终却进入神奈川福利院工作的这个阶段形成的，原因是什么？应该是和当时犯罪行为人所处年龄阶段的重大影响事件有关，即前途与发展层面的受挫。

回顾本案环境背景可以发现，犯罪行为人上大学之前品行端正，无任何越轨行为，家中“三观”传统，父母有很好的职业背景。根据邻居对犯罪行为人早期的印象来看，犯罪行为人植松圣身上背负的社会期望很高，行为人一直也在满足这种社会期待，并一路走到大学毕业。结合在母校做实习老师时学生的回忆，行为人在实习期作为一个教育工作者的表现是可圈可点的。行为人身上表现出的这种高社会期望契合度，可以说是有一个完美的前景和人生期待的。截至这个阶段，行为人植松圣的整个心理状态和认知都处在正常甚至是良好的范围内。

这个时候，行为人植松圣迎来了前途和发展上的重大转折，他为什么会在母校实习结束之后最终进了福利院而不是继续选择在教育领域工作？原因并不清楚，但是我们看到后期犯罪行为人在神奈川福利院所实施的殴打残疾人的行为和针对残疾人及老人极端偏执的认知变化，植松圣对于其在福利院的工作内容和每天接触的人有着极高的反感度，并且这种负面的心理是逐渐加深的。试想一下，如果是自己热衷或向往的教育事业，以行为人的学习能力和内驱力，情况远不会恶化得如此快，以至于最后发展为在工作中殴打残疾人被福利院开除。本案中的犯罪行为人在青年时期应该是经历了前途和择业层面的挫折，这对于这个年龄阶段的人来说属于重大刺激，足以让自我期待和认知度如此高的行为人产生自我怀疑并随着实际情况的偏离而加深。

在这种情况下，犯罪行为人植松圣产生双重人格的情况也就很好理解了。行为人对外展现的两种形象差距极大，一种是阳光开朗、乐于助人、朋友众多、为人和善；另一种则是行为恶劣、精神状态不稳定、吸毒。一种是为了满足之前的社会期待而存在的；另一种则夹杂了报复心理、自我否定之后的发泄及对犯罪亚文化的接触和放纵。在被强制送去精神病院接受药物和心理治疗之后又被裁定无攻击性出院，可能也就是因为行为人植松圣的第一种人格吧。当然并不能排除出院后的几年时间，其负面情绪不断累积最终造成质变，毕竟植松圣如此残忍的“救世主”杀人行为并不是一天形成的。

比身体残缺衰老更让人难以接受的，是内心无法抹净的黑暗。

相关知识

当一个人作恶时，会觉得这是恶吗，会觉得这件事不对吗

当我们在谈论一个作恶的人时，首先注意到的是什么？行为、受害者，还是价值观？

上面这个问题怕是很难给出一个准确的回答，因为对于任何一个作恶者来说，认知都是片面的，甚至连作恶者自己都不能做到全面且正确（往往都是错的）地认识自己，所以才会产生偏差。至于这个部分要谈论的问题，也需要在前述的基础上细分成几个方面来说，因为作恶者对于恶的认识会随着作恶行为的变化而发生改变。

首先，激情犯罪的方面。在激情犯罪中，绝大部分作恶的人其实对于自己当下的行为是否属于恶，理解是很片面的。也就是说，行为人并不能清楚地认识到自己当下所实施行为的性质，或者说对于所实施行为正确的认识会伴随着作恶之后冷静期的到来而到来，这是一个很有意思的过程。

从理论上来说，任何实施我们称之为“恶”行为的人，都会经历一个大脑抉择期。正常情况下，在这个抉择期内，大脑会经历一个激烈的对比过程，权衡善恶行为分别带来的后果，然后做出抉择。没错，任何作恶的人都会有这样的抉择期，因为人都是趋利避害的，这是人类一个最基本的心理。但是，在激情犯罪中，犯罪行为人（作恶的人）的大脑抉择期很短，有时候短到行为人当下无法意识到，一瞬间就会做出下一步行为。

这样的情况产生的原理可以说既有心理方面的，也有生理方面的。从生理方面来说，应激的情境强迫人的边缘神经系统进入应激模式，这个模式包括躲避（逃跑）、攻击（迎敌）等行为，血液开始向四肢快速流动，肌肉会紧绷，心跳会加快，瞳孔会放大，这个时候任何外界环境的细微变化，对行为人来说都变得异常敏感。而从心理方面来说，情绪的瞬间高涨可能会突破超我的控制，从而缩短心理抉择和心理冲突的过程，对于什么是恶、什么是善，甚至行为会带来什么样的反馈和后果，在激情状态下这些思维过程都是转瞬即逝的，没有答案或者说即使有答案当下也是被忽视的。行为人根本的或全部的注意力都集中于眼前的行为，而眼前的行为在大多数激情状态下，被认为是一定需要实施的。

但是，当行为已经结束或者被中止，也就是结束了作恶之后，行为人会进入犯罪心理的衰退状态。这个时候个体会慢慢地冷静下来，从激情状态中走出，各种负面情绪也会随着冷静的到来而对行为人的心理发起进攻。这个时候激情犯罪的行为人会迎来强烈的心理矛盾，重新审视自己的行为：什么是恶以及自己的行为到底会带来什么样的后果和影响。这个过程很痛苦，也会影响其后续是否再次出现作恶的行为，以及如果有下一次作恶，其程度会有多大。有些作恶的人会对行为进行外部归因，为自己的冲动和失控找借口。而另一部分行为人则会深刻地认识到自己的不足和行为所造成的严重后果，从而避免类似的行为再次发生。

其次，计划犯罪的方面。有计划进行作恶的人，当然清楚地知道什么是恶，也清楚地知道这个行为是不对的，并且非常清楚自己的行为将会带来怎样的后果（可能有因为过度自信引起对结果高估的情况出现）。但是行为性质是否恶劣与行为人是否要执行行为是两个层面的事情，即使知道是恶，计划犯罪的行为人也是会实施行为的。这样的结果产生的原因很简单，就是行为人经过心理抉择之后认为犯罪或是作恶，给他带来的收益比守法带来的收益要多，速度也许比正常手段更快，或是可以给行为人带来与正常情况相差极大的心理满足。

比如，甲挥霍无度，每每钱一到手就通过各种方式把所有的钱花光，随着物质上的要求越来越高，甲微薄的经济来源已经不能满足其在短期内暴富的可能。甲有一天经过一家金店，发现店里有人在修摄像头，询问下得知原来是整个店面的警报系统在进行调整。甲回家后左思右想，觉得这是个好机会，靠自己每天上班能赚多少钱，虽然抢劫肯定是错的，并且一定会带来严重的后果，但是不做这个机会就没了。于是甲经过计划和踩点，实施了对金店的抢劫。这就是一个很典型的计划犯罪中犯罪行为人认为犯罪带来的收益比守法带来的收益多的案例。

计划犯罪是一项严密的工程，需要克服很多心理上的障碍，对于一个拥有正常认知的行为人来说，心理上的矛盾是首先要处理，也是最需要处理的一部分，在确定行为一定会实施之后，接下来就是犯罪合理化的问题。

犯罪合理化，顾名思义就是行为人觉得犯罪或者作恶这个行为是正确且合理的。这里所说的正确且合理，是相对的理解，也就是说即使是恶，也意识到是恶，但是行为人还是觉得这样的行为是得到结果或处理事情的正确手段，是合理的方式。比如，行为人觉得伸张正义就要用一切手段，当通过正常手段无法使正义得到伸张的时候，法外的手段则是必需的，于是滥用私刑甚至实施有严密计划的故意杀人行为。需要注意的是，犯罪合理化的观念一旦形成，行为人就会在作恶这条路上一直走下去，并且会越走越远，很难改变。因为犯罪合理化的认知一旦产生，就会逐步替代行为人正常的认知与行为模式，慢慢主导行为人的思维，使得行为人在遇到任何事情需要处理的时候首先想到的就是用犯罪或者作恶的手段去解决。

说到这里，再回到问题的开始，我们应该如何回答这样的问题：“当一个人作恶的时候，会觉得是恶吗？会觉得这件事不对吗？”

Case No.09：

“无缘的无差别凶手”——秋叶原无差别杀人案

前段时间刚刚看完日本放送协会（NHK）根据其纪录片收录并整理而成的《无缘社会》这本书，里面记录了日本社会发展的一些问题，如最典型的“无缘”问题。社会关系日趋薄弱，带来的除了书中记录的“无缘死”这种孤独的死法，还延伸出我们今天要讲的针对社会的报复，以及对自己在这样的无缘社会中所感受到的深入骨髓的孤独感进行的极端反抗。

地点：日本东京都千代田区秋叶原

案件类型：故意杀人

行为人：加藤智大，实施犯罪行为时 25 岁

结果：7 人死亡，10 人受伤

背景：挫折事件引起极端心理

犯罪动机：报复和发泄

犯罪目的：发泄不合理的情绪（反社会情绪占主导，个人孤独感其次）

审理结果：犯罪行为人加藤智大在第一次判决之后提出上诉，而其辩护律师也试图以犯罪行为人在实施犯罪行为时精神状态有问题为由进行辩护，目的是免除犯罪行为人的死刑。但是审判法官表示，行为人加藤智大所犯行为后果极其严重，并且其在实施犯罪行为时拥有完全行为能力，意识清醒，具有自主判断力，基于这些因素来判断并没有减刑的可能，必须判处犯罪行为人死刑

案件经过（根据新闻报道整理）

2008 年 6 月 8 日早晨 5 点 21 分，加藤智大用手机在网络留言板上留言：“我要在秋叶原杀人。用汽车撞人，车不能用后就用刀杀。再见了，大家。”

2008 年 6 月 8 日早晨 6 点 03 分，加藤智大用手机在网络留言板上留言：“曾经是大人眼中的好孩子，交不到朋友。”

2008 年 6 月 8 日早晨 6 点 10 分，加藤智大用手机在网络留言板上留言：“预定走的道路封锁了。果然，什么都妨碍我。”

2008 年 6 月 8 日早晨 6 点 31 分，加藤智大用手机在网络留言板上留言：“到时间了，出发吧。”

2008 年 6 月 8 日早晨 7 点 12 分，加藤智大用手机在网络留言板上留言：“电车早乘了一班。”

2008 年 6 月 8 日早晨 7 点 30 分，加藤智大用手机在网络留言板上留言：“这破雨！难得我准备这么完美。”

2008 年 6 月 8 日早晨 7 点 47 分，加藤智大用手机在网络留言板上留言：“算了吧，哪怕规模小点，雨天照样执行。”

2008 年 6 月 8 日上午 9 点 48 分，加藤智大用手机在网络留言板上留言：“抵达神奈川休息。至今还算顺利。”

2008 年 6 月 8 日上午 10 点 53 分，加藤智大用手机在网络留言板上留言：“该死的塞车！能不能在预定时间内到达啊？”

2008 年 6 月 8 日上午 11 点 45 分，加藤智大用手机在网络留言板上留言：“抵达秋叶原。今天是步行者天国之日吧？”

2008 年 6 月 8 日中午 12 点 10 分，加藤智大用手机在网络留言板上留言：“到时间了。”

2008 年 6 月 8 日中午 12 点 30 分，加藤智大驾驶卡车撞入步行街上熙熙攘攘的人群，开始随机选择目标进行无差别杀戮行为。他先是驾驶卡车撞倒 5 人，导致 3 死 2 伤，随后下车用双刃刀攻击 12 人，造成 4 人死亡、8 人不同程度受伤。此外，一名赶来支援的警察遭其袭击，但所幸并未受伤。

犯罪环境背景及犯罪心理分析

环境背景（根据新闻报道整理）

犯罪行为人加藤智大工作一直不稳定，长期处在不断变换工作的状态。同时，其沉迷网络论坛，花费大量的时间在网络论坛上，并遭受过网络暴力（网络攻击和骚扰）。

加藤智大很长时间以来都是独居，与家人和朋友鲜少联系。

加藤智大曾在两年前给其关系比较好的同学发送过内容为“因为已经想死了，想在首都高速公路上死去”的电邮，并在案发前 3 个月对中学时代的朋友坦露过自己“想死”的想法。

加藤智大的朋友透露说，他在上小学的时候“跑得很快，在班级里很有人气，很多人喜欢他”。

加藤智大读高中时已有暴力倾向和偶发暴力行为，同学透露说他“总给人一种离群独处的感觉，曾拿着刀子在学校走路，并且在教室内扔椅子引起骚动”。

加藤智大在租借用来实施犯罪行为的卡车时撒谎说“用来搬家，大概有 3 个人的行李，需要大的卡车”，于是租到了犯罪用的两吨卡车。同时，他在商店购买了袭击行人所使用的 13 厘米长的双刃刀，还持有折叠刀备用。

以下为案发前两天，犯罪行为人加藤智大在网络论坛上的留言：

6月5日

早上6点17分：去工厂没有工装裤，辞了吧。

早上7点44分：不过作为能够驱赶烦恼的公司，也不错呢。

中午12点05分："杀谁都行"，我好像明白了。

6月6日

凌晨1点44分：居无定所，无业了吗？好绝望。

凌晨2点48分：想做的事——杀人，梦想——独占新闻头条。

下午3点35分：谁也不理解我，谁也不想理解我。

犯罪心理分析

存在感矛盾

我们在谈到存在感矛盾的时候，必须要注意到本案犯罪行为人加藤智大身上所出现的在存在感上的极端落差或者是变化，就是因为这种极端的落差和变化导致犯罪行为人心理的不平衡和矛盾。在秋叶原无差别杀人这个案子中，首先映入眼帘的是犯罪行为人加藤智大在小学时候的优异表现和在青年时期的社会认同缺失造成的无为。

小学时候的犯罪行为人，据同学说是一个很优秀的孩子，备受同学瞩目（虽然可能只是由于跑得快而受欢迎）。而高中同学口中的加藤智大却有了另一个极端的表现，据其高中同学回忆，加藤智大在高中时是一个有暴力倾向的非行少年（日语惯用说法，即我们所说的不良少年），在学校会做一些引人注目的非行之举（日语惯用说法，这里指持刀或者扔椅子）。

和很多青少年一样，由于无法很好地处理成长过程中来自周围认同感的变化，犯罪行为人加藤智大走上通过实施非行行为（日语惯用说法，即非正常行为）来吸引周围个体注意力以弥补心理落差的道路。这种行为发生情况的严重与否，由行为人成长过程前后关注度的落差大小而定。在已发生且有记录可查的案例中，大部分行为人表现出来的情况是以前越辉煌（所受关注度越高），以后越堕落（非正常行为程度越严重）。当然，我们也不能完全把在成长过程中通过自己的努力寻找到正确的落差适应模式的个案排除在外。

进入社会之后，社会角色的变化可能给犯罪行为人加藤智大一个崭新的机会，他可能也确实想通过自己的努力得到社会对于他的新角色的认同，可以从环境背景中看出行为人尝试过积极工作。但是由于以前行为带来的延伸影响和日本社会的种种判定因素，犯罪行为人在这个阶段的社会认同感依旧是缺失的。这对于行为人来说是一个比较大的打击，因为现实情况并非像他所想的那样，努力了就可以得到社会的认同和自己的归属感，这个现实打击让加藤智大开始怀疑自己。

随着不稳定时间的增加及存在感缺失程度的加深，加藤智大回想起高中时期通过实施非行行为获得别人关注和刷存在感的方法。

反社会行为

不能确定本案犯罪行为人加藤智大在所有基础认知上都有很大的偏差，但是可以确定的是，行为人加藤智大在对挫折的承受和压力的缓解方面是有比较大的缺失或者说是不完善的，所以不断换工作的状态和在其他社会关系上遇到的挫折，对于前述能力完善的一般人来说可以理解为体验生活或者是一生中所必须经历的可以帮助自己成长的小挫折，但是对于前述能力不完善的行为人加藤智大来说，无异于心理上的连续暴击。

我个人认为，秋叶原无差别杀人案中，犯罪行为人加藤智大反社会行为的形成就是这种连续挫折带来的。班杜拉在其《社会学习理论》一书中指出，人的攻击行为形成的其中一个重要原因就是挫折。而对于一个像加藤智大这样不能正确看待挫折的人来说，这确实是很大的一股负面力量，推动着反社会行为的形成。本案的行为人加藤智大因为连续的挫折产生了严重的自我怀疑，但是同时，又因为人类趋利避害的基本心理，他把这种连续挫折产生的原因进行了外部归因。

在这样的前提下，犯罪行为人加藤智大就产生了“为什么社会对我如此不公平”“为什么不能给我一点希望”的想法。而实际上，我们回顾背景可以看出，行为人曾经做过的有些工作其实挺好的，只是他自己在遇到一点工作上的小事时（如没有工装裤），会很轻易产生放弃的念头，并且不觉得是自己的想法出现了问题，而是社会（工作）对自己不公，如会有“为什么没有工装裤这种事情别人都没有遇到，就只有我遇到了”这样有针对性的假设。

犯罪行为人加藤智大于 2008 年 6 月 5 日在网络论坛上的留言表现出其在短时间之内（6 个小时之内）经历的剧烈情绪变化，而这恰恰反映了行为人反社会行为形成过程中所产生的强烈矛盾，因为这个时候犯罪行为人依旧在进行非常激烈的心理抉择，权衡犯罪行为和继续守法给自己带来的心理上的反馈。

报 复

大多数的纠葛犯罪，其动力源或者说根本的动机都是报复，但是秋叶原无差别杀人案中所体现出的报复，除本身对于社会给予自己不公平遭遇的打击外，还有一层更深的含义，就是犯罪行为人加藤智大希望吸引所有人的目光，成为一个巨大的让全体社会大众都惊叹的焦点。

行为人加藤智大在 2008 年 6 月 6 日的网络论坛留言相比前一天，基本没有呈现出强烈的心理矛盾状态，而是表明了自己的负向心态以及自己行为所要达到的最终目的。值得注意的是，行为人加藤智大在留言中提到自己很绝望，并且说没有人理解他，也没有人愿意理解他，说明这个阶段行为人已经完全被强烈的自我否定和绝对化的认知所控制。

在这种心理状态和反社会行为形成的过程中，我们要特别注意一个爆发点，就是网络暴力起到的负面推动作用。行为人加藤智大沉迷网络论坛，在网络上不断地发表自己的心路历程和生活轨迹，一方面是对失败现实的积极逃避，另一方面则是想在虚拟世界中寻找到相对简单的认同感。但是，他不但没有找到认同感，反而还成了网络暴力的受害者。

试想一下，一个在现实中心理表现就很脆弱的人，到了虚拟世界，本来期望的是得到网络世界里相对简单的认同，以弥补在现实中失去的那一部分，但是没想到，网络中的骚扰来得更加肆无忌惮，攻击来得更加直接。内容我们不得而知，但是网络从来就没有脱离这部分灰色的特点，即使有些地方已经要求实名上网，情况也依旧如此，于是行为人加藤智大感受到了彻底的绝望。

我相信行为人加藤智大是有过结束自己生命的想法的，特别是在日本这样耻感文化很重的社会环境中，但是由于行为人本质上不认为这是自己本身的问题，觉得这是社会对自己进行的不友善针对，所以直接打击目标就从自己转移到网络上阻碍他获得认同感的那些网友身上。那么，又一个问题出现了，由于网络世界所承载的相对隐秘性，加藤智大没办法在现实中找到在网络论坛里攻击他的一个或者若干个人，于是他的报复目标又一次发生了转移。

加上之前犯罪行为人加藤智大已经产生了反社会的认知，所以报复行为的目标锁定在普通大众身上。虽然目标发生了转变，但是所实施行为的动机依然还是报复，报复这个社会让他背负的所有他认为的不公平。但同时，加藤智大还要在一个自己无比熟悉的地方成为所有人的焦点，一次性地弥补自己被忽视的这么多年。

Tips：

无缘社会（定义来自《无缘社会》）：描述的是当今日本正在步入无缘社会的现状。这种无缘体现在现代许多日本人生活的几个方面：一是很多日本人没朋友，这种情况叫“无社缘”；二是很多日本人和家庭关系疏离甚至崩坏，这种情况是“无血缘”；三是很多日本人与家乡关系隔离断绝，这种情况为“无地缘”。而书中提到的不只这 3 种主要的无缘，还有“无工作缘”，这种情况多发生在退休、被辞退以及如本案行为人加藤智大这样无固定工作的劳务派遣者身上。当前面几项都没有的时候，个体所有的重心都放在工作上，而当工作也出现问题的时候，个体就很容易陷入强烈的绝望、自我否定和厌世情绪中。书中有关于“无缘死”的记载，每天都会有工作队在海岸线、富士山树海等地方搜索尸体，而这些结束自己生命的人往往都是无缘死者。

值得注意的是，无缘社会不单单是日本的问题，它是一个社会学层面的根本问题，其根本是个体与社会关系的连接产生了问题，对人的社会属性产生了强烈的冲击。而这个问题，随着社会的超快速发展，每个国家或早或晚都需要面对。

犯罪地点的选择：犯罪行为人加藤智大是狂热的动漫爱好者，经常去秋叶原一带溜达。加藤智大的无差别杀人犯罪行为的一部分目的是吸引大众的目光，饱含了感情色彩。一般抱有这样目的的犯罪行为人对于犯罪地点的选择会着重考虑对自己有意义，或者是非常熟悉的地方，就好像舞者希望演出后在自己熟悉的舞台上接受观众的掌声和赞美一样。在这个案子中，秋叶原无疑对犯罪行为人加藤智大有着重要的意义，甚至在其本身就狭窄的生活圈里占据了很大一部分。

年龄段：个体在每个年龄段都会有所谓的心理敏感方向，而犯罪行为人加藤智大在实施犯罪行为时是 25 岁，处在这个年龄段，工作和认同感刚好就是心理敏感方向，或者说是重大问题。很多在这个年龄段产生的心理问题都和这个因素挂钩。在心理咨询过程中进行心理问题评定时，这是一个重要的、必须考量的因素。

人格障碍与妄想：本案中的犯罪行为人所实施的是反社会的行为，但是并不代表本案中犯罪行为人加藤智大具有反社会型人格障碍。从人格障碍层面来讨论，他更多应该属于偏执型人格障碍。之所以说他不是反社会型人格障碍，是因为本案的犯罪行为是有计划犯罪，行为人精心选择地点、时间，准备作案工具，甚至在网络上发布行为预告等。同时我认为，本案行为人可能伴有一些类型的妄想，会把一些偶然发生的事件与自己本身及自己的尊严联系起来，认为任何事情都是周遭的人或者公司在针对自己。

不可否认，我们都面临着“无缘”带来的侵蚀，个体在社会面前总是不稳定的。即便这样，也不要抱着得过且过的心态，忘记那些应该坚守的原则，并迁怒于这个社会。

Case No.10：

这“丑恶”的世界——津山杀人案

地点：日本津山市附近的西加茂村

案件类型：故意杀人

行为人：都井睦雄

结果：30 人死亡，其中立即死亡 28 人（5 名死者未满 16 岁），抢救无效死亡 2 人

背景：由于各种生活创伤事件（生病、被歧视及自以为被抛弃）所引起的犯罪行为

犯罪动机：报复

犯罪目的：铲除伤害过自己的人或对自己有重要意义的人进行伤害的人

审理结果：无审理结果，犯罪行为人留下遗书后饮弹自杀

案件经过（根据新闻报道整理，按照被害顺序排列）

开始时间为凌晨 1 点 40 分，由于之后的杀戮行为基本上没有超出一个村子的范围，衔接非常紧凑，所以时间就不细分了，只罗列被害者相关情况：

犯罪行为人都井睦雄用**斧头**直接砍掉自己正在休息的奶奶的头，标志着恐怖的系列犯罪行为开始；

犯罪行为人都井睦雄用**武士刀**杀死岸田月代及岸田月代的两个小儿子吉男（14 岁）、和守（11 岁）；

犯罪行为人都井睦雄用**猎枪**杀死西田采女及她的丈夫西田秀司（50岁），还有大友良子（22岁）和冈庭千鹤子（22岁）；

犯罪行为人都井睦雄用**猎枪**杀死岸田高二（22岁）及他的妻子，也就是西田采女的二女儿西田智惠（20岁），还有岸田高二的外甥寺中猛雄（18岁）；

犯罪行为人都井睦雄用**猎枪**杀死寺川政一（60岁）及其长子寺川贞一（19岁）、五女儿阿时（15岁）和六女儿阿花（12岁），还有野木节子（22岁）；

犯罪行为人都井睦雄用**猎枪**杀死寺川孝四（86岁）；

犯罪行为人都井睦雄用**猎枪**杀死寺川好二（21岁）与其母亲登代（45岁）；

犯罪行为人都井睦雄用**猎枪**杀死岸本胜之的妹妹美佐、丹下卯一的妹妹鹤代及寺川千吉的儿媳妇平地寅（64岁）；

犯罪行为人都井睦雄用**猎枪**把丹下以登（47岁）打成重伤，后者经抢救无效死亡；

犯罪行为人都井睦雄用**猎枪**杀死池山末男的妻子池山宫（34岁）、四子昭男（5岁）、母亲阿鹤（72岁）、父亲池山胜市（74岁）；

犯罪行为人都井睦雄用**猎枪**把寺川仓一的妻子寺川播摩（56岁）打成重伤，后者经抢救无效死亡；

犯罪行为人都井睦雄用**猎枪**杀死冈部和夫及其妻子冈部美代；

犯罪行为人都井睦雄留下遗书后饮弹自尽。

犯罪环境背景及犯罪心理分析

环境背景（根据新闻报道整理）

犯罪行为人都井睦雄在父母因病逝世之后，与姐姐和奶奶一起生活，由于奶奶年龄比较大，平时又要忙农活，所以行为人长时间与姐姐共处。

小学时期的都井睦雄热爱学习，在学校很守规矩，成绩优异，为人热心，经常帮助同学，是学校里的模范学生和优秀典型。

奶奶很溺爱都井睦雄，经常因为天气原因不让都井睦雄外出，因为怕都井睦雄得病。在小学的第一个学年，奶奶甚至因为过度的溺爱而不让都井睦雄去上学。

小学二年级之后，都井睦雄花在学习上的时间越来越多，直到小学毕业，一直担任班长。老师对都井睦雄的评价为性格朴素稳重，但有时不够活泼；坚强且有主见，但是有时候显得有些固执；身体不够健康，经常会因为头疼而缺席，不喜欢参加体育运动；学习方面展现出很强的天赋，记忆力优秀，需要识记的科目表现很好，但是需要实践的科目表现一般。在学校里，都井睦雄品行优秀、服装整洁、谈吐清晰，但为人稍微显得有些僵硬。

初中二年级的时候，都井睦雄情窦初开，喜欢上一个低年级女生，并在为其画了画像之后表白，但是画像画得非常像都井睦雄的姐姐。画像送到女生手里后被女生家长发现，并交到学校老师手里。老师并没有训斥都井睦雄，而是嘱咐都井睦雄的姐姐以后要多关心自己的弟弟。

初中升高中的时候，都井睦雄因为奶奶的强烈反对没有选择继续读高中（强烈反对的原因不明），而是留在村子里帮忙干农活，但由于身体不好长期赋闲在家。在得知姐姐相亲一事之后，他一度出现情绪异常低落的情况。在赋闲期间，都井睦雄重新开始学习并到夜校就读，结交了很多同龄人且学会了喝酒。之后，都井睦雄再度出现情绪异常低落的情况，触发原因是姐姐的再次相亲和紧接着的出嫁。

姐姐出嫁以后，都井睦雄在夜校继续职业学习的过程中，结识了经常混迹于大阪的社会青年山内，很快就与山内走得很近，并在山内的带领下首次尝试了嫖娼行为。在尝试嫖娼之后，都井睦雄疯狂迷恋上男女之事，并在这种疯狂迷恋状态的后续发展过程中，向村中多名女性提出男女之事的要求，但是除一名女性同意外，其余女性都拒绝了都井睦雄，并有意无意地把这些私下的询问和看上去不自量力的要求说了出去，这样的行为导致都井睦雄成

 了村里的笑柄。

当时的日本发生过一起非常严重的因情感纠葛造成的杀人案件，犯罪行为人的犯案手段残忍至极，但是都井睦雄却非常迷恋关于这个案件的新闻报道与根据此杀人案件改编的作品。

20 世纪 30 年代，男子都要去当兵，都井睦雄也不例外，但是他却因为身体原因被军队拒之门外。之后，都井睦雄在村里的口碑变得很差。后期都井睦雄的身体情况不断恶化，他尝试了很多治病的偏方，花费了大量的钱财，但是并没有好转的迹象。

犯罪心理分析

有计划犯罪

津山杀人案作为日本刑事案件历史上唯一一个屠村案件，后续被改编成很多作品面世。而综观此案件，我们会发现它无疑是一个彻头彻尾的有计划犯罪，但是又存在其案件本身的特点，就是本案中的有计划是需要区分来看的，主要分为两部分：直接计划和转化的计划（暂且就这么叫吧）。

先来看直接计划部分。本案中犯罪的直接计划主要体现在犯罪行为发生前的环境塑造方面，即犯罪行为人都井睦雄为了顺利实施犯罪行为所做的前期努力，如他骑着自行车计算村民去派出所求助所需的平均时间，在犯罪行为实施前一天对拟杀害目标住处环境踩点，以及实施犯罪行为之前切断电缆造成全村停电的行为。

这些直接计划行为都很明显地说明都井睦雄的犯罪心理已经呈现稳定化的趋势，虽然没有完全地形成一种个性化，但是整个犯罪过程已经在他脑中预演了很多遍，对于衰退阶段的心理不稳定因素的抵抗力已经很高，并不会因为自身的因素影响而改变计划好的犯罪行为。当然，直接计划并不包括准备武器这一点，因为武器的准备应该在转化的计划部分。

在犯罪行为发生后的侦查过程中，警方发现了一本都井睦雄的日记，里面记录了都井睦雄购买枪支的一些片段。从都井睦雄的日记可以看出，最初购买枪支并不是为了杀人，而是为了威胁，为了彰显自己有足够的控制力，或者说是一种制止别人讨论自己不恰当行为和私下不正当要求的对策，只是这种最初的动机情况在后期发生了变化，并导致犯罪行为人都井睦雄升级了自己的武器。变化的原因后面会讲到。

报 复

报复是很多犯罪行为发生的动机，而在津山杀人案中，报复作为如此严重犯罪行为的动机则体现得更加明显。在我看来，津山杀人案的犯罪过程比较单一，我说的这种单一是犯罪行为贯穿始终的单一性，而不是犯罪过程中所包含的因素单一。从凌晨 1 点多开始的一些针对若干目标的接连打击，其中都只包含一种行为，就是故意杀人。在很多的杀戮场景中，犯罪行为人都井睦雄根本没有过多的话语，锁定目标之后直接开始行动。

我们可以回顾一些资料对于都井睦雄犯罪过程的描述，以及在都井睦雄的遗书中看到的一些句子，就可以很清楚地知道津山杀人案的犯罪动机是什么。遗书中有类似的语句：

> “姐姐，对不起，我是不争气的弟弟，给你添麻烦了。得病这四年时间，我尝尽了世间的冷暖。”
>
> “我得了不治之症，被邻居们冷眼相待，还被自己的女人们背叛。”

我们从行为人所留遗书中的词汇，如冷暖、冷眼、背叛等，就可以看出都井睦雄在实施如此残忍的犯罪行为之前心中积压的负面情绪（怨恨、羞愧、纠葛）是多么厚重。

都井睦雄以报复为动机实施犯罪行为的目的是什么？他报复的是与自己

有过性关系的女性对自己的背叛，那些曾经嘲弄过自己的人，以及他认为私下谈论他所作所为的人。但是看似清楚的打击目标，在本案犯罪行为人都井睦雄的心理投射上却不是那么简单就形成的（主要是打击目标泛化了，从村子中的个别个体泛化到了几乎全村的村民），这里面包括我们下面要讲到的污名化和认知问题。

污名化和标签

不得不说，本案中犯罪行为人都井睦雄的生活可以称得上是一个安静的悲剧。纵观都井睦雄的整个成长过程，我们就会发现实际上他长期处于一种情绪积压到爆发的状态，而导致他爆发的其中一个原因，就是污名化给他带来的负面标签。那么，都井睦雄身上的负面标签都有哪些呢？

1. 提出不合理的性要求被大多数人拒绝的人
2. 体弱多病的男人
3. 被军队拒绝入伍的人
4. 卑鄙的强迫性行为者

从这些标签我们可以看到，犯罪行为人都井睦雄所经历的几次负性生活事件，如因患有肺结核而无法从军，于是被村民歧视；之前与他有过性关系的女性也因为他不能参军而与他断绝往来；在使用武器震慑他人的时候被自己的奶奶怀疑要行凶；想通过威胁手段与同村女性发生性行为，结果反被到处宣扬等。

因为身体不好不能进入军队服役是不是代表着行为人等同于废人？这个问题如果放到现在，其实大概率的回答是否定的，甚至根本不能建立起一个因果关系。但是在当时呢？案发时正值日本侵华战争时期，也是第二次世界大战爆发前期，这个时候的日本正面临着战争带来的兵源问题。在日本特殊的荣辱观念和武士道精神的熏陶下，可以参军并赶赴前线是一件让几乎每一个日本男性都引以为豪的事情，甚至不单单是自己，连家人都会感到光荣。在这样的时代和社会背景下，本案犯罪行为人都井睦雄却因为体弱多病被军队拒之门外，这确实会造成当时很多人对都井睦雄的质疑，认为他是一无是处的废人。

污名化的特性在这里就很好体现了，有研究者在研究污名化的文章中指出，污名化会随着周围的很多因素慢慢地变成一种文化的固着，并且从根本上摧毁人们正常的感知结构，让人们变得比平常更关心结果的特殊性，并且这种被摧毁的感知结构不容易被改变。这样的污名导致犯罪行为人都井睦雄被过度关注，好像他作为一个话题已经离不开村里人的日常生活，人们随时可以通过闲聊而讨论到他，他变成了一个人人都可以在茶余饭后用来消遣的对象。

都井睦雄在这个阶段出现了首次报复目标的泛化，他的恨意从刚开始很明确的几个目标蔓延到所有把他当成话题不断讨论的人。

认知与人格障碍

认知与人格障碍是犯罪行为人都井睦雄实施犯罪行为的另一个原因。回顾环境背景，我们可以发现都井睦雄好像存在很多认知上的问题，这些认知问题无疑都是在其成长过程中形成的，并且后续逐渐发展成为一种人格障碍。

都井睦雄的认知问题主要有以下几点：

1. 他把生活重心放在如何与女性发生和保持隐秘的性关系上，这可能是由于在成长过程中缺少关爱导致的；

2. 他误认为枪支武器是权力的象征，并且可以帮助他拿到任何他想要的东西；

3. 他误以为他的种种过激行为不会影响到奶奶对他的观感和判断；

4. 身体的疾病使他很自卑，他觉得他所经历的一切嘲笑和鄙视都是他的疾病带来的，而不是他的过激行为带来的；

5. 他认为充满纠葛的感情才是感情应该有的状态；

6. 他认为只有偏方才可以治好自己的身体疾病；

7. 他误以为性关系就代表着爱慕关系。

犯罪行为人都井睦雄的人格障碍属于哪一种？我个人认为是偏执型的人格障碍。因为年代久远，那个时候并没有所谓的量表，所以不能通过检测得出结论。但从表现上看，都井睦雄比较符合偏执型人格障碍的特征：

1. 广泛性猜疑，常将他人无意的、非恶意的行为误认为充满敌意或歧视，过分警惕与防卫；

2. 易产生病态嫉妒；

3. 好嫉恨别人，对他人的过错不能宽容；

4. 产生的暴力行为并非无计划的。①

很有意思的是，村中一些人的行为深深地影响着都井睦雄，而都井睦雄的行为又反向影响着更多的人，如那些本来没歧视他的村民，在他卑鄙地用尽各种手段强迫女性与自己发生性关系，还有扛着枪到处威胁别人之后，都对他表现得又怒又怕。这样的情况加上都井睦雄的人格障碍，就会让他感觉全村所有人都看不起他、歧视他，他并不会认为这是他自己的偏差行为带来的结果。

Tips：

初恋画像是姐姐的原因：因为父母早逝，都井睦雄从小与奶奶和姐姐一起生活，在这个过程中，因为奶奶要务农，所以大量的时间和姐姐在一起，以至于姐姐实际上代替了榜样角色在都井睦雄心中的地位。这个心理地位一

---

① 可参考 American Psychiatric Association，*The Diagnostic and Statistical Manual of Mental Disorders*，*Fifth Edition*（*DSM-5*），American Psychiatric Publishing。

直延伸到情感上，因为在这个阶段都井睦雄并不清楚感情的种类区分，所以把姐姐的形象带入整个感情心理层面。

当对所描绘目标的形象了解不具体的时候，这种心理投射就会影响形象的具体描绘，这是由人认知的特性决定的。

计划犯罪中的激情犯罪行为：回顾一下整个案件发生的过程，我们会发现很多目标其实和他并没有过节，特别是一些未成年人。首先我们不排除“打击目标的泛化”这个概念，但是更多的可能是犯罪行为人都井睦雄抱持着一种“反正自己也要死了”的极端负面心理状态，导致其出现计划犯罪过程中的激情犯罪，就是见到活着的目标就很难控制自己杀戮的冲动。

奶奶：犯罪行为人都井睦雄对奶奶的感情很复杂，一方面从心理层面责怪奶奶不让自己读书，把自己今天这样的遭遇部分归因到奶奶身上；另一方面又不能否认奶奶在都井睦雄心中举足轻重的地位，因为成长过程中奶奶替代了父母，以至于奶奶对于他的观感的改变和怀疑几乎对他造成了致命的打击。

可能你只是一个话题，抑或一个无关紧要的人，又何必在这本就复杂的世界里如此凸显自己？很多东西并非枪支弹药和阴险卑鄙可以解决的，如果多一点理性，又会是怎样的结局呢？

相关知识

社会给予我们的标签

莱默特（Edwin M. Lemert）和贝克尔（Howard Becker）在20世纪50年代出版的著作《社会病理学：反社会行为理论的系统方法》（*Social Pathology: A Systematic Approach to the Theory of Sociopathic Behavior*）中提出了一个以社会学中

的形象互动理论为基础的发展理论，即“标签理论”。这部分主要讨论的是标签理论在犯罪心理学中的适用（有学者指出，标签理论之前也被称为“犯罪标签理论”），但是后来在运用中发现，标签理论的内容是可以进行扩大理解的，它可以基于其理论内容而适用于很多方面。

标签理论在犯罪心理学中的主要意思就是，每个人都有初级的越轨行为，但是个体从具有初级越轨行为的普通人转变为犯罪者的主要原因是社会按照对犯罪者的定义，给个体贴上了负面的标签。以社会学中的形象互动理论为基础，该理论认为犯罪是社会互动的产物，但是把其中的犯罪者换掉，换成其他社会角色和定位，该理论都是可以适用的。

贴标签

标签理论中包含很多因素，在这些因素中我们首先应该了解的就是贴标签。什么是贴标签？莱默特在《社会病理学：反社会行为理论的系统方法》中把贴标签描述为一个在互动中改变行为人被动印象的过程，而并不是我们平常所说的一个简单动作。其在书中举了这样一个例子：

> 例如，一个青年人出于好奇而吸了一次毒，还有偶尔发生的漏税行为等，这些行为并没有引起很多人的注意，行为者本人也不承认自己是越轨行为者。但是，如果这样的行为被公布于众，而且行为者的朋友、父母、雇主或警察、法庭等也视这个人为越轨行为者，他就有可能做出再次越轨行为。当再次越轨行为出现时，不但别人这样看——如认为某人是吸毒者、小偷、骗子、无赖或“怪人”等，而且行为者本人也会有意无意地接受这些“标签”。一旦某人被贴上越轨行为的标签，周围的人就会对他另眼相看。

这就是社会及部分权力阶级或是周围的其他个体把行为人定义为负面的

过程，在这个过程里包含着一些连续的负面定义的动作，如不断否定，在类似情境中首先被怀疑，态度的改变等。

兴趣点

每一个理论都有其兴趣点，标签理论的兴趣点在于“再次发生”的再犯行为的来源。为什么这么说？因为很多个体的初次违法行为或是非正常行为，都是比较偶然的，有时候甚至并没有我们想得那么严重，如偶然发生的轻微暴力事件、小打小闹、偶尔的旷课、出于新鲜的原因刮花别人的车等。那么，为什么这些行为会持续发生并在不断进化呢？

因为行为人在社会互动中的认知改变了。行为人的很多问题如果不被定义为严重的犯罪行为，就不会引起周围人过度的关注，这样的话也许就可以有其他的方法去矫正。但是一旦问题行为被关注，那个体承受的压力就可能会比较大，容易觉得也许自己本身就是这样，这些压力来源于权力机关、学校、家庭等。所以，标签理论的兴趣点就从个体本身转移到在标签理论中认为改变行为人外界认知的其他群体。

原　因

很多人可能会问，为什么标签是导致犯罪的原因？个体自己要演变成犯罪者，这个目标还要转移到周围的人身上，理由有点牵强。标签理论选择这样的切入点，是有原因的，这部分我觉得蛮有意思的，主要在于两个方面：

一方面，针对犯罪概念的产生。要定义什么是犯罪，这个定义本身就是由少数人去拟定的，一个行为被标定为犯罪，它才是犯罪，如果没有标定就没有这个犯罪行为。

另一方面，关于反向影响。有一部分学者认为，偶发性的非正常行为不宜直接贴标签和被过度关注，因为这样会给个体很大的压力，配合心理发展的不完善，就会加速这个偶发非行行为人的恶化，使其加速做出下一个行为。

缺　陷

“标签”现在确实变成了一个社会热词，但是标签理论的缺陷也是挺明显的。与现在的一些犯罪理论相比，它显得过于单一。这个很好理解，因为目前比较公认的一个说法是，犯罪是一个多成因的结果，而不能简单地用一个理论解释，因为犯罪行为中变量太多。但是标签理论就过于关注“外界给予”这部分。

另外，有国外学者提出，标签理论的研究对象，主要是那个时代的无产阶级，处于社会中下层，认为犯罪实际上是这些无产阶级对当时社会的满满的恶意。但是这个假设是不成立的，我们知道任何阶级、任何身份都有犯罪的可能，站在这个角度看标签理论，其理论依据的价值理念本身就是不中立的。

话说回来，尽管标签理论有很明显的缺陷，但是它的出现，还是为犯罪心理学理论的发展提供了新的借鉴思路和观点。并且，很多年之后的现在，其理论内容反而引起了社会上更多人的关注，因为标签理论中的观点可以很好地解释现在社会上的一些事件和生活中我们周遭一些个体发生巨大改变的根本原因。

个体被标签化之后是否真的会转变为惯性犯罪者

在影视作品中或者文学作品中，有这样一种犯罪者，因为偶尔的或非自愿的社会过失行为而遭受到周围人的白眼并被区别对待，受尽了恶意和排挤。最终在负面的环境下，他带着满满的无奈和浓浓的怨气，心理发生被动转变，一步步地从一个无意犯罪的过失行为人转变为一个更深层次的犯罪行为人，并任由报复心理大肆作祟，实施残忍并令人难以理解的犯罪行为。

这就是在标签化影响下形成的犯罪者。

我们可以看到，在各种与犯罪相关的作品中，这样的人物经常出现，带着报复和不满攻击那些曾经伤害过他的人或者是攻击这个社会。这部分人就好像刚开始说的，最初发生了偶然一次的或者非自愿的社会过失行为，也因此承担了应该承担的责任。但是行为人却又正是因为这样的行为受到并不是来源于法律而是周遭社交圈与社会的排挤和负面对待。比如：

他和我们不一样。

我听说这个人有过前科呢，而且被关过一段时间。

我真不想和这么恐怖的人做邻居。

毕竟我们和这样的人社会地位不同。

那啥改不了那啥，你知道他以前做过的事情吧？

你看这个人遇到事情就这么冲动，要不就是不怎么说话，听说他以前怎么怎么样，还是离他远一点比较好。

他和新闻里的谁谁谁很像，还是不要和他做朋友了。

这样的议论包含很多的标签，但是都有一个共同点，就是这些标签都是负面的。这些标签并不会对被标签化的行为人产生任何物理层面的实际影响和改变，影响和改变只会发生在行为人的心理层面，这样的情况也可以称为“污名化”，并且这种改变只需要很短的时间，因为它有比较强的传染性，会随着社会交流传播。

如果被标签化或者污名化的行为人本身没有一个与外界很好沟通的模式，或者说没有一些可以给予他正面评价并鼓励他前进的人，那么他就会慢慢地从潜意识上接受这样的标签或污名，然后发展成负面的自我认知，并与周遭给予的负面的社会认知相对应，如会产生“社会已经不会接纳我这种不正常的人”或者“原来不光我自己这么觉得，整个社会都觉得我的人生是有污点的”。

于是就会有以下的一个转变过程：

初次社会过失行为→被标签化→产生负面自我认知→再次社会过失行为（犯罪）→惯性犯罪→动力定型

莱默特和贝克尔在前述标签理论中认为，所有对于受谴责行为的管制和改正行为都是标签，并且在长时间或是高强度标签化之后，这些受到管制的受谴责行为人会把犯罪者这样一个角色看作自己的根本，从而重新发展自己。

从这里可以看出，这个行为本身确实会对行为人心理产生长远且深厚的影响，也有可能会导致行为人转变为惯性犯罪者。但是我们依旧不能否认行为人的个体心理存在差异性，要知道并不是所有的行为人都会主动配合周遭的标签化眼光去重新定位自己的角色。

Case No.11：

拼错的“SHOOLL KILL”[①]——神户儿童连续被杀案

地点：日本兵库县神户市须磨区

案件类型：连续故意杀人、重伤

行为人：少年 A（由于日本法律对少年犯隐私的保护，故官方称“少年 A”，凶手自称“酒鬼蔷薇圣斗”）

结果：2 人死亡，3 人重伤

背景：持续性压力和自我价值体现产生的认知错误引起的报复性犯罪行为

犯罪动机：报复社会、挑战公权力、发泄情绪

犯罪目的：随机选择目标伤害致死

审理结果：犯罪行为人 1997 年被捕后被判进入少年感化院，于 2004 年 3 月 10 日从少年感化院退院，重返社会

案件经过（根据新闻报道整理）

1997 年 2 月 10 日下午 4 点 30 分，在日本神户市的街道上，两名小学女生被犯罪行为人从后方用铁锤攻击，其中一人重伤。

1997 年 3 月 16 日中午 12 点 25 分，犯罪行为人向小学女生（山下彩花）

① 此英文拼写为犯罪行为人第一次写公示信时拼错的“SCHOOL KILL”。

询问厕所的位置，在女生带领他到学校的厕所时，犯罪行为人对女生说“把脸转过来吧，我要谢谢你”，随即用铁锤攻击女生之后逃逸，该女生送医救治无效后死亡。

1997 年 3 月 16 日中午 12 点 35 分，犯罪行为人逃离案发现场约 200 米外，被另一名同校的女生看见，行为人使用小刀刺向目击女生的腹部，该女童两周后痊愈。

1997 年 5 月 24 日下午 1 点 30 分，同住在神户市的 11 岁被害人（少年 B）与相识的犯罪行为人偶然相遇。当时犯罪行为人认为年少的被害人年纪小，较容易杀害，因此将被害人骗至附近勒死，并将遗体隐藏后离开。

1997 年 5 月 25 日，犯罪行为人回到案发现场，将被害人头部割下并带走隐藏。

1997 年 5 月 26 日中午，犯罪行为人将少年 B 的头部带回家中清洗。同日，警方对行踪不明的少年 B 展开搜索，但没有结果。当天晚上，有警察查问过刚遗弃凶器的犯罪行为人。

1997 年 5 月 27 日凌晨 1 点至 2 点，凶手将被害人的头部放置在市中学门口后返家。

1997 年 5 月 27 日早上 6 点 40 分，被害人头部被学校的管理员发现。头部上还有两张纸片，内容为犯罪行为人的声明文章。

1997 年 5 月 27 日下午 3 点，警方于该校 500 米外的山边发现少年 B 的遗体。

1997 年 6 月 4 日，神户新闻社收到由“酒鬼蔷薇圣斗”寄出的“犯行声明文”，内容为犯罪行为人的犯案自白。

1997 年 6 月 28 日晚上 7 点 05 分，犯罪行为人因被怀疑杀害及侵害他人身体而被逮捕，警方发现部分凶器。

犯罪环境背景及犯罪心理分析

环境背景（根据新闻报道整理）

基于当时日本的教育环境，犯罪行为人的母亲从其很小的时候就开始对他严加管教，哪怕社工已警告她儿子的精神状态不稳定，她还是继续强迫犯罪行为人在学校要有突出的表现。犯罪行为人是家里的长子，家里还有两个孩子，母亲对作为长子的犯罪行为人要求一直都很严格，这当然也是日本长期以来的一种社会习惯。

犯罪行为人就读小学时便开始携带锋利的武器。他在日记中记述：“当我像是拿着手枪一样，拿着求生刀和纺织用剪刀时，我的愤怒就会减轻。”

犯罪行为人 12 岁时已经开始虐待和杀害各种小动物——在街上将青蛙排成一列后用自行车把它们碾死，切断猫的四肢，将鸽子斩首，等等。

犯罪行为人社交范围比较窄，除了繁重的学业需要去完成，基本就是在家里，警方在搜索其房间时，发现了上千本的色情漫画、色情影片。

凶案发生后，犯罪行为人在日记中写道：“我今天做了一个吓人的实验来证明人类有多么脆弱……当女孩转向我时，我便挥动了手中的铁锤。我想我敲打了她好几下，不过我记不太清楚了，因为我实在是太兴奋了。”几天之后受害者伤重不治死亡时，犯罪行为人补充了自己的日记：“今天早上，我妈说：‘可怜的女孩子，这个女孩好像快要死掉了。’但是我没有被逮捕的迹象……因此我要感谢神明……请继续保护我。”

犯罪行为人曾寄出开头是“现在，就是游戏的开始”的信件，并在信中提及“当我杀人或导致他人身体遭受伤害时，我觉得自己从持续的憎恨中获得自由。我能够从中得到平和。减轻我的痛苦的唯一方法就是增加其他人的痛苦……我把我的生命当作赌注押在这游戏上。如果我被逮捕，我会被处以绞刑，所以警方会愤怒且坚持地追捕我”。犯罪行为人还在信中斥责了日本的教育制度：“强迫性的教育造就了我，一个隐形的人。”

犯罪行为人曾因日本媒体对自己称号的错误报道而恼羞成怒，并表示：“从现在开始，如果你们再念错我的名字，或让我愤怒，我将会在一个星期内杀掉三个目标……如果你们认为我只会杀害儿童，那真是一个大错特错的想法。”

日本杂志在多年后报道了犯罪行为人的状况，并在试图采访犯罪行为人的过程中经历了他情绪从平静否认犯罪罪行到非常激动并亢奋地威胁杀死记者的变化过程。在此过程中，犯罪行为人一度追赶记者并一直显得很兴奋。

他的精神鉴定及体征报告很明确地显示脑波、染色体、内分泌情况正常，没有精神疾病，头脑清晰，有与年龄相应的认知能力，没有双重人格倾向。

犯罪心理分析

首先，初次犯罪逃脱制裁之后的犯罪心理强化。从凶手的作案时间来看，第一起袭击和第二起袭击之间相差一个多月，这段时间对于初次犯案的凶手来说，其实是有改变整个案件的转机存在的。这个转机的关键在于警方是否重视调查和抓住凶手，但是很可惜，第一起案件并没有引起警方足够的重视。在后期案件的调查中，第一起案件的受害者家长回忆起当时的情况，并说出以下情况：女孩当时目击犯罪行为人穿着西装外套，手持学生用的书包。知道这件事情的受害者父亲向犯罪行为人当时就读的初中要求提供学生的照片，让女儿指认犯罪行为人。但学校却通过警察拒绝了这一要求，于是该父亲向警察提出被害报告后，再度要求指认学生的照片，结果还是无法获得同意。

犯罪者在犯罪行为后会出现很多的负面情绪——紧张、焦虑、害怕等，当然也会有兴奋一类的情绪。负面情绪会随着犯罪次数的增多而减少，而相对正面的情绪则会随着犯罪次数的增多而增多，这就是犯罪心理转化的其中一环。如果在第一次犯罪的时候被抓到，那么这种犯罪心理的转化就会中断，但是如果没有被抓到，那么犯罪心理就会进入潜伏阶段，并且外化为犯罪行为的速度就会随着没有被抓到的一次次犯罪行为变得越来越快，程度也会慢慢变化，并最终形成一种个体化的思维定式。

在这个案件中，犯罪行为人在第一次袭击之后无疑是在观望整个事件的动向，因为其实目标并没有死亡，还有目击者，但是警察和学校的态度和疏忽推动了犯罪行为人犯罪心理的转化。犯罪行为人会觉得抓不到自己或所实施的袭击行为是大众所顾忌的，使得第二次犯罪的程度更深。

其次，对社会的报复引起的目标转化。犯罪行为人在寄出的信中把自己的行为归结为社会的责任，认为是日本的社会和教育制度造就了自己，于是采取这样的手段去报复社会。尸体残肢摆放的位置和袭击目标的身份都很具有指向性，造成了一定的恐慌。但是，这起案件的社会报复与其他的同属社会报复动机的行为又有一些相似与不同。

与其他类型的报复社会犯罪行为类似的是，本案的目标转化是随机的、无差别的，并不带有特定的打击目标，如报复类的直接打击目标。与其他类型的报复社会犯罪行为不同的是，出现在本案件中的目标转化不是指向一群人，如类似秋叶原案件或是恐怖袭击类别事件中的群体伤害，而是以个体为目标进行的转化，通过对个体的伤害并发表言论去造成整个社会的恐慌。当然，本案中更多地融入不成熟的情感因素，可以从凶手整个的犯案表现中感受到浓郁的压抑情感。

再次，“剧场型杀人”的真正目的。在这个案件中，最让人震惊的，其实就是对受害者少年 B 尸体的肢解和处理方式，以至于很多人在讨论一个词——“剧场型杀人”。1984 年，社会评论家赤冢行雄率先提出了“剧场型犯罪”的概念，意即以社会为舞台，犯罪实行者为主角，警察为配角，新闻媒体和受其引导的民间大众为观众，由此构造出的酷似演剧体的互动犯罪形式。

很多采取类似犯罪行为的犯罪者，都会伴有挑战公权力及希望以这种方式引起大众注意的心理。而本案中的犯罪行为人，也确实表现出这两种特点，首先可以看到的就是赤裸的对于公权力的挑战。从犯罪行为人的信中可以看出，其对于自己犯罪的心理变化和初衷很坦白。那么，如果犯罪行为人不希望被抓获，为什么要邮寄公开信给报社？

原因之一，就是对整个公权力的不信任和挑战。因为之前我们分析过，犯罪行为人认为自己的行为是教育制度导致的，是整个社会对自己造成的影响，而在这么多起事件之后，警察居然还没有抓到自己，甚至在调查的过程中，犯罪行为人曾经作为被盘查对象，与警察有过超过 3 分钟的交谈。所以在这种情况下，犯罪行为人从根本上产生了对公权力的不信任，于是写了公开信去挑战公权力。要注意的是，这种对公权力的挑战是呈阶梯状的。

第一次的公开挑战是把受害者头颅放置在校园门口，选择这个位置放置受害者的头颅并在上面附上公开信，其中更多的是对教育制度不满情绪的发泄，要不然可以将受害者头颅放置在其他任何地方，而不用特意选择学校。在学校造成比较大的影响之后，警察依旧毫无头绪，于是伴随着对公权力的不信任，第二次的公开挑战发生了，即写信给报社去做自白。当然，在第二次的公开挑战中，还包括我们接下来要说的原因之二——吸引关注。

原因之二，即引起整个社会的关注，而这样做的理由则是深层次的。在当时日本的教育体制和社会环境下，犯罪行为人意识到自己可能永远无法被别人认识和关注，除非取得非常优异的成绩，不断地学习，然后在十几年之后依旧做着很普通的工作。而很长时间以来，学习占据了犯罪行为人大部分时间，造成了犯罪行为人生活环境单一，社交不足。从后续的调查中也可以看出，这样的环境导致犯罪行为人的生活一直很压抑并且十分隐蔽。当犯罪行为人以这样的方式发泄自己的情绪时，开始引起广泛的关注，甚至有了一部分拥护者。这使得犯罪行为人认为这样做是一个可以摆脱现在生活状态的途径，于是开始了对公权力的挑衅和向公众匿名公开自己的内心独白。甚至在媒体对他的称号报道出错的时候，犯罪行为人表示出强烈的不满，并开始用杀更多的人的说法去威胁媒体改正，因为犯罪行为人觉得他这样一个自以为引起社会广泛关注的人，称号居然被媒体忽略而报道错误，是对他手段和虚伪尊严的一种侮辱。

可以看出，本案的犯罪行为人身上对于吸引注意的矛盾是一直存在的，以至于在多年后他返回社会，还以出书的形式去回顾自己的过去和吸引社会的注意，虽然受到很多人的谴责，但他依旧没有任何态度谦卑的表示。

复次，情绪管控是一直存在的问题。在案件的调查中我们可以看到，犯罪行为人的情绪控制实际上是很奇特的，他可以很好地压抑自己的情绪，但是一旦进入兴奋状态又会显得很疯狂。这样的情况在多年的改造中并未完全改变，甚至可以说是一个一直存在的问题，从当时的案发情况和后期记者对犯罪行为人的采访遭遇中可以看出来。

仔细分析过后我们会发现，犯罪行为人作案时没有一丝害怕，并很冷静地实施伤害行为，但是在过程中又因为太兴奋而全身颤抖，并在第三次行凶时做出了分尸和侮辱尸体的行为，产生了类生理快感，如像媒体报道的，他曾经在第三起案件发生时对着尸体射精。反观犯罪行为人在第一次犯案之后的静默等待期表现，以及后续被警察盘问的表现，可以更好地理解这种情绪压抑和激发的矛盾在他身上的体现。

更加明显的是在犯罪行为人重返社会之后，由于日本法律对少年犯隐私的保护，并没有人知道犯罪行为人的真实身份，但是因为未征得受害者家属的同意就出版书籍，引起了不小的社会反响，于是很多人开始搜索犯罪行为人的真实身份，当然媒体也不例外，有媒体找到了他。在开始询问犯罪行为人的时候，他一直保持着否定的态度并表示这样会让他很困扰。而在记者的不断追问下，他突然显得很兴奋，并威胁记者要杀死他们，并开始不断地追赶记者，甚至在记者跑进商场后还不放弃在商场周边搜索。

所以我们可以看到这样的情况一直存在，并没有因为他的再教育而有所改变。情绪控制问题的其中一部分就是错误的情绪发泄途径，于是就带来了我们后面要说的很多严重犯罪都有的特点——对动物的虐待。

最后，年少就伴有的动物虐待行为。个人认为，虐待小动物从精神分析理论的观点上看，是一种心理发展退化的返祖行为，因为负面和受阻，单一地追求快感来弥补心理的创伤和平衡负面情绪，属于一种负面情绪发泄目标的转移。如果由受挫、被打击，或是生活环境剧烈变化带来的负面情绪得不到正确的释放，就会引发人类的暴力行为。但是本案中犯罪行为人由于当时年龄和能力等种种限制，在虐待动物的阶段并不能产生足以发泄自己情绪程度的暴力，这种发泄暴力行为就会下意识地形成目标的转移，一般都会选择没有攻击性的目标，这样就可以肆意发泄情绪，因为可以把情绪宣泄到极致。

犯罪行为人的家庭可能缺少正常的关爱，这也是导致他童年时期虐待动物的一个因素。虽然不能把所有的错误都归结到原生家庭上，但是在本案中，这可能确实是一个比较主要的影响因素，因为母亲的要求过于严格造成的压力，造成了凶手沟通能力和人际交往的不完善。在以往的案例中，可以观察到的现象是，关爱缺失越严重，虐待行为的程度就越深。而由于虐待动物造成的成长过程中各种社会因素的缺失，如同情、责任、羞耻感，以及虐待动物时养成的冷漠性格，很容易令其发展成反社会型人格障碍。这种由于童年虐待行为形成的固有模式，会投射到社会中。更加严重的情况是，随着虐待动物行为的增加和获得的反馈增多，个体在遇到不可发泄的情绪时，宣泄的目标已经不满足于不会反抗的小型动物，就会产生严重的针对人的暴力发泄和虐待行为，同样也是在发泄自己无法发泄的情绪。

本案是日本历史上造成法律变动的几起恶性伤害案件之一，它直接导致日本对刑事责任年龄规定的变动。2000 年，日本国会因为这次事件，将犯罪刑责的最低适用年龄从 16 岁降至 14 岁。而更多地引起人们争论和思考的，并不是法律的变动，而是凶手重返社会后所表现出的毫无悔意，以及对受害者家属和当年幸存者精神的二次伤害。

走错的人生路并不像当年写错的单词那样可以重写，我们都需要深刻地意识到自己应该承担的责任。

相关知识

真实的杀人动机有哪些

在谈及一个违法或是犯罪行为的动机是什么的时候，应该同时关注行为的类型有什么，特别是当我们谈论的不是一个单一行为，而是在行为会发生细分的情况下，把行为包含的类型和动机放在一起来看，会更加直观和便于理解。所以，在这一部分我们谈论杀人这个复杂行为的时候，就要先了解杀人包含的类型有哪些。

杀人类型

平常我们说的杀人行为，按照动机与发生原因，可以细分为以下几种类型：情感纠葛杀人、报复杀人、无目的杀人、激情杀人、快感杀人。

不同类型的动机

可以看到，杀人作为一个复杂行为，包含很多类型，每种类型所涉及的动机是不同的。根据相关犯罪心理学研究总结，我们在每一种细分的杀人类型之后加上涉及的动机。

1. 情感纠葛杀人：动机是情感上的纠葛，包括但不限于爱情的纠葛，还包括亲情、友情等情感纠葛。行为动机中有很强的心理矛盾存在，行为中包含很多的感情因素，情感诉求强烈。

2. 报复杀人：动机是针对之前打击的报复，或是带目的行为受挫之后的报复，目标可能是使之受挫的个体，或是个体代表的群体，这种动机常见于杀人和伤害案件中。

3. 无目的杀人：动机是情绪的发泄，但是由于目标往往会出现泛化的情况，而且目标的选择不具有特性，基本是随机选择，所以又有单一行为目标和群体行为目标之分，也可以称为“无差别杀人”。

4. 激情杀人：动机是由于应激性的环境变化引起的情绪失控带来的行为，这个必须说一下，这个类别其实在整个重暴力伤害案件中占了比较大的比例，很多都是应激造成的冲动犯罪或是由歇斯底里症造成的。这种类型的杀人行为的特点就是行为发生突然，决策过程很短，行为人行为后有可能不相信自己做了什么，与行为时环境刺激关系很大，无计划性。

5. 快感杀人：动机是心理快感的渴求，以这个动机类型实施杀人行为的犯罪行为人很少见，可能属于变态型犯罪者，特点是行为有明显的个人特征，多数有哲学或者艺术的因素，行为手段残忍。

值得一提的自杀

为什么要提自杀？因为单从杀人这个行为的界定上来说，自杀也是剥夺生命权利的行为，所以也应该在“杀人”这个分类里面，但是自杀的动机就有很多了。康纳（Rory C. O'Connor）在其2011年出版的《关于自杀防范的国际化研究、政策和实践》（*International Handbook of Suicide Prevention–Research, Policy and Practice*）中对自杀问题进行了全面的讨论，自杀多是由个体内心矛盾的激化和不可调和使其产生自我怀疑、厌世、暴力冲动、抑郁、偏执等引起的，注意这些动机包括严重神经症心理问题。

但是自杀这个行为在学界是有争论的，争论的根本在于，我们所谈论的杀人这个行为是否狭义地代表对外的剥夺行为，如果是，那么对于杀人的定义是否需要跳出“杀人=剥夺生命权利”这个定义，而变成狭义的剥夺“他人”生命权利呢？

讨论始终是讨论，在讨论结束之后，希望任何人都不要忘记最基本的，对于生命权利的尊重和对犯罪行为本身的抗拒。

Case No.12：

精神病态的大众情人——跨国闺密杀人伤害案

地点：俄罗斯南部城市克拉斯诺达尔与美国

案件类型：故意杀人与故意伤害

行为人：纳西洛娃（Viktoria Nasyrova）

结果：1 人死亡并被焚尸，4 人被下药并丢失大量财物

背景：在无限膨胀的物欲和虚荣的心理驱使下造成的犯罪

犯罪动机：满足过度的物欲，精神病态

犯罪目的：以非法手段侵占财物

审理结果：犯罪行为人于 2017 年在纽约被逮捕并提告，涉及罪名高达数十项，从蓄意谋杀到抢劫、骚扰等。截至本书出版案件仍在审理中

案件经过（根据新闻报道整理）

2014 年年中，犯罪行为人纳西洛娃成为受害者的新邻居，并开始与受害者来往，后发展为关系比较亲密的朋友。

2014 年 9 月，犯罪行为人纳西洛娃以要去美国旅行顺便给受害者女儿带东西为由，骗取了受害人数目可观的财物，随后一再推迟去美国的时间，并拒绝归还所有财物。

2014 年 10 月 4 日，受害者在电话中告诉其在国外定居的女儿，说自己要去找邻居理论并要回钱财。

2014年10月5日，受害者手机发出最后一条给女儿的短消息，之后外界便再也联系不上她。短信内容为："我要去一个很远的地方，不要担心我，到了我会尽快通知你的。"

2014年10月9日，受害者女儿一连几天联系不上自己的母亲，打了几百个电话也无法打通，于是选择报警。

2014年10月中旬，警方进入受害者住处调查，发现屋内丢失大量现金（涉及金额大概17000美元）和珠宝首饰等贵重财物。

2014年10月下旬，警方调取附近监控录像进行调查，并在其中一个公路摄像头里发现了受害者的去向。视频证据显示，在发出短消息前的早些时候，受害者坐在犯罪行为人纳西洛娃驾驶车辆的副驾驶位置，并有很大可能为昏迷状态。

2014年11月，俄罗斯警方在调查案件的过程中发生了失误，犯罪行为人纳西洛娃在勾引办案警察之后，于测谎结果等待期间逃离俄罗斯飞去美国。由于俄罗斯与美国之间并没有引渡条约，所以俄罗斯警方选择发布针对凶手的红色国际通缉令，请求国际刑警组织协助调查此案。

2015年到2017年，已在美国生活的犯罪行为人纳西洛娃通过网络交友和约会平台，在纽约对已知多达3名男性实施了系列犯罪行为，手段都是先假借交往接近，然后寻找合适的时机下药，最后把受害人的财物洗劫一空。

2016年5月，犯罪行为人纳西洛娃因在纽约犯盗窃罪一度被捕，但是她并没有被办案警察识别出是通缉犯。

2016年年底，由于签证有效期问题，犯罪行为人纳西洛娃找到一名与自己长相相似的俄罗斯新移民，想盗取其身份继续待在美国逃罪，但是在实施犯罪行为过程中失手。

2017年年初，由于俄罗斯受害者的女儿聘请美国私家侦探进行详细的调查，犯罪行为人纳西洛娃最终因在社交网站上上传的照片暴露，并被控抢劫罪等罪遭到美国警方逮捕。

犯罪环境背景及犯罪心理分析

环境背景（此背景分为两部分：新闻报道背景及我自己整理的一份记者在狱中对犯罪行为人的3分钟采访）

第一部分

犯罪行为人纳西洛娃搬到第一位受害者隔壁居住，并以热心邻居身份与受害者接近。几个月后，纳西洛娃以帮助受害者给女儿带东西为由，拿到了受害者6100美元现金和两件皮草，随后开始不停地推迟去美国的时间，而且钱和衣服并未归还。

受害者在电话里向女儿表示要去找邻居把东西和钱要回来，随后失联。在尝试联系母亲未果的情况下，受害者女儿曾经联系过犯罪行为人纳西洛娃，并向她询问自己母亲的去向，犯罪行为人表示并不知道其母亲去了哪里。但是根据受害者女儿打印出的通话记录，受害者最后一个电话是打给犯罪行为人纳西洛娃的。

在受害者女儿果断选择报警之后，俄罗斯警方对受害者住处进行了搜查，没有发现任何暴力犯罪的痕迹，但是受害者家中的现金和贵重的珠宝首饰丢失。警察立刻逮捕了犯罪行为人纳西洛娃，但后以证据不足为由将她释放。警方随后根据视频监控证据再一次对犯罪行为人纳西洛娃实施了逮捕，这一次她色诱了办案警察，而后脱逃至美国。

到达美国后，犯罪行为人纳西洛娃用在俄罗斯犯罪得到的钱过着挥霍无度的生活，但是因为后续并没有什么收入，所以很快就出现了经济问题。随后犯罪行为人纳西洛娃在纽约实施了一次盗窃，想在商店顺走一些东西，但是因没经验而失败。让她庆幸的是，她被纽约警察以盗窃罪逮捕之后，警察并没有将她与国际刑警通缉名单进行对照。

在经历盗窃失手之后，犯罪行为人纳西洛娃找到了新的犯罪模式，就是在约会网站寻找受害者，先与其交往，到了一定的时机再对其下药，然后洗劫。比如，她拿走过一位约会对象的项链、戒指及超过 50000 美元的现金。根据法庭资料记录，另一位男士控诉犯罪行为人纳西洛娃对自己下药之后拿走了他的一块劳力士手表。

报道中多次提到，犯罪行为人纳西洛娃的相片和真人在形象上存在很大的差异，真人的体型大概有照片中的两倍大。犯罪行为人有多个社交账号，并酷爱发送自拍，她以这样的方式吸引别人的目光，同时通过这种途径来筛选受害者。

2016 年，犯罪行为人纳西洛娃为了解决签证过期问题，选择一名叫奥嘉（Olga）的女性作为目标，因为该目标年龄与长相都与其相似，她准备杀害奥嘉后用其身份继续在美国生活下去。纳西洛娃在用老套路取得受害者信任之后，在芝士蛋糕中添加了大量的致昏迷药剂，并在受害者昏迷之后洗劫了大量财物，但是由于剂量问题，受害者并没有死亡，在稍微恢复意识之后报警。

犯罪行为人纳西洛娃后续在监狱中接受媒体的采访，在采访过程中不停地哭诉自己被狱友欺负殴打，打得连眼睛都看不见的经历。

第二部分

我看了一个哥伦比亚广播公司（CBS）在狱中对犯罪行为人纳西洛娃进行的 3 分钟采访视频，其中犯罪行为人纳西洛娃简称 VN，并翻译如下：

主持人：你有杀害艾拉（Alla，俄罗斯受害者）吗？

VN：没有（点头并非常肯定）。

主持人：你确定没有吗？

VN：没有。

主持人：你有对她下药吗？给她药物导致她失去意识？

VN：没有（脸上显出不可思议的表情并伴有笑容）。

主持人：根据监控证据，艾拉在你车里。而你的手机显示，你驱车600英里，为什么？因为有一具尸体在你车里，但是你不知道该怎么办，是吗？

VN：不是（同时大笑）。我一直载了她600英里是因为我要送她去她想去的地方，你说这600英里我旁边一直有个尸体，这太傻了吧。

主持人：你在纽约一直做着类似“母夜叉”的工作，是吗？

VN：我不能说我做这个工作，因为我也没有拿薪水，不是吗（觉得自己很幽默）？但我确实喜欢在与他人的关系中扮演这样的角色，特别是男性。

主持人：你在纽约有个男朋友吧？是一个叫作乔（Joe）的养狗的男人。

VN：哦，对的（笑）。

主持人：你男朋友说你对他的狗下毒，你在那条狗生日当天把它干掉了。

VN：必须说明一下，我前男友，他只是在撒谎，他一辈子都在这样撒谎。

主持人：你前男友还说你曾经给了他一杯喝的东西，然后，他再醒来就是两天后了……他发现你拿走了他的一些东西。你没有对你男朋友下药吗？

VN：从来没有（带着微笑的表情）。

主持人：还有两个在纽约的男人表示你也给他们下过药，并洗劫了他们的财物。

VN：如果我可以针对这个说点什么，我会很开心，可惜我不能发表什么评论。

主持人：另外还有一个女士叫奥嘉，她控诉说你想通过给她吃下了毒的芝士蛋糕干掉她（这个时候VN笑了），然后盗取她的身份。

VN：我知道你说的是谁，我认识这位年轻的女士。我可以告诉你的是，我没有强迫她吃那个蛋糕。

主持人：所以你现在告诉我的是，所有针对你的指控，如对他人下毒、偷盗、谋杀或是用你的肉体去交换这世界上任何你想要的东西，所有的这些指控都是错的。

VN：不不不，我没有说这里面没有真的，我可能做了其中一些，但我只愿意讨论很少一部分。

犯罪心理分析

首先，犯罪心理的个性化。综观犯罪行为人纳西洛娃从第一起案件到被逮捕之前所犯的所有罪行，可以看到一条犯罪行为和心理的转变曲线，这条曲线代表着行为人从一开始的偶发性犯罪到后面以一种固定模式去进行行为与思考的犯罪心理个性化的整个过程。

个人认为，犯罪行为人纳西洛娃在俄罗斯的第一起案件，根本就是求财，而第一起案件的发生带有一些偶然性。也就是说，行为人在开始接近受害者的时候，并没有意识到受害者有比较多的资产。而在接近受害者的过程中，她发现了巨大的利益空隙。行为人做了第一次的试探，就是之前说过的，谎称自己要去美国旅游，以帮受害者女儿带东西为借口，骗取受害者财物的行为，这一次的行为让行为人从中尝到了甜头，因为一次性财物近一万美元。

但是纳西洛娃并没有想好怎样面对受害者来索取财物这样的情况发生。从后面行为人与受害者女儿对峙的描述来看，行为人对自己杀死受害者的事情显得很紧张，随便吼叫了一句就跑开了，所以受害者艾拉的死应该是在索要财物过程中犯罪行为人冲动而为之，包括后面的抛尸行为。虽然处理掉了尸体，但是她开车抛尸的时候并没有将受害者尸体放入后备厢，而是放在副驾驶如此显眼的位置。另外，犯罪行为人纳西洛娃再一次返回受害者家中去洗劫财物这一行为也足以证明行为人这个时候还不是惯犯。

而后纳西洛娃在逃避调查过程中利用美色出逃的行为使其意识到自己的优势。到达美国之后，纳西洛娃虽然找到了工作，但并不足以支撑其奢侈生活的挥霍和花销，所以第一次犯罪得到的钱很快就花完了。在这种情况下，行为人很快又开始了犯罪活动，并在往后几年里进行了多次犯罪，并且在一次次犯罪行为的过程中找到并固定了自己特有的犯罪行为模式，即，取得好感→利用美色→下药洗劫→消失，这种模式一直都是成功的，唯一失败的一次犯罪经历是因为盗窃（主要是因为没有盗窃经验），而这次失败的盗窃经历同样在行为人的犯罪心理个性化过程中起着重要的作用。

其次，犯罪逃脱制裁之后的犯罪心理强化。犯罪行为人纳西洛娃的盗窃行为发生在初到美国一段时间之后，原因是犯罪所得已经消耗殆尽，而她又没有找到足以快速支撑已经膨胀的物欲的方法，于是进行了第二次犯罪，但是由于并不精通盗窃技能，结果被抓。在这种情况下，她本应该停止犯罪，因为一旦被抓就会被并案处理。纳西洛娃在等待审判的心情中，迎来了单一的判决。她在俄罗斯所犯杀人案的国际通缉令并没有被纽约警察发现，被按照一般的盗窃罪处理，因为涉案的金额不大，所以刑罚的力度也不会很大，这样的结果强化了行为人的犯罪心理，使得行为人认为自己之前在俄罗斯所犯的杀人罪行已经过去，没有人会发现，她可以大张旗鼓地在美国做自己的事情了，于是犯罪心理的转化更加快速和个性化，思维模式开始固化。在这种情况下，犯罪行为人表现出一种过度的自信和对他人能力的低估，也正是这种过度的自信后期把她推向了万劫不复的深渊。

再次，过度自信。犯罪行为人纳西洛娃的过度自信表现在两个方面。一方面，行为人利用网上约会平台去选择目标进行洗劫，但是从来不进行掩饰，虽然用的是虚假信息，但是从来不避讳自己的行为，并热衷在社交网络上放大自己的生活，一天可以更新很多条动态，并不害怕被抓到。因为她觉得自己杀人都没有被抓到，以这种形式去谋求财物怎么会被抓到呢？可能大家只会觉得她是一个感情生活很丰富的美女而已，并不会真的去调查她。她甚至自信到以为可以用别人的身份继续生活下去而不被发现，这也是继上一次杀人逃脱之后的犯罪心理强化带来的延续。

另一方面，从之前的报道中我们可以看到，犯罪行为人酷爱自拍，并以此吸引社交平台上男性的目光，她很享受这样的氛围和追捧，甚至有很多男性会奉上很昂贵的礼物。但是侦探在调查的时候并不这么认为，侦探第一次找到行为人的时候差点没有认出她，在前述环境资料中有提到侦探的话，行为人和网络照片上比，体型基本有两倍那么大。社交网络上的追捧推高了纳西洛娃的自我评价，而这种情况也一直伴随着她的另一个特点——畸形的物欲，它一直存在，且愈演愈烈。

复次，畸形的物欲与虚荣心。我们都会有欲望，买东西从某种意义上来说，已经发展成为一种不是那么单纯的基于需求去买卖的行为，现在的购物包含更多的心理因素在里面，如发泄、自我定位、兴趣爱好或是犯罪行为人纳西洛娃身上的这种虚荣心。我们经常说人的欲望是无限的，但是满足欲望的手段是有限的。这也是犯罪行为发生的一个根本原因。当我们没有办法以正常合法的手段去满足无限的欲望时，非法的手段和途径就会进入一些人的考虑范畴，如本案中的行为人。

有一个很有趣的场景，侦探在发现犯罪行为人的时候，她刚刚购买了一台 56 寸的电视从百货公司出来。这种物欲从第一次犯罪的时候就存在了，只不过那个时候是简单的对财物的需求，而在逃到美国之后，她依靠犯罪所得过着奢靡的生活，住在很好的街区，生活质量很高，已经高到一定程度的生活质量要降下去的可能性基本是没有的，随着物欲越来越畸形，正常的工作已经不可能满足，于是出现了之前盗窃被抓的情况。在这之后，纳西洛娃改变了策略，利用自己的优势进行约会抢劫，或是依附于有钱的约会对象不断地索取，并在一定时候洗劫目标。犯罪行为人靠这样的行为开着豪车，每天的生活就是约会、开派对、拍照、发网络动态及买买买。在 3 年间的数次犯罪行为中，行为人每次的直接洗劫金额都在近万美元，和这些男性在交往过程中的索取更加无法统计。这样畸形的物欲及她的其他表现，从另一个侧面说明了下面要分析的一点——犯罪行为人是一个精神病态者。

最后，精神病态。前面翻译的犯罪行为人纳西洛娃在狱中所接受的媒体访谈，看上去有点好笑但比较奇怪，因为整个访谈中她对所有已经有证据并且成立的指控都进行了否认。整个访谈的气氛看上去倒是很轻松，甚至纳西洛娃还时常露出笑容。要知道本案的所有指控都是重罪，她对这些都不关心，反而更多的是关心自己，不停地哭诉自己被狱友欺负殴打，以至于连眼睛都看不见的惨状。

罗伯特·海尔博士在其著作《没有良知的人：那些让人不安的精神病态者》中提到，当年自己第一次提出“精神病态”这个概念的时候，是在监狱对各种类型的罪犯进行研究之后。他提出精神病态者的特点存在于“情感与人际关系”和“社会偏差行为”两个大的方向上。而在本案犯罪行为人纳西洛娃身上，主要体现的是“情感与人际关系”这个方向。本案的犯罪行为人目前还没有做精神病态量表，但是我敢肯定，她一定可以拿到一个很高的分数。在她身上，我们看到了基本上所有的“情感与人际关系”方向精神病态者的特点。

- 油嘴滑舌且肤浅：油嘴滑舌且肤浅的特点贯穿于整个访谈，最明显的是在谈到杀害受害者艾拉并抛尸的时候，犯罪行为人居然解释说自己开车600英里是要送受害者艾拉去她想去的地方，因为怕她走丢了，作为好闺密才帮她这个忙。这理由听起来真的很牵强，在有监控作为证据的情况下，这种解释的出现完全可以看出犯罪行为人的油嘴滑舌和肤浅。当然，几分钟的访谈里还有多处体现，基本主持人提出的关于指控的每一个问题，犯罪行为人都会有自己的观点和解释。

- 自我中心、装模作样：装模作样直接体现在，访谈中我们可以看到，在谈到前男友的指控时，犯罪行为人纳西洛娃反咬前男友是骗子，并一直都这样骗人。在诉说这些的时候，她脸上流露出的是近乎轻蔑的笑容，并很有自信地去推翻前男友对自己的控诉；而自我中心则体现在纳西洛娃认为自己并没有逼长相与她相似的奥嘉吃下了药的蛋糕，是她自己吃的，责任在奥嘉。另外，行为人不停地哭诉着自己被狱友欺负殴打，以至于连眼睛都看不见的惨状，并没有一点要询问受害者情况的意思。

- 毫无悔意或罪恶感：在3分钟的访谈中，犯罪行为人纳西洛娃对所有的指控进行了反驳和否认，并在多个关键问题上一边回答一边露出笑容，那种笑容是轻蔑的，不敢相信是在指控自己的笑容。在主持人最后的质问下，她无所谓地说，可能做过其中的一些，但不是全部，只是可以谈论的就这么多，其他的不能说。而这一切的表达显得那么平淡，似乎这些都不是她自己的行为，和自己无关，在镜头前丝毫没有后悔和内疚，主持人脸上浮现出的不可思议也说明了这一点。

- 爱骗人、爱操纵他人：犯罪行为人纳西洛娃在纽约的已知的4起罪行都是以欺骗和操纵为前提的，利用假身份接近他人，欺骗男性并操纵他们送出贵重的礼物、大量的金钱等。犯罪行为人在访谈中很大方地承认了这一点，她说自己确实喜欢在和他人的人际交往过程中扮演"母夜叉"的角色，享受这种感觉和过程，尤其在和男性的交往过程中。

- 情感淡薄：犯罪行为人纳西洛娃的犯罪行为是依附于情感存在的，她把情感看作一种作案工具，这足以体现出其情感的淡薄。她并不会真的喜欢上谁或者是爱上谁，只是用受害者的喜爱去满足自己的物欲罢了，当不能再满足的时候，就洗劫受害者并消失。另外一个值得注意的点是，前男友的狗是当着前男友的面在狗生日当天被犯罪行为人下毒毒死的，虽然对于宠物的情感并不能等同于人类之间的情感，但是这种行为，我认为也并非一个情感充沛之人可以轻而易举做出的。

社会的发展带来了很多的好处，但同时也催生了很多的问题。在犯罪发生的根本原因这一问题上，欲望永远是一个不过时的命题。我们当中的多数人确实可以控制自己的欲望，并通过合法的手段去满足它，但这并不代表我

 们可以忽略这世界上确实存在的另一部分人，这部分人用我们坚信的东西作为工具，也因为畸形的欲望付出了自己的自由或生命，甚至是别人宝贵的生命。

谋求，拥有的循环是不会改变的，需要审视和改变的，或许真的只有我们自己。

相关知识

犯罪动机的冲突

心理学中，会有心理动机的冲突，就是很纠结的心理选择过程。同样，犯罪心理学作为心理学的一个分支，一个心理学与刑法学和犯罪学的交叉学科，肯定会有同样的心理冲突出现。而且，这样的冲突会一直随着犯罪行为的发展而发展。

犯罪行为是一个很复杂的行为，因为在动机产生之后，从准备要去实施某种行为到行为真正实施的过程中会有各种突发事件或因素出现。比如，小偷准备拿出刀片割包，结果发现早上出门的时候忘记把刀片藏在舌头底下！于是这个犯罪行为的发展就会发生变化。变化的时候，小偷就要面临一些选择的矛盾，要考虑这些选择所带来的利弊，虽然这个例子中的小偷发生的情况比较极端，但这就是犯罪动机的冲突。

什么是动机的冲突呢？从普通心理学的角度简单来说，就是面临很多情况带来的利弊，注意是有利有弊的情况，你不知道怎么选，很纠结，所以就会产生动机上的冲突，因为无论你选哪个，做什么不做什么，都会影响行为的发展。

在犯罪心理学上，动机冲突更加戏剧化，因为犯罪行为本身是一个既能带来利益又必定会受到处罚的行为，所以犯罪者在实施犯罪行为的时候，会去衡量是守法带来的收益大还是犯罪带来的收益大，以及犯罪是否划得来或者说是否有必要，还有一些如道德的谴责、法律法规规定之类的因素带来的影响。而且，这些情况会随着犯罪行为的过程发展而发展，越来越紧张和复杂。

那么，运用心理学知识解决问题的犯罪心理学中主要的动机冲突有哪些呢？

双趋冲突
（同时有两个目标，每个都有吸引力，没办法选一个最终的）

双趋冲突在犯罪心理学中主要有以下 3 种情况。

第一，利益冲突。举个例子就好理解了。甲某是一个流窜于各大酒店及洗浴场所偷东西的惯偷。有一天甲某来到一家星级酒店偷东西，利用各种手段开门进入了一个房间，偷完东西，突然发现套间里面的床上躺着一个美女。甲某心想：“哎呀，真漂亮！”这个时候美女醒来看到了甲某，受到惊吓正准备大声呼救，甲某一个箭步上去捂住美女的嘴，产生了“反正都来了，她又看到我的长相了，不如凌辱了她再走”的想法，并拍下照片威胁她不能报警。但是甲某转念一想，这是酒店啊，万一受害者有朋友来找她呢，有客房服务呢，况且时间不够，没办法了，为了脱罪，情急之下甲某选择灭口之后拿着钱财逃走。

第二，角色冲突。这个种类的冲突从字面上比较好理解，简单来说就是我是个有身份的人，但是我又想实施犯罪，这个角色带来的地位我放弃不了，但是呢，犯罪带来的利益又很大，我选择不了。举个例子，甲某是某国家富豪排行榜前几位的显贵，平时享受着众人的追捧，但是甲某又想去实施犯罪行为，因为此行为可以为甲某带来巨大的利益甚至是权力，甲某深陷这种权衡之间的矛盾中。

第三，良知冲突。如果行为人此时还有良知，就会存在这种冲突的类型，比如，“哎呀，我还是好人，我妈妈告诉我不应该这么做，老师教育我要好好做人，我怎么办？但是这个犯罪行为明显地可以让我少奋斗几十年啊，好痛苦啊，要不然偶尔做一次试试吧？”“不行不行，这样做很多人会对我失望的。”“还是做一次吧，仅仅一次而已。”

双避冲突

（同时有两个目标，每个都有威胁，但是只能选择一个回避）

双避冲突在犯罪心理学中主要有以下 3 种情况。

第一，犯罪准备阶段的双避。犯罪行为人处在犯罪准备阶段的时候，犯罪动机明显，如果不做点什么心里就会很难受。但是这个阶段的犯罪行为人心理上还是有很重的畏惧情绪，怕被抓到，这种一边推动犯罪准备工作，一边抑制自己实施犯罪行为的矛盾，就产生了动机冲突。

第二，犯罪行为实施过程中的双避。举一个例子。甲某去实施一种犯罪行为，假设就抢劫好了，甲某准备了很久，因为是第一次抢劫，所以很紧张。甲某拿着刀，在黑暗的后巷遇到一个目标后冲了上去，眼看就要得手了，目标转过身来，甲某发现其是一个五大三粗、手里拎着球棍的刚打完球的运动员，这个时候，甲某就很矛盾，如果直接放弃抵抗束手就擒，那么甲某会被抓起来，会按照抢劫去处理。但是如果甲某持械捅一下对方，万一杀了他呢，虽然他看起来很壮。对于只想抢劫求财的甲某来说，这个很划不来。但是这个时候很紧张，来不及思考，目标举起球棍大喝一声，冲着甲某就追了上来，甲某转身拔腿就跑，慌乱中划伤目标的手臂，逃跑了。

第三，犯罪完毕的双避。这个主要体现在犯罪行为人自首方面，“坦白从宽，抗拒从严”可以说是一句耳熟能详的标语了。自首这个行为对不同的犯罪行为人有着不同的意义，如自投罗网、解脱，甚至有时候是一种逃避的工具。犯罪行为人会产生一种“如果不选择自首，那被逮捕之后就意味着实打实的定刑，按照现在的状态自己也跑不了多久，如果自首，那还可以从轻处罚，但是被逮捕之后限制自由是肯定的”想法。如果有自首的条件，如动机上并没有太多对社会的敌对情绪，个人情感占主要部分，或者犯罪行为就是唯一的目标，并没有再犯的打算等情况，部分犯罪行为人还是会在慎重考虑后选择自首。

犯罪心理学中的动机冲突常见的基本就是这些，但是要注意的是，这个动机冲突会一直贯穿于犯罪行为之中，甚至会延伸到犯罪行为结束之后，并不是昙花一现，所以会带来犯罪行为人的不稳定。其中的冲突越大，可能犯罪行为人就越不稳定，需要特别注意。

Case No.13：

酝酿多年的复仇——除夕杀人案

地点：中国北方某市

案件类型：故意杀人

行为人：张某某

结果：2 人当场死亡，1 人经抢救无效死亡

背景：报复心理驱使下造成的犯罪

犯罪动机：对早年丧母的报复和认为没有得到公正判决的多年怨念的积压

犯罪目的：以非法手段剥夺他人生命

案件经过（根据新闻报道整理）

20XX 年 2 月 15 日中午 12 点左右，张某某在自家楼上观察到王自某、王校某、王正某和亲戚回到家中并准备上坟祭祖。

20XX 年 2 月 15 日中午 12 点 10 分，张某某戴上帽子、口罩，拿上事先准备好的单刃刀，尾随跟踪受害者一行人伺机作案。

20XX 年 2 月 15 日中午 12 点 20 分，在王校某、王正某一行上坟返回途中，张某某持刀先后向王正某、王校某连戳数刀，造成王校某当场死亡，王正某重伤。

20XX 年 2 月 15 日中午 12 点 20 分，张某某赶往王自某家，持刀对坐在堂屋门口的王自某连戳数刀，导致王自某当场死亡。

20XX 年 2 月 15 日中午 12 点 30 分，张某某返回自己家中，拿上菜刀和事先装满汽油的酒瓶，将王校某的小轿车玻璃砸破，在车后座及尾部泼洒汽油进行焚烧。

20XX 年 2 月 15 日中午 12 点 40 分，张某某逃离现场。

20XX 年 2 月 16 日晚上 9 点，张某某欲潜回家中取钱，被巡逻民警、武警发现后翻墙趁夜逃脱，随即警方再次组织地毯式大搜捕行动。

20XX 年 2 月 17 日早上 7 点 45 分，犯罪嫌疑人张某某投案自首。

犯罪环境背景及犯罪心理分析

环境背景（根据新闻报道整理）

本案的受害人和犯罪嫌疑人背景比较清晰，没有太多复杂的关系，而集中争议点主要是在案发背景上。

本案在案发背景方面有两个不同的说法，但是有关部门并未就说法提供任何指导，其中一种说法涉及本案的一个关键人物——王家次子王富某。如果按照第一种说法，那么本案就是一个以报复心理为出发点的故意杀人案。而若是以第二种存在争议的说法来说，本案就不单单是报复心理，这种说法中包含的一些情况，从一定程度上影响着犯罪嫌疑人张某某的心理状态和实施的犯罪行为，其中还表现出对判决的不满情绪的积压和转移。

说法一

案发背景说法一是一份官方的判决书。该判决书显示，19XX 年 × 月 × 日晚上 7 点左右，被告人王正某的邻居汪秀某（张某某之母）路过王家门前时，因过往与王家有矛盾，汪便朝被告人之兄王富某脸上吐唾沫，遂引起争吵。被告人王正某闻讯赶到现场也同汪发生争吵，汪秀某拿一扁铁在王正某的左

 额部、左脸部各打一下，被告人即从路边捡一木棒朝汪秀某头部猛击一下，致汪当场倒地，并于当天晚上 10 点左右死亡。

经法医鉴定，死者汪秀某系钝性外力颅脑损伤死亡。被告人王正某的上述行为，触犯了《中华人民共和国刑法》第二百三十四条第二款之规定，构成故意伤害（致人死亡）罪。

附带民事诉讼原告人与委托代理人共同诉称：由于被告人王正某的犯罪行为致使汪秀某死亡，给被害人家庭造成了极大的损失，要求王正某赔偿汪秀某死亡的全部丧葬费及赡养、扶养、死亡补偿等经济损失 25 万元。

判决书显示，案发时王正某不满 18 周岁。庭审中，附带民事诉讼原告人张福某（张某某之父）最后要求被告人王正某赔偿其经济损失人民币 24 万元。被告人王正某及其法定代理人兼监护人王自某均表示：其家庭经济困难，无力赔偿。经查，被告人王正某家庭困难属实，经法院当庭调解，对附带民事赔偿问题未达成协议。

最后，被告人王正某犯故意伤害（致人死亡）罪，被判处有期徒刑 7 年；由被告人王正某的监护人王自某一次性偿付附带民事诉讼原告人张福某经济损失九千余元。

后在采访幸存者——被害人王自某的次子王富某的过程中，王富某对这件往事的陈述与判决书所记载的内容基本相同。

说法二

案发后记者采访时，对于案发背景的陈述，出现了不同的声音。虽然这种关于案发背景的说法出自本案犯罪嫌疑人的家人之口，其采信程度可能存疑，但是正是这种说法，引起了很大的争议和讨论。根据犯罪嫌疑人张某某的父亲和姐姐的陈述，在 19×× 年的案件中，使用木棒打死犯罪嫌疑人张某某母亲汪秀某的是王自某的次子王富某，并非法院最终认定的三儿子王正某。犯罪嫌疑人的家属称，本案被害人之一的王家长子王校某是官员身份，所以当时有不少人为王家做了假证。至于民事赔偿部分，赔偿数字按照法院判决的最终数字执行，尽管这个数字与张家要求的赔偿数字相去甚远，但是，张家并没有选择上诉或者申诉。

犯罪心理分析

首先，是否“激情犯罪”的认定。必须明确的是，我不太认同此案件为激情犯罪的说法，更加没有必要去揣测本案中犯罪嫌疑人是否因为触景生情受到刺激而去实施犯罪，因为纵观调查过程中罗列出来的犯罪行为发生经过，并没有符合激情犯罪行为的要件。所谓激情犯罪，是在绝望、暴怒等剧烈情绪状态下实施的犯罪行为。它缺乏明显的犯罪预谋，是在瞬间的情绪冲动支配下迅速爆发的犯罪行为，犯罪嫌疑人当下由于缺乏自制力，不能正确地评价自己行为的意义及行为可能造成的法律后果。激情犯罪的破坏性大，容易造成严重的危害结果，而且难以预防。

而在本案中，犯罪嫌疑人在实施杀人行为时，清楚明白地认识到自己即将去实施的是故意杀人的行为，并不是在剧烈的情绪状态下的突发行为。犯罪嫌疑人目的明确，就是给母亲报仇。另外，犯罪嫌疑人的犯罪行为并不是迅速爆发的，可以清楚地看到案发过程中犯罪嫌疑人观察、尾随并等待作案时机的一连串行动，好像猎手在等待猎物进入可攻击范围一样。最重要的一点是，我们无论如何都不能忽略犯罪嫌疑人的行为有计划性这一特点，其行为有明显的犯罪预谋表现，并不符合激情犯罪中的缺乏犯罪预谋这个要件。本案中犯罪嫌疑人的犯罪预谋很明显，从作案时间的选择到准备作案工具，其后作案时机的确定，以及后续的追杀和跑回家拿准备好的汽油焚烧车辆的行为，都在犯罪嫌疑人计划之内。所以综观本案的各个要素，并不属于“激情犯罪”概念所提及的要素范畴，而是有预谋、有计划的犯罪。

其次，作案时间选择的含义。犯罪嫌疑人的作案时间值得我们思考，其作案时间的选择包含犯罪嫌疑人很多的心理过程。很多人可能觉得这有什么好思考的，随便选一个时间作案就好了。这么说也没毛病，但是行为选择本身一定带着一些或深或浅的意义。在本案中，犯罪嫌疑人选择除夕实施自己的行为主要是基于两个方面的考虑。

一方面，比较明显的，就是从犯罪嫌疑人作案的目的上来考虑，其目的并不是杀害一个目标去报仇，其目的从一开始就是杀害或者伤害王家所有人，这个目的是经过转化后形成的，后面我们会讲到这种打击目标的转化。既然从一开始犯罪嫌疑人的目标就是王家所有人，那么他肯定要找一个全部人都聚在一起的时间去实施犯罪行为。犯罪嫌疑人在结束部队服役之后就开始在外打工，而结束打工回到家乡的时间是 8 月。从回到家乡至案发，如果犯罪嫌疑人的目标是王家任何人中的一个，那么他大可不必等这么久去实施犯罪行为，犯罪准备也不需要这么久，因为犯罪嫌疑人对环境很熟悉。所以犯罪嫌疑人等待半年的时间是为了等一个王家人都聚在一起的时刻，这一时刻就是除夕，不过有争议的王家次子并没有回来。

另一方面，深层次的考虑除可以一次性聚集所有目标外，还有就是除夕对于犯罪嫌疑人的心理含义了。犯罪嫌疑人认为早年母亲的死亡给自己或者说整个家庭带来了持续且沉重的伤痛，每年除夕的团圆都不是真正意义上的团圆，因为少了一个人存在，而且犯罪嫌疑人认为，母亲的死并没有得到公正的判决和妥善的处理。所以犯罪嫌疑人值此团圆之际进行复仇行为，是对自己多年无法与母亲相伴的心理缺陷的平衡。在这样的时间点去实施犯罪行为，也是对多年积压的负面情绪的一种宣泄和祭奠。

再次，复仇与惩罚。本案的犯罪动机是复仇，但是在本案的复仇中，多了一点惩罚。犯罪嫌疑人因为多年前母亲被王家其中一个儿子故意伤害致死而产生负面情绪。从理论上来说，当年的王家某子已经因为自己的行为付出了沉重的代价，但是由于案发时的事实认定有不同的说法，所以犯罪嫌疑人一直对此怀恨在心。所以复仇的行为一方面是宣泄自己的情绪，对多年来压在自己心中的失落怨恨的宣泄；另一方面，之所以屠杀一家人，就是为了让当年导致自己母亲死亡的王家各人也感受这痛苦，并且在这个基础上付出生命的代价。因为犯罪嫌疑人会认为和母亲死于非命相比，王家各人却活得好好的，于是近乎灭门是在复仇基础上对当年行为人的一种惩罚。

复次，对判决的不满情绪的积压和转移。一般情况下，以复仇为动机的犯罪行为，其打击目标都是直接造成伤害的个体，也就是说，如果本案的复仇行为不掺杂其他感情因素在里面，那么犯罪嫌疑人的目标应该是王家的次子或者是王家的老幺。但是为什么会出现对王家进行近乎灭门的报复呢？这其中的一个原因就是犯罪嫌疑人对当年的判决有不满且情绪积压多年。

前面的背景中提到，关于本案的两种说法，一种是司法判决，另一种是张家人自己的说法。虽然可信度存疑，但是多年来犯罪嫌疑人都是在自己家的说法中成长的，而这种说法之所以与裁判不同，则被说成因为王家当时所处的地位，导致很多人当年做了伪证。犯罪嫌疑人认为这是导致母亲的死不能得到公正对待的直接原因，而其中涉及的人，除了凶手，就是王家的长辈，以及利用自己官员身份的王家长子。在长期这样的认知下，随着负面情绪的积压，复仇的目标发生了泛化，从当年的凶手个人转移到了王家所有人身上。

最后，屠杀行为的浓烈情感纠葛。犯罪嫌疑人当年虽然没有目睹母亲的死亡，但也算是亲历自己母亲受害的整个案件过程，这种直接且持续的冲击给犯罪嫌疑人的成长带来了很多影响。经过多年的沉淀，犯罪嫌疑人报复的情感纠葛情绪很浓烈，并且动机明确。这种浓烈的纠葛情绪可以从犯罪嫌疑人的攻击行为中看出来——对王家每一个受害者，犯罪嫌疑人都是直接连戳数刀，没有多余的言语，完成对一个目标的攻击之后，紧接着转向下一个目标，可以看出其致死的动机很强烈，包括后期焚烧车辆的行为，也是以泄愤为主。需要注意的是，综观所有包含类屠杀行为在内的犯罪，都可以在整个犯罪行为中感受到很浓重的情感因素，或是对社会的极度不满，或是带目的行为受到某一群体的严重阻碍，或是认为自己是可以统治一切的神。

电影《杀死比尔》中有一句话，与本案的情况有那么几分契合："复仇不是一条路，而是一座森林，就像在森林里容易迷路一样，我们很容易忘记自己是从哪里开始的。"

Case No.14：

被关上的门与少了良知的朋友——留日学生被害案

地点：日本东京中野区

案件类型：故意杀人

行为人：陈某某

结果：1 人重伤送医后死亡

背景：恐吓威胁转化激情状态造成的犯罪

犯罪动机：发泄负面情绪，打击阻碍目标的个体，激情转化

犯罪目的：以威胁手段求得感情，以非法手段剥夺他人生命

审理结果：日本法院判处犯罪行为人有期徒刑 20 年（国内保留管辖权）

人物关系：受害者江某与本案另一关键人物刘某同住，两人为同在日本留学的好友，而凶手陈某某则是刘某的前男友，并在分手后一直纠缠刘某

案件经过（根据新闻报道整理）

20XX 年 9 月初，江某的同乡好友刘某与同居的男友陈某某闹翻，搬到江某的公寓与其同住。

20XX 年 11 月 2 日下午，陈某某找到公寓，要求与刘某见面。江某赶回并劝走陈某某。当夜，刘某接到陈某某威胁微信后，联系江某一起回家。

20XX 年 11 月 2 日晚上 10 点 06 分，江某发微信询问刘某是否下班，

 刘某则回答说刚坐上电车。

20XX 年 11 月 2 日晚上 10 点 57 分，刘某和江某在地铁 A3 出口会合。

20XX 年 11 月 2 日晚上 11 点，陈某某前往江某家，途中经过便利店，买了一瓶威士忌。

20XX 年 11 月 2 日晚上 11 点 40 分，陈某某到达刘某与江某合租处附近。

20XX 年 11 月 2 日夜里 12 点 08 分，刘某因为着急换裤子所以先进入房内，而江某则在将要进入房门时被陈某某阻止。

20XX 年 11 月 2 日夜里 12 点 09 分，陈某某为了阻止江某发出声音掐住她的脖子。

20XX 年 11 月 2 日夜里 12 点 14 分，江某在挣扎的过程中被陈某某用随身携带的水果刀刺伤。

20XX 年 11 月 2 日夜里 12 点 16 分，刘某报警两次，并伴有不断按门铃的声音与哭喊声。

20XX 年 11 月 2 日夜里 12 点 18 分，江某因致命伤倒地，陈某某检查江某是否死亡时被邻居看到。

20XX 年 11 月 2 日夜里 12 点 19 分，目击邻居与另一邻居拨打电话报警。

20XX 年 11 月 2 日夜里 12 点 20 分，陈某某逃离现场，返回自己家中，途中换了衣服并掩埋了凶器。

20XX 年 11 月 3 日凌晨 2 点 30 分，江某送医伤重不治。

20XX 年 11 月 7 日，陈某某因其他恐吓事件被逮捕。

20XX 年 11 月 24 日，东京警视厅表示会向法院申请对嫌疑人的逮捕令。

20XX 年 12 月 14 日，日本警方以杀人罪对陈某某正式起诉。

1 年后的 12 月 11 日，本案在东京地方法庭开庭审理，法庭以故意杀人罪和恐吓罪一审判处被告人陈某某有期徒刑 20 年，陈某某后撤销上诉，被执行 20 年刑期。

犯罪环境背景及犯罪心理分析

环境背景（根据新闻报道整理）

根据监控记录，陈某某前往受害者江某家的过程中一直有眼镜时摘时戴的行为，并且戴了口罩和两层帽子，导致在有些监控画面中看不清其面目。日本警方认为，这是犯罪行为人陈某某在实施犯罪行为前故意进行的伪装。

监控录像还显示，陈某某在去受害者江某家时，还随身携带了一袋衣物。检方认为，这是陈某某为实施犯罪行为后准备的伪装。犯罪行为人陈某某的辩护律师称，陈某某当时是想找洗衣店，但由于日语很差并未找到，只好将衣物一并带到受害者江某家。对此，陈某某的律师出示了他用手机搜索洗衣店位置的搜索记录。

据案发后陈某某供述，他去受害者江某家并非去找刘某并意图杀害她，而是想找受害者江某做情感咨询。他买威士忌也是想和受害者江某边喝边聊。检方质疑，认为陈某某在犯罪行为实施前喝酒是为了壮胆，但是陈某某辩称只是因为天气比较冷，喝酒是为了取暖。

此后，陈某某仔细回忆，觉得刘某当时说的是："你接住，我害怕。"而"接住"二字，是说接住那把之后作为凶器出现的水果刀。陈某某坚称，这把水果刀不是自己带的。而同住的刘某则说自己没有递刀，受害者江某家只有两把菜刀，并没有水果刀。

这把水果刀长 9.7 厘米，宽 2.2 厘米，能够在任何店轻松买到。庭审中检方出示的证据显示，犯罪行为人陈某某所在大学一名叫高桥的教授的实验室柜子中，有一把与案发当时凶器相同的刀不见了，实验室的柜子中只剩刀鞘，而在受害者江某的衣物和包中，都未发现刀鞘的存在。庭审中检方出示的证据还显示，在案发前一个月，犯罪行为人陈某某回到过高桥教授的实验室，还偶遇了一位李姓同学。检方怀疑，陈某某当时是想要拿走刀鞘。但陈某某否认称，他甚至不知道高桥教授的实验室中有这样一个柜子。

犯罪行为人陈某某称，他之所以扎受害者江某的脖子，是因为受害者江某暴露在外面的部分只有脖子。检察官认为，陈某某的陈述证明水果刀很小，只有扎脖子才能造成伤害，衣物很难扎透。检方随即出示证据，受害者江某的 14 处衣物破损中，有 8 处穿透。陈某某称，这些穿透都是夺刀时造成的，并不能说明什么。

在杀害受害者江某的同时，大概在陈某某刺出 4 号伤口时，作为凶器的水果刀刀刃断裂，只剩刀柄。对此，陈某某在庭审中解释说，刀刃断了之后，他掏出纸巾拿刀刃（还能掏纸巾，看上去蛮清醒的，明确知道自己要做什么），刀柄顺势滑落。

在受害者江某遇害的过程中，同住的刘某一直在门内，其间有过两次报警行为。庭审中检方出具的证据显示，案发当天夜里 12 点 16 分，刘某第一次的报警录音中，能听到不停被按响的门铃声和门外的喊叫声。

庭审中犯罪行为人陈某某供述说，受害者江某受到致命伤后倒下一动不动，当时刀插在受害者江某的脖子上，他把刀拔出来，伤口持续冒血沫，血流如注，当时自己很慌乱并且一度想逃跑，但是转念一想，如果受害者江某活着，肯定需要高额治疗费，父母经济状况无法承担，所以在一两秒内，他下决心把受害者江某杀死。自己当时浑身都在打战，蹲下的时候地上都是水，尿了一裤子。

陈某某至少刺了受害者江某 11 次，连捅数刀后，陈某某检查受害者江某是否已经死亡。这个过程被受害者江某的邻居目击。其中的男邻居曾听到屋外有凄惨的叫声，打开门看到房间门口有一位女性瘫坐在地，一个戴口罩的男子好像在拨动她的脖子。在确认犯罪行为人离开之后，两个邻居查看了受害者情况并选择报警，但是由于语言障碍，两人并没有直接报警，而是找来另一个邻居帮忙，该邻居报了警。

陈某某逃离现场后，先去处理了断掉的刀刃，随后换下了沾有血迹的衣物。在此之后，陈某某回到家，将沾血的衣物放入洗衣机洗涤，随后晾在家中的衣橱里。警方经过勘查，在陈某某家洗衣机的电源线上发现了血迹。对此，检方质疑犯罪行为人陈某某外出找洗衣房的说法存在逻辑问题，因为家中的洗衣机明明可以使用，而陈某某在庭审现场给出了听上去漏洞百出的回答，他说“我整个屋子都被警察包围了，肯定不能出去洗衣服了”。

犯罪心理分析

首先，有关激情犯罪与有预谋的故意犯罪的争论。有人说犯罪行为人陈某某的行为是激情犯罪，对于这一点，我个人是不太认同的。回顾整个案件发生的经过和媒体报道的相关背景可以发现，陈某某在犯罪行为最终实施前，做了很多的犯罪准备。比如，戴帽子、戴口罩，从实验室偷拿小刀作为凶器，准备需要更换的衣物，等等。虽然这些犯罪准备都被陈某某否认，但是他这样做的目的是显而易见的，也没有正确的立足点。加上陈某某自己也承认在实施犯罪行为过程中所产生的针对受害者江某的负面想法，可以认定其所实施的行为确实存在主观上的故意，综合这几个因素可以看出陈某某所实施的行为不符合激情犯罪无准备且临时的构成要素，而应该属于有预谋的故意犯罪。但是，本案中犯罪行为人陈某某所实施的这种有预谋的故意犯罪存在两个需要注意的问题。第一，行为中包含很多以威胁为动机的故意，也就是说其行为的故意是组合出现的，并且发生了转化；第二，行为目标开始时并不是受害者江某，随着犯罪行为人陈某某故意的转化也发生了转化。这两点我们下面会讲到。

其次，行为目标与复杂动机的转化。个人认为，本案犯罪行为人陈某某的行为目标一开始就锁定为前女友刘某而不是受害者江某，虽然陈某某辩称自己根本就不是去找前女友刘某的，从一开始就只是去找受害者江某聊天谈心，但是问题来了，谈心需要准备伪装和带刀吗？陈某某的申辩完全不成立。在一般的暴力案件中，攻击目标一般都是使行为人受到挫折的直接对象，本案中陈某某的直接对象是与受害者同住的前女友刘某，当然是因为感情受挫，并且在陈某某多次纠缠的情况下都没有实现其所要求的复合。

前面我们提到，犯罪行为人陈某某的原始犯罪动机中包含很多威胁的成分，做了攻击的准备，但是却主要是去持械威胁前女友刘某复合的，攻击行为对于陈某某来说本来是排在最后的，受害人江某当然也并不是攻击行为的原始对象。但是这种威胁动机和攻击目标在应激状态下发生了转化，犯罪行为人陈某某是去找前女友刘某谈判的中途遇到受害者江某的阻挡，推搡过程中掏出刀威胁受害人不要碍事，这个时候陈某某听到门内的刘某在拨打报警电话，陈某某觉得自己持有凶器，有威胁事实，如果警察来了自己肯定会被带走，于是恐惧心理产生了应激状态，打击目标发生了转化，从与之有感情纠葛的刘某变成了阻碍自己实现目的并且距离最近的江某，威胁动机也在这种应激状态下因为持有武器的心理推动变成了暴力打击。

值得我们注意的是，陈某某的暴力打击行为在犯罪行为实施的后期还发生了一次转化，这次的转化标志着犯罪动机从暴力打击变成杀人。犯罪行为人陈某某也承认自己的杀人动机，在受害者江某受伤倒下后，陈某某觉得如果江某活着则己方需要承担很多的医疗费，负担不起，于是决定干脆杀死江某，随后在江某身上连捅数刀直至其死亡。这个心理过程很像近些年出现的交通肇事后司机把伤者碾轧致死的心理状态变化，都是由应激状态下的认知和抉择错误导致的。

再次，自控与宣泄。据了解，本案犯罪行为人陈某某并不怎么能喝酒，但是在犯罪行为实施前，在明知自己没有酒精耐受力的情况下，依旧饮用了高度数的威士忌，酒精作用降低了行为人陈某某本就不太好的情绪控制能力，同时也提高了个体的攻击性。从攻击次数和位置可以看出，陈某某在犯罪行为实施过程中一直处于高度集中的情绪发泄状态，其连续捅在受害者身上造成的刀伤多达 11 处，而这些并不包含陈某某所说在推搡过程中造成的划伤。后期陈某某供述说自己在犯罪行为实施完毕后突然感到很害怕，因为太害怕和紧张，所以造成了行为后的失禁。通常认为，在非职业犯罪或多次犯罪的类型中，实施犯罪行为时情绪波动越剧烈，注意力越集中，行为结束后负面心理反应就会越大。

最后，陈某某的 6 天庭审表现。我们注意到陈某某在庭审的 6 天中的表现变化很具代表性，主要表现总结如下：

- 在受害者母亲进行陈述时突然抬起头盯着受害者母亲；
- 出现了多次前后证言的不一致；
- 第 5 天公开质疑检方的问题并激动发表自己的观点；
- 庭审最后两天向本案中所有受害者道歉并下跪；
- 对关键问题一律采用推脱和解释的态度；
- 判决后晕倒。

针对陈某某这些庭审表现的变化，其关键点从犯罪心理学层面进行解释主要有以下几点：

- 在受害者母亲提供证言时突然盯着受害者母亲。这个行为可以理解为行为人本人对于关键证言的高度关注，因为受害者母亲所提供的证言主要是围绕凶器和触发激情下行为转换因素之一的酒来展开的，在这两点上，陈某某之前都对证言提出了异议。

- 对于关键问题一直采取推脱和解释的态度。这一点一方面是为了脱罪，但是更多的是因为陈某某一直在做外部归因，一个是因为他性格比较自私（这个从背景资料中就可以了解），还有一个是因为趋利避害的心理。

- 前后多次证言不一致。从犯罪心理上说，距离案件发生时间已经过去一年（截至案件审理时），犯罪行为人和被害人的证言都有可能发生损毁，很可能根据个体心理状态，所接受暗示等因素发生变化，特别是犯罪行为人的

 证言，会向有利于自己的方向倾斜。

- 质疑检方并发表自己意见。从这一点可以看出陈某某性格中偏执的部分，对于与自己相信的事情持有不同观点的人，会引起其情绪的剧烈波动，并用尽一切办法让别人听从或是屈从于自己的意见。另外一点很重要的是，陈某某的行为应该是激情状态下目标转化的故意行为，通常激情犯罪的价值判断和心理权衡过程会很短，但并不代表没有这个过程，所以我个人对陈某某在庭审中质疑检方“一两秒内你能考虑什么”表示不认同，因为陈某某实际上就在这几秒钟时间里做出了很多的判断。

- 道歉。庭审到第五天，在各方证据和舆论都偏向于重判的情况下，犯罪行为人的辩护律师的目的肯定就是减刑了，我认为道歉是其中必不可少的一个环节，是一种辩护手段。当然不排除犯罪行为人陈某某发自内心觉得自己的行为真的错了，为他人带来了巨大的伤害，但是这种猜测的认错情况占了多少比重就难说了。

- 判决后晕倒。我个人觉得犯罪行为人陈某某在听到判决之后晕倒很可能是因为：第一，尽管早有心理准备，但这对他来说始终是一个冲击；第二，犯罪行为人陈某某并不真的觉得自己的行为是恶劣的犯罪行为，所以在未判决之前对审判结果心存侥幸，但判决结果却让他不得不面对现实；第三，陈某某的律师告知他可能下半辈子都要在监狱中度过，因为在日本服刑完毕的陈某某，出狱后如果回到中国，对于有属人管辖权的中国有关部门和受害者母亲来说，是必须做一些事情的。

19 世纪法国伟大的作家维克多 · 雨果说过这样一句话：“良知是什么？是未知世界的指针。”

Case No.15：

命丧“独山寨”——故意杀害亲生幼女案

地点：中国南方某市

案件类型：故意杀人

行为人：韦某

结果：2 名未成年幼女死亡，受害者韦甲 6 岁，受害者韦乙 4 岁

背景：性格缺陷及感情问题带来的报复和自杀转他杀

犯罪动机：报复为主，认知错误为基础的杀害

犯罪目的：以非法手段剥夺他人生命

人物关系：犯罪嫌疑人韦某
- 大伯：韦丙，大伯母：刘某
- 妻子：肖某
- 堂姐：韦丁

案件经过（根据新闻报道整理）

20XX 年 6 月 1 日，幼儿园表演，韦甲和韦乙都上台进行表演，韦某与妻子肖某一起去观看。

20XX 年 6 月 3 日早上 7 点，韦某吃过早饭带着孩子去游乐场玩。

20XX 年 6 月 3 日上午 11 点，韦某带着孩子回家吃午饭，之后再次带着孩子离家。

20XX 年 6 月 3 日中午 12 点，韦某带着孩子在家附近的小卖部出现，买

了零食和啤酒。

20XX年6月3日下午4点，韦某一个人回到家，并说在岔路与孩子分开走了。

20XX年6月3日下午4点20分，韦某妻子肖某寻找女儿无果之后，大伯韦丙和村里众人又开始寻找，均无果。

20XX年6月3日下午6点，大伯韦丙喊来韦某，用电动车载他去派出所报案。

20XX年6月3日晚上7点，韦某离开派出所，加入搜索队伍。

20XX年6月3日晚上9点，唯一与韦某说得上话的堂姐韦丁从市区赶回。

20XX年6月4日，韦某接受媒体采访，发表孩子还有希望找回的言论，呼吁大家提供线索。

20XX年6月5日上午，韦某被警方带走，并于当天交代了自己欠外债无力偿还的事实。

20XX年6月7日晚上9点，韦丙、韦丁和韦丁的姑姑一同被民警接至公安局。

20XX年6月8日凌晨2点，韦丙、韦丁一行人从公安局离开。

20XX年6月8日凌晨3点，韦某心理防线崩溃，交代了自己的犯罪事实。

20XX年6月8日凌晨4点30分，警方找到失踪的韦甲及韦乙的遗体，确认两人已经遇害。

20XX年6月8日上午，犯罪嫌疑人韦某在警方的押送下返回山上指认现场。

犯罪环境背景及犯罪心理分析

环境背景（根据新闻报道整理）

案件发生后，大伯韦丙在听完韦某的讲述后开始怀疑韦某故意把两个女儿弄丢，因为他觉得韦某与女儿分开走的讲述不符合一个父亲的身份和思考的逻辑，两个女儿分别才 6 岁和 4 岁，而韦某口中的那段路对于孩子来说很危险。在犯罪嫌疑人韦某参与自发组织的搜索之后，更多的人开始对他产生怀疑，因为韦某在搜索过程中讲述的情况前后不一致，并且看上去不是很担心，在别人紧张搜索的时候，他在时不时地玩手机。在寻人过程中，有人提出跟韦某一起上“独山寨”搜索，韦某却表示这块区域已经找过，并没有发现孩子的踪迹，应该去其他地方找，后面警方发现那里刚好就是韦某藏尸的地方。

案发第二天，在家门口接受媒体采访时，韦某表现得较为平静，呼吁大家提供线索。在小学同学的班级微信群里，有同学问韦某关于孩子的寻找有无进展，他先后两次在班级群回复，并对同学的关心致谢。

警方后期查看小卖部附近的监控视频发现，韦某在小卖部多次回头望摄像头，好像在确定着什么。实施犯罪行为并独自回家后，韦某做的第一件事是洗澡。大伯母刘某回忆起韦某的行为，说他“好像做了很多事，很累的感觉”。

而犯罪嫌疑人韦某的妻子肖某曾告诉记者，回家后丈夫韦某满脸通红，冲凉吹风扇，她看见韦某的手不停地发抖，却咬着牙一声不吭。

大伯韦丙说 27 岁的韦某其实像个孤儿一样，有着很不幸的童年。韦某小时候，父亲因不堪毒瘾折磨，找了一个山洞，故意吸毒过量自杀身亡。不久之后，韦某的母亲改嫁，很少回来看他。而这次出事后，韦丙打电话给韦某的母亲，她说现在有家庭和工作，没法管这个事情。当年，韦某母亲的娘家人想要带走韦某，韦丙没有同意，而刚好韦某也想和大伯一家生活，便留了下来。韦丙没有儿子，便把韦某当作亲生儿子一样养大。本案犯罪嫌疑人韦某有点重男轻女，他认为自己是单传，很想要一个儿子。

同学介绍说，读小学时韦某有些顽皮，成绩垫底，经常被老师批评。韦丙则表示，韦某由于缺少父母的管教，从小性格就很内向，话非常少，经常问一句答一句，甚至到初中时还和他一起睡。而邻居对韦某的印象则是内向

 话少、老实本分，虽然沉默，但从不闹事，也不和人争吵。

韦某在结束初中阶段的学习之后，并没有继续读高中，而是选择出去打工，最初在石粉厂上班。后来，韦某通过网络认识了比自己大两岁的肖某，两人相恋后一同前往深圳，在同一家厂上班，每月赚三四千元，一般只有春节才回来几天，并会给家人带一些礼物。孩子出生后，肖某为了更好地照料孩子，辞去了工作。两人一直没有领结婚证，直到案发前一年的年底才完成登记手续。而肖某并不太受韦某大伯和大伯母的欢迎，因为她留给他们的印象是不勤劳，并且酷爱打牌赌博。

案发前半年多，肖某带着两个孩子与韦某前后脚回到家乡并决定在家里住下来，不再出去，因为外面花销太大。但是两人都没有找工作，一直游手好闲，赋闲在家，肖某还经常出去赌钱。因为有两个孩子，所以家庭固定花销还是比较大的。韦丙见韦某没有出去工作的打算，试探过几次，但是韦某并不着急，并找借口拖延。

犯罪嫌疑人韦某与妻子肖某都不怎么会照顾小孩，从来不说教育和读书的事情，两个女儿都比较胆小内向。而幼儿园老师则表示，两个孩子和其他孩子相比能力差一些，行为习惯也不太好。韦丙回忆说，韦某也会偶尔表现出爱女儿的一面，给她们买零食，带着去游乐场玩，等等。但是其老婆肖某却不怎么照顾小孩，每天出去打牌。

韦某实施犯罪行为之前的一天，发生了一件事情。肖某生病了，声音沙哑说不出话来，韦某给了她一些钱去买药，但肖某没有去买药，又把钱拿去赌博并输个精光。

韦某称，他没能力解决和老婆的矛盾，而且他欠债多，假如自己坐牢了，老婆肯定没法照顾好两个小孩，于是想到把两个小孩杀掉，然后再自杀。之所以事发后没有自杀，是因为两个小孩的遗体还在荒山上，只有等把两个小孩埋好了，他才会去自杀。对于外债，韦某表示，这些钱都花在自己抽烟喝酒、给老婆打牌、一家四口的生活花销上。韦某有赌博的习惯，回家之前可能就已债台高筑，回来就是为了躲债的。

犯罪心理分析

首先，性格劣势。本案犯罪嫌疑人韦某存在明显的性格劣势，这种性格劣势造成其本身对亲密社会关系中各种因素理解的扭曲。由于在成长过程中所经历的特殊情况（父亲的离去和母亲的抛弃），韦某对于亲密关系的信心并不是很足，包括在自己的婚姻关系里，犯罪嫌疑人对妻子的态度和行为都不属于积极关注的程度，只有对孩子关注度比较高。

从环境背景，以及与妻子的对话中可以看出，韦某对妻子的行为及妻子对孩子的态度表现出来的并不是愤怒，一方面可能是因为这种行为和态度出现已久，已经过了愤怒的阶段；另一方面，他表现更多的是放任和无奈，其中用了“不抱任何希望”这样的词，妻子好像透明的一样，当然韦某自己也并没有投入多少精力在这段社会关系当中，更多的可能是一种对母亲缺失的心理弥补，所以在认识了年长自己两岁的妻子很短的时间之后就开始与之同居，并在没有结婚登记的情况下就有了两个孩子。

另外，犯罪嫌疑人韦某身上体现出一种很双面的极端性格因素。综观环境背景中的各种描述可以看出一点端倪。小时候的韦某在学校和在邻里获得的评价完全是两个极端：在学校为了吸引别人的注意而调皮捣蛋，但在邻里和家长眼中则是内向老实的孩子。这一特点在韦某长大后也有所体现：在班级群中发大额红包就是为了吸引别人的注意；而在长辈眼中，他依旧话少沉默。这种矛盾极端的性格一直贯穿于韦某的成长过程。

而沉默少语的性格和对他人没有信心导致韦某不能很好地传达自己的情绪和感受，也没有什么朋友，与大伯沟通过少，唯一可以说得上话的堂姐韦丁还在城里工作，这样他的情绪很容易积压，形成比较偏执和片面的想法和认知。所以韦某回到家乡之后不断地喝酒抽烟，看到那么多的酒瓶真的很让人担心。

其次，真实犯罪动机与目的的确认。案发后，当地流传比较多的一种说法是韦某在外欠下巨额债务，因为无法偿还，所以想到杀害亲生幼女骗取保险金。如果按照这种说法，犯罪嫌疑人韦某的犯罪动机就是满足经济需求了。但是这个说法存在明显心理和现实层面的漏洞。第一个问题是，多大的经济利益可以让韦某突破心理防线对自己的亲生女儿下手。据相关人士透露，犯罪嫌疑人的两个女儿并没有高额商业保险，有的只是幼儿园买的总赔付额为3万元的一般保险，而韦某在外所欠债务已经达到10万元左右，这样的犯罪行为风险不成正比。按照前述韦某的性格，在犯罪心理的潜伏阶段，在这个衡量过程中就不会选择实施犯罪。

第二个问题是现实层面的，意外保险赔付需要进行尸检，并出具报告。在我之前的从业经历中，有过几例这样的情况，其中有一个案子我记得很清楚，在这里可以当作例子。之所以记得清楚是因为我恐高，并且死者家属拒绝进行尸检。6月的南方多雨，恰逢几年一度的世界杯，“英法大战”刚结束，出现场那天下着大雨，死者是一位年轻的外籍（印度籍）船员，死亡地点是船上的宿舍。这艘远洋货轮是在港维修的，要上船必须直接从甲板上去，需要登上一个很高的维修塔，然后走过维修塔和船连接的临时索桥。这已经完全超出我忍受高度的极限，而且桥很晃，在这个阶段我完全处于蒙的状态，所以记忆非常深刻。到达现场之后，发现死者身高将近1.9米，死亡时间6个小时，法医初步鉴定为猝死，属于意外死亡，原因可能是从来不抽烟喝酒的死者在“英法大战”看球期间突然吸烟饮酒过度，并且熬夜加上过于兴奋导致心脏功能衰竭。在与船长交涉后，船长表示家属要把尸体运回自己的国家并进入保险程序，但是当我们要进行全面尸检出具报告时却遭到拒绝，理由是由于信仰，他们希望死者是完好的。但是保险理赔却需要出具详细的检验报告以确定死亡确实属于意外范围，协商无果之后，只能将尸体交于死者家属自行处理。也正是因为这个案件的经历，我清楚地记得意外死亡和保险之间的关系。在这种情况下，本案犯罪嫌疑人韦某是无法在缺少检验环节并且没有检测报告的情况下获得保险公司针对两个亲生女儿特殊情况的赔偿的，这并不是很现实。

值得注意的是，本案犯罪嫌疑人韦某想要杀死两个亲生女儿的想法并不是短时间内出现的。案发前 4 年在与妻子的矛盾中，他首次产生了杀死两个女儿的念头，这个恐怖的想法在案发前 1 年再次出现，而最近一次出现是在案发前韦某结束在外打工并赋闲在家后。多次出现的杀害至亲的念头虽然每次都被犯罪嫌疑人压制下去，但是这种念头对韦某心理的负面影响却随着心理暗示变得越来越严重。可以注意到首次产生杀害两个女儿想法的契机是与妻子的矛盾，而后韦某也多次表示，要是妻子不改掉赌博的习惯，自己就真的会杀死两个女儿，让妻子后悔一辈子，这种措辞中充满了对妻子行为的无奈。我觉得这才是犯罪嫌疑人韦某实施犯罪行为的真正动机。

再次，目标的转移。从前述分析中可以明确犯罪嫌疑人实施故意杀人行为的真实犯罪动机，那么在这样的犯罪动机下，犯罪目标为什么会是两个亲生的未成年女儿？一方面，犯罪嫌疑人韦某的妻子对于韦某来说有多层含义。她并不是单纯的妻子形象，由于比韦某大几岁，在韦某的心理层面，年长几岁的妻子也代表着缺失的母亲形象，是一种弥补，所以韦某一直容忍和放任妻子的行为，也并不会选择妻子作为第一目标。另一方面，如前所述，目标定为两个孩子是为了让妻子内疚一辈子。对于犯罪嫌疑人韦某来说，这是一种惩罚妻子不改变赌博习惯的措施和威胁，而在更深的心理层面，也代表着自己对母亲这个心理角色的惩罚，惩罚母亲抛弃自己。加上孩子年龄很小，对自己的父亲有依赖，犯罪行为很好实施。所以，韦某将目标转移到孩子身上。

最后，自杀与他杀。27 岁的犯罪嫌疑人韦某确实有过自杀的念头，其在后期的视频审讯中明确提到过。而在故意杀人的犯罪行为中，自杀与他杀念头的转化是经常可以看到的，但是在本案中，这种自杀到他杀的转化并不是因为行为人不敢实施自杀而把情绪转化到他杀目标上引起的。本案中的自杀转他杀情况，发生的原因我认为是犯罪嫌疑人的救赎心理，这种救赎心理是基于犯罪嫌疑人童年经历产生的。

仔细观察会发现，犯罪嫌疑人韦某所处的情况和当年自己父母的情况非常相似，无论是妻子对孩子的不照顾，还是当年母亲对自己的不管不顾，母亲的角色在两代人的亲密关系里都是缺失的。而父亲角色的遭遇也惊人的类似。韦某的父亲是一去不复返，而其也考虑到如果被告，则可能被判刑坐牢，对于孩子来说，也是一去不复返。在韦某的心中，自己作为当年的孩子经历了多年的成长痛苦，绝对不希望两个女儿再次经历，因为真的太寂寞和痛苦了。回到他作为父亲角色的社会关系中，既然无法改变母亲的行为模式和由此带来的失望感觉，那么他能做的，就是在结束自己的生命之前把孩子带走，他觉得这是解脱两个女儿的唯一方法，所以这种自杀就发生了转变。

一切都那么相同，一切又那么不同。

第二部分

我们也许会关心的问题

CRIMINAL MINDS

UNDERSTANDING DEVIANT BEHAVIOR

是成长的错误吗

为什么青少年会做出触目惊心的犯罪

孙毅在《青少年违法犯罪心理及其防范策略》中对青少年犯罪问题进行了深刻的探讨。青少年犯罪问题是目前社会比较关注的，排除青少年群体身上所代表的未来期望这个原因，更多的是青少年在社会快速发展过程中所涌现出的问题是非常直接并让人胆寒的。比如，青少年犯罪行为的残忍性和群体性问题，为什么这些并没有长大成人的青少年会有如此行为？这个问题要从以下几个方面来回答：

第一，生理上的急速发展和变化与心理发展速度的不平衡。青少年生理上的发展和变化每天都在进行，这些变化很多时候是巨大的，如机能、激素分泌、体格等，对于很多青少年来说，生理的发展给予他们很多的活力。但是心理发展在这个阶段与之相比却是比较缓慢的，心理的发展需要一个认知过程的搭建，所以并不能像生理方面一样快速，在这样不平衡的发展速度下，就会产生很多方面的矛盾。

第二，精力过剩与支配力的矛盾。简单地说就是生理的逐渐成熟给予青少年很多的精力，但是这个阶段青少年所从事的可以消耗精力的事情却还没有多少，所以会导致精力过剩。这个时候青少年的自体支配力和心智还没有成熟到可以完全支配这些突然涌出来的过剩精力，所以在遇到一些容易牵动情绪的事情时，就有可能产生错误的过激行为，如去个体化的群体犯罪，群

 体斗殴就是其中比较明显的一种。

第三，强好奇心和低认知能力的矛盾。对于成年人来说，保持好奇心是保持眼界开阔的一种方式。在认知能力基本发展完善的基础上，好奇心可以促使我们不断地了解未知，从而不断地筛选信息，发展更完善的自我。青少年具有很强的好奇心，并且这个阶段的个体的好奇心水平应该处于一个高峰。但是与成年人不同的是，认知能力的发展在这个阶段跟不上节奏，很多时候不能完全满足青少年出于好奇对于事物了解过程中的筛选和全面认知的需要，容易造成青少年对行为和事物的片面看法和行动。比如，认为在学校霸凌其他同学是让自己出名和吸引其他人注意的一种有效手段。

第四，冲动。青少年的自控能力不足导致其易冲动的特点，受到不良情绪影响的时候，他们控制自身做出理智行为有一定难度，易发生激情犯罪。

第五，辨认能力和社会不良因素的影响。青少年的辨认和分辨能力没有发展完全，社会不良因素往往不能被很好地隔离和规避筛选，所以对于一些负向行为进行模仿的情况时有发生。

第六，家庭层面。虽然不能把所有的问题都归结于家庭环境层面，但是目前阶段的家庭环境对于青少年犯罪确实有着很大的影响作用。有研究显示，家庭失和、频繁的争吵、父母一方或双方有犯罪行为等，都会给青少年对人际关系和社会关系的认知带来一定程度上的冲击，可能导致青少年易冲动、自卑、极度敏感以及犯罪易感。

第七，社会风气。社会的快速发展与文化发展速度的不匹配带来了一定程度的社会撕裂情况，而这样的情况在乡镇往城市过渡的区域体现得更加明显。物质层面的不断发展带来了金钱观念的变化，造成很多青少年消费观念和价值观的变化。但是由于物质的不平均，就会造成针对物质的犯罪频发，如青少年抢劫、打砸行为等，并且往往由于冲动等因素带来转化犯罪。

以上这些因素致使青少年在犯罪中体现出一些有别于成年犯罪行为人的特殊行为特征，其中模仿性和凶残性显得格外突出。攻击性行为的模仿在青少年的相互交流中得到加强，特别是在青少年团伙犯罪中，而这些多数来源于社会树立的各种虚拟模仿目标。

另外，青少年犯罪往往伴随着凶残性。卡特考斯基在《青少年犯罪行为分析与矫治》中提到，青少年犯罪行为人容易激动，情绪自控能力比较弱，不能顺利排解不良情绪，加之缺少正确的社会认知，包括法律和道德等，所以激情犯罪往往有发泄不满和报复的情绪在里面。[①]而这个时候多数是要失控的，青少年对自己的行为并没有太多的概念，肆意宣泄有时候会带来极其凶残的犯罪行为，如果放在比较常见的青少年犯罪群体里，其行为可能更加凶残，如群殴致死、活埋、肆意虐待等。

以上这些也就解释了为什么会有许多触目惊心的犯罪行为出现在青少年（青少年群体）犯罪行为人的行为中。

童年环境对犯罪人格的形成是否影响巨大

说起童年，我们想到的应该是彩色的、充满好奇心的世界，很多的为什么，很多的奔跑，很多的游戏，欢声笑语。但是每个人的童年都是不同的，毕竟这世界上还有一些童年需要引起我们额外的注意，在这些童年里充满了争吵、谩骂、肢体冲突、哭泣、情色、毒品等，当然这些都不是小朋友做的，而是小朋友目睹的、听到的、经历的。

在国外学习的时候，有社会监狱，社会监狱就是周末犯罪者可以回家的监狱，让犯罪者回到社区，去进行再社会化，尝试再次融入社区群体。这种模式在国外已经运行很多年，其在犯罪行为人矫正和降低再犯率上显现出的效果是良好的，但是这样的措施依旧可能会带来一个弊端——在回到社区的

① ［美］卡特考斯基：《青少年犯罪行为分析与矫治》（第五版），叶希善等译，中国轻工业出版社2009年版。

时候，犯罪者会回到一个熟悉的环境，可能将在监狱里压抑的情绪发泄到家人身上，同时可能给孩子带来不好的观感和模仿对象。

前段时间看到一个例子，一个金融公司总监，对一个女性法律从业者破口大骂十几分钟，说她不要脸，说各种问候父母的话，我就不点名是什么公司的哪个总监了。这个人后来被证实家庭并不幸福，特别是父亲对于母亲的态度，在从小的成长环境中对他造成了影响，以至于他觉得女性的地位本就应该如此，而在他带有目的的行为因为一些原因受到阻碍的时候，或者是他被客户指责的时候，这种挫折感就会激起他发泄的欲望，而不顾形象地开始破口大骂，如果目标换作一个男性，这种情况就不一定会出现了。

回到问题中，在国外学习的那段时间，我见过比较多因为童年经历而形成的渐进型犯罪者，其犯罪发展路线有着很大的相似性：

• 童年不幸（目睹父母争吵，暴力相向，在有犯罪者或者吸毒者的恶劣环境中长大）；

• 青年期首次接触犯罪（初始产生犯罪行为时，父母态度模糊，并没有有效制止，甚至有一些还有鼓励或放纵的情况出现），犯罪行为完成后犯罪心理得到强化，结构进一步固化；

• 中年之前犯罪心理趋向完整，形成个性化的犯罪心理，犯罪行为人具有稳定性，计划性强，同时具有反侦查能力等特点，观念固化使得犯罪心理矫治或改变难度增大。

从内化来说，导致这个情况出现的，就是人类众多机制里的模仿机制。婴儿出生之后对于有目的行为的感知，绝大部分来源于模仿，受谴责行为自然也包含在被模仿行为中，而模仿这个行为本身就是一种认知形成和不断革新的过程，贯穿人类的整个成长周期之中。

从外化来说，小社会环境，也就是家庭、工作、朋友圈、社区等是成长过程中对人心理造成直接影响的主要因素。大环境的影响因素有很多，而且大部分人的被影响水平都是一个等级，所以可以不用放在第一位考虑。

人在成长的过程中会自主地模仿目标的行为，并加以学习和整合。而环境对人的影响则是众所周知的。有研究报告显示，美国重暴力犯罪者中超过70% 的犯罪行为人有过童年不同程度的不愉快经历和阴影，其中父母离异、长期争吵、父母一方或双方从事犯罪、家庭暴力频发等占据主要方面。这个数据足以说明童年经历的重要性，但我们也不能因为对童年环境的极端关注而忽略了在成长过程中的认知反馈，也就是说童年环境固然重要，但在同样的童年环境前提下，还存在着不同的发展路径。如果在成长过程中没有正面的认知反馈，那么童年环境大概率会影响个体成年后的犯罪行为发生概率，在成长过程中个体遇到比较多的正面认知反馈的情况下，其童年环境的不良影响可能就会相对降低，个体可能在成年后也倾向于保持良好的状态。如果想更加详细地了解相关研究及具体内容，可以看看《剑桥司法心理学手册》中的几篇文章，分别是：

《青少年犯罪》，施宁仇（Shihning Chou），凯文·布朗（Kevin Brown）

《从发展角度审视犯罪行为》，罗伯特·D. 霍格（Robert D. Hoge）

《性虐待儿童受害者评估》，米兰达·A.H. 霍尔瓦特（Miranda A.H. Horvath）

《成人育儿能力评估》，克里斯汀·帕克灵（Christine Puckering）

《青少年与成人的自杀风险评估》，布鲁斯·D. 柯科迪（Bruce D. Kirkcaldy），兰德尔·理查德森－维加尔德（Randall Richardson-Vejlgaard），尤弗·梅里克（Joav Merrick）

童年经历这种小社会环境层面对儿童成长的影响是非常直接的，可延伸到成年时期甚至是老年时期。从犯罪心理学角度来说，这是必须考虑的一个变量，并从一些层面直接影响着犯罪行为人犯罪人格的形成。

天生犯罪人真的存在吗

古希腊时期伟大的苏格拉底说过这样一句话："凡面黑者，大都有为恶的倾向。"这句话正好引出这一个小标题下我们要讨论的问题——天生犯罪人。

"天生犯罪人"这一学说的代表人物必须说一下，就是意大利的犯罪学家、精神病学家龙勃罗梭。龙勃罗梭同时还是个监狱医生，所以他可以比较方便地拿刀划来划去，在监狱中做一些解剖，记录犯罪人与非犯罪人肌体上的一些区别。龙勃罗梭的著作就是《犯罪人论》，有兴趣的读者可以去看看，里面详细记载了龙勃罗梭对犯罪者颅相方面的研究。龙勃罗梭在其著作《犯罪人论》中指出犯罪人是天生的，他们在生理上与非犯罪人有一些不同，大概有以下几点：

1. 头特别大或者特别小
2. 大小脸（并不是病理性的，如面瘫）
3. 腭部及颧骨过度发展
4. 眼睛有缺陷和异状
5. 耳朵大小不寻常，类似黑猩猩
6. 扭曲、向上或鹰钩的鼻梁
7. 肥胖、肿大和突出的嘴唇
8. 像某些动物的袋状面颊
9. 上腭变形，如过大、突起或凹陷
10. 不正常的齿系
11. 下巴退缩、过长、过短或扁平等

请不要在看的时候一条条与自己对照。同时，龙勃罗梭认为犯罪行为是一种返祖行为，犯罪人就是退化的人类，并且他提出了在当时看来非常超前的一个概念，就是犯罪是可以通过人类的某种物质遗传的。

其实如果放在现在来审视这个理论，天生犯罪人论列出的一些点，看上去是有点不合逻辑的。但是在当时那个年代，天生犯罪人理论的确造成了很大的轰动，因为该理论的提出颠覆了一些认知，同时又发现和创造了一些新的观点，以至于那个时候龙勃罗梭有了很多的追随者。但是该理论盛行的时间并不长，随着欧洲颅相学热潮的退去，一段时间之后很多学者开始站出来质疑这个理论所涉及的内容，因为很多学者认为天生犯罪人理论以偏概全，取样不完全，并没有共性可言。龙勃罗梭在继续深入研究的过程中，也开始思考生理以外的因素对犯罪人与犯罪行为形成的影响。龙勃罗梭晚年开始修改自己的天生犯罪人理论，并且承认环境因素对犯罪人的影响整体强于生理因素对犯罪人形成起到的作用。

随着相关科学技术的发展，在生物犯罪学派（基因犯罪学派）这个领域的研究也越来越多，出现了“Twin Study（双生子研究）”，还有比较有名的“染色体研究”。

双生子研究：如果遗传基因会导致犯罪行为的话，那么只要双生子中的一个犯罪，另一个也很可能犯罪。

法国精神病学家兰格（Johannes Lange，1891—1938）进行了关于犯罪双生子的研究，发现同卵双生子展现出的犯罪一致率要比异卵双生子展现出的高很多。由于双生子的生活环境几乎完全一样，因此兰格认为遗传基因在犯罪行为的形成和发生过程中，在很大程度上起着决定作用。但是吴宗宪老师所著《西方犯罪学》一书中提到关于双生子研究的具体数据表格，后续有研究显示，从具体数据来看，这种犯罪一致率上的显著差异性只在成年的个体中有所体现，也就是说，遗传对于少年犯罪的影响非常小。

染色体研究：人之所以犯罪，是因为性染色体数量异常。

记得之前自己的嗓子出问题做手术的时候，躺在手术台上和医生护士进行术前聊天，聊到我学的学科，医生突然说：“我问你一个问题，我有个同事，怀孕了之后去查这个染色体疾病，查出来的结果是XYY，这个对孩子有影响吗？”于是我和他说，如果是男生，这是染色体异常，这样的情况可能出现自我控制力差、易怒的特点，可能要多注意……话还没完全说完，我就顺着麻醉劲儿睡过去了。

那么，性染色体异常的XYY型是什么？首先，这是一种只在男性身上出现的染色体异常，简单来说就是你的性染色体是XYY，因为正常的只有X和Y，你多了一个Y出来。罗大华教授与何为民教授在其合编的《犯罪心理学》一书中提到了两个染色体异常方面的研究。雅各布（Jacobs，1965）在对临床196名男性犯罪人的检查中，发现有7人是XYY性染色体异常者，而这7人全是暴力犯。雅各布的研究还发现，XYY染色体异常者的初次犯罪年龄比一般犯罪人要小，比所调查的一般犯罪人平均小5岁。另一位学者莫兰（Moran，1978）研究发现，XYY性染色体异常者在犯罪人当中的比例是一般人的2倍。但是，尽管有这些研究结果，目前也依旧处于缺乏证据证明染色体异常和犯罪两者之间有直接关系的阶段，我们只能说染色体异常可能带来自控力相对低、情绪相对暴躁的情况。甚至有最新的研究结果显示，染色体异常者的犯罪率与普通人并无明显的差距，所以这也意味着我们不能板上钉钉地说染色体异常就是犯罪者形成的原因。

在我们研究双生子和性染色体异常之后，回到这个问题，天生犯罪人真的存在吗？染色体、遗传等因素对于犯罪行为的影响在经历长时间的争论之后，依旧没有得出明确的结论，就好像前面所说的，理论要不就是以偏概全，要不就是缺乏证据证明直接关系，所以依旧在争论当中。

但是我们可以肯定的是，环境和社会学习理论（可参考班杜拉的《社会学习理论》）会对犯罪者的形成及犯罪行为的塑造和推动产生影响。在行为能力的养成过程中，个体会从周围吸纳各种信息——正面的、负面的，而内在做的就是筛选，然后实施，并且从外在环境根据结果得到反馈，加强或是抑制行为的延续。但是要注意，筛选的标准也是学习得来的。

所以，在遗传学说或是基因学说还没有找到足够直接关联性的今天，天生的犯罪人是不存在的。

群体犯罪

传销与洗脑

有一次和朋友聊天的时候聊到一个问题，就是关于洗脑的，当时谈到如果误入传销，如何不被洗脑。这个问题挺有意思的，从某种程度上来说也具有一定的实用价值，所以我们来一起聊一下传销与洗脑，主要讲一讲以洗脑行为为主要手段的传销犯罪心理特点。

马皑教授在其研究中指出：“传销组织进行非法活动的目的并不是营销产品，而是聚众敛财，其非法活动有一个共同的特点，就是都要对发展对象进行‘洗脑’，进行精神控制，所以人们把它称为‘经济邪教’。”

这个问题说起来比较简单，基本条理也很清楚，但是在了解传销洗脑的特点之前，我们要先了解一下常见的传销洗脑的方法。马皑教授认为，绝大多数的传销组织在进行精神控制的过程中，都会运用各种情感手段来消磨其发展对象的理智。回想一下现实生活中你认识的或是媒体报道的传销人员，都有些什么显著的特点？激进、亢奋、对未来极其向往、面带迷之微笑、不断地“安利”、很坚持自己信仰的事业和榜样，差不多就是这些显著的特点吧？

传销作为一种群体行为，严格来说是一种群体犯罪行为，其主要是通过对群体中个体去个性化的手段，如洗脑或者煽动达到发展下线的目的，并在无实际销售意义的层面上疯狂敛财。传销中常见的洗脑套路有以下几种：

1. 磨炼。告诉你从事这个行业是一种对个人精神的正面磨炼。上来先告诉你创业是很艰苦的，道理很简单，现在创业的人很多，但是你会发现成功的人毕竟是少数，所以提供给你一个机会，你就要珍惜啊！因为你出去找其他事情做人家任何技能都不会教给你的，所以这个机会并不是人人都可以有的，这是对你个人意志的一种磨炼，同时也是一个让你与众不同的过程！

2. 兄弟姐妹情意浓。通过各种塑造出来的情感让你体会到温暖和被关心。进入传销组织之后，你会突然多出来很多朋友，组织会叫你看看你周围的这些兄弟姐妹！每天和你生活奋斗在一起！每个人都是全身心地把自己的所有开放给对方去学习和交流，他们都在关心你、支持你，给你鼓励和肯定，而且你们的目标出奇的一致，多么感人啊！

3. 出任 CEO，享受成功，登上人生巅峰。通过塑造典型成功形象来告诉参与者，做得好听我的这就是你们以后的生活，提前经济自由，有花不完的钱和极高的地位，被人尊敬，衣锦还乡。比如，某区某总，之前做着一份不起眼的工作，经济上很窘迫，可以说永无翻身之日，但是加入我们之后，通过自己不断努力，已经拥有多少人的团队，参加各种高端活动，月收入几十万，买房买车，财务自由了！

4. 顺我者昌，逆我者亡，奖惩制度分明。对于按照组织教导行事的，及时给予鼓励支持及充分奖励，让周围的人都看到既得的利益。而对于不按照教导行事的，怀疑的，则当众进行惩罚，杀鸡给猴看。

5. “我们的征途是星辰大海！”塑造和树立一种远大的信念，就是你从事的是世界上最伟大的事业，而这伟大的事业同时还对社会上的其他人有着正面和积极的意义，如那些退休的爷爷奶奶，那些苦苦挣扎的打工者，那些对前途充满迷茫的大学生，把这些人拉进来和你一起从事这份伟大的事业，就是在帮助他们找到人生的方向，给予他们经济上和心理上最大的支持！

听完之后叹为观止，这简直就是一条充满自我超越的逆袭奋斗之路！但是，这就是传销中常用的洗脑套路，我走过最长的路，就是你的套路。了解洗脑的方法之后，我们来进一步看看传销洗脑的心理特点：

1. 直抵内心的需求。加入传销行列的主要人群成分是什么？仔细观察可以发现分为两类。第一类，大部分是不安于现实的迷茫青年人，有找不到工作的大学毕业生、急于做出一些成绩的务工者及曾经试图做生意但并没有成功的人，这些人的心理需求就是一切与发展和生活相关的点，如赚钱、择业、翻身。传销组织就会按照这样的心理需求给予他们一个愿景。第二类，缺少情感寄托的人，离异的中年人、感情不幸福的人或是孤独的老人，这些人的心理需求就是关心和陪伴，传销组织就会经常去表示关心，拉关系，送东西，然后慢慢地让目标形成情感上的依赖，从而无法脱离。

2. 乌合之众，传销组织都是群体心理学的高手。任何一个传销组织，都是一个小群体，这个小群体和其他群体一样，有发言者，有带头者，有跟随者。当然，发言者是中枢，带头者是高级别传销人员，而跟随者则是深陷其中的大多数。传销进行洗脑的时候，场面就好像群体暴动或是和法西斯喊口号的时候一样，高频率的重复、互相鼓励、有人带头突破自我。不要觉得这看上去很简单，其中涉及的技巧涵盖了观念灌输、心理暗示、从众、制约互补等，而这些都是群体心理学的特点。在最大限度上抹杀一个人的个性化，把去个性化在传销组织里发展到极致，加上一定的人身自由控制，个体就会变得极易被煽动，并且极易被教唆和驱使。

3. 培养心理归属，让你觉得你确实是有成就的，而这个成就只有传销组织可以帮你达到。其实传销的套路就是开始的时候让你看别人的成功经历，然后看榜样，让你有跃跃欲试的感觉，然后就让你去发展下线。开始发展下线的时候失败的情况肯定是很多的，这个时候就给你讲一些自己的经历并且加以鼓励，慢慢地就告诉你要从身边人下手，身边人有感情基础，肯定会有成功的。成功之后，传销组织就会大肆宣传和鼓励，让你有很强的正反馈，觉得自己已经得到实际的改变和进步。而随着时间的推移，个体会遇到发展下线的困难，然后传销组织就会像老师一样，教导你学习，模仿继续改变，

 个体就会产生一种“别人关心我飞得高不高、你关心我飞得累不累”的心理，这种心理就是归属感，会让个体觉得好像家人一样可信赖，然后慢慢地脱离不开。

传销其实就是基础虚空的城堡，好像电影布景的架子，外面奢华而内里空虚，拍完了一推就倒，而利用人群的传播又让传销看上去极其残忍、可怕和带有类似病毒的传染性。

在了解这些心理机制之后，希望可以让更多人正视这一切。

招远“全能神”案的犯罪嫌疑人到底是什么样的心理

在讨论邪教类型的犯罪心理的时候，我们应该注意邪教的性质和利用人最基本的趋利避害心理来控制信众达到私人目的，否定现实价值观和人生观的特征，在明确这些之后，邪教类型的犯罪心理就会更加便于理解。

邪教类型的犯罪是群体犯罪，所以处在“教主”位置上的行为人和信众的心理是有差异的，但是总的来说可以分为以下几种犯罪心理特征：

首先，缺乏正常的情感寄托。按照社会心理学的理论，恐惧使人更加需要亲近，在个体面对充满孤独感和恐惧的情况时，邪教成员适当地接近，释出善意，就会让人慢慢变得没有办法拒绝这种好意和心理感情的寄托，从而更加远离应该真正亲近的亲人，而投身在自己所相信的“宗教事务”之中。

其次，偏执错误的认知。处在“教主”位置上的行为人会因为对于事物偏执错误的认知而产生价值观和世界观的极大偏差，多数情况下会进一步塑造自己成为神的角色，而吸引缺乏信仰心理的个体跟随，一旦形成群体，信众的个性化就会被磨灭，慢慢形成在群体中对于处在“教主”位置上的行为人的盲目崇拜和狂热。

再次，人格障碍。常见的人格障碍有偏执型和自恋型，执着于自己的臆想，有超强的控制欲。西班牙学者佩佩·罗德里格斯（Pepe Rodriguez）在其著作《痴迷邪教：邪教的本质、防范及处置》一书中指出，一些研究表明，邪教犯罪人身上普遍具有性格偏激、人格不健全、焦虑、压抑、忧郁、孤独、缺乏亲情、对未来恐惧等特点，而且邪教犯罪人鲜少寻求必需的心理咨询和帮助。

复次，易受暗示性。文化水平偏低，读书少，知识不全面，长期受到封建思想的侵蚀，对科学观点表现出难以接受的姿态。调查还发现，一些邪教信仰者本身就患有心理疾病，其中以受暗示性程度最高的癔症病人为最多。

又次，易盲从性。阴国恩与戴斌荣在他们刊载于《天津师范大学学报（社会科学版）》的论文《运用心理学理论分析与转化邪教信仰者》中认为，邪教犯罪人多数呈现心灵空虚状态，相信命运和神灵对世间万物起着决定作用，相信有神秘力量主宰人生。他们也正是因为这些特征被人利用，形成群体，拉人入教，以此行为填补心灵空虚和逃避现实中遇到的挫折。

最后，复合型的犯罪动机，邪教犯罪作为一种群体犯罪，其动机很复杂，因为各种犯罪动机的集中和混合造成了难以分辨的情况。一般我们可以看到和理解的邪教犯罪的动机有治病、寻求心灵安慰、敛财、渴望权力、希望出人头地和与众不同等，所以邪教类型的犯罪心理的动机是复合型的。

看完这些，再来看招远“全能神”的整个案件，就会比较好理解邪教类型犯罪心理的整个转化和发展过程。

性犯罪

对儿童进行性犯罪的人在想什么

沙利文（Joe Sullivan）和希恩（Valerie Sheehan）在《是什么催生了儿童性骚扰者？对性骚扰数据急速上升的定性检查》一文中提到，针对儿童的性犯罪所呈现出的发展趋势并不是那么好，因为这类型案件的数量在以一个惊人的比例逐年增长，但是由于各种原因，如技术上的、受害人类型特点上的，针对这类型案件的处理和侦查甚至是取证手段，发展的速度却有点跟不上节奏。[①] 有很多的行为实际上发生了，但是由于未报案或者是受害儿童被言语恐吓等导致罪行并没有被发现，加之隐私保护的原因，要探究这部分犯罪人在想什么，就要从历史上出现过的令人震惊的针对儿童性犯罪的案件来分析。让我们首先来回顾一下发生在日本，被称为“日本 117 号事件”的宫崎勤事件吧。

1988 年至 1989 年，日本埼玉县入间市附近发生 4 宗幼女被拐带杀害案，女童被虐待并杀死，其中一名受害者骨灰甚至被人放回受害者家门前的一个纸皮箱内。一时间，入间市人心惶惶。警方在初步侦查后对此连环杀害女童

① 可参考 Joe Sullivan，Valerie Sheehan，“What Motivates Sexual Abusers of Children？ A Qualitative Examination of The Spiral of Sexual Abuse”，*Aggression and Violent Behavior*，Volume 30，September–October 2016。

案凶手的身份毫无头绪。1989 年 7 月 23 日，一名叫宫崎勤的青年被一名女童父亲发现在不断地拍女童的照片，形迹可疑，于是报警。警方在调查之后拘捕了宫崎勤，请他配合案件的调查，并怀疑他与居住场所 19 公里范围内连续发生的 4 宗女童虐待杀害案件有关。警方对宫崎勤居所展开搜查并从其居所中搜出总数共计 6000 个成人色情录像带、儿童色情录像带及色情动漫等，还搜到包括若干受害人裸照或残害片段等其他物品在内的关键物证。在这些证据面前，宫崎勤最后主动供出连续幼女拐杀事件的真相。

1997 年 4 月 14 日，宫崎勤被裁定有罪，并被东京地方裁判法庭判处死刑。宫崎勤前后经历了 3 份精神报告书及背景调查。宫崎勤出身于中产家庭，家庭条件还不错，父亲经营一间印刷工厂（于儿子被捕后自杀）。宫崎勤在此案之前并无不良犯案记录，自幼双亲因工作忙碌并没有与宫崎勤同住，宫崎勤唯一的依靠是与其同住的祖父和妹妹。宫崎勤身体患有“先天性桡骨尺骨不全症”（肢体不全症，手骨骼发育不良，手臂不能向上举），所以很难接近成年女性。

回顾完案件之后，我们回到要讨论的问题上来，就是“对儿童进行性犯罪的人都在想什么？”

回答这个问题，会触及一个概念，就是恋童癖。PHP 研究所在其出版的《犯罪心理学》一书中提出了“恋童癖”的概念。书中提到恋童癖是那些对青春期前的儿童感受到性魅力或是对儿童有性爱恋行为的人展现出来的心理依赖状态。从字面上看，恋童癖似乎是一种癖好，或者说是一种依赖现象。之所以说是一种癖好或者是依赖现象，是因为恋童癖无法被认定为人格上的疾病，这也就是为什么恋童癖很难矫正。

宫崎勤是一个典型的恋童癖类型，我们可以称之为“代替性恋童”。什么是代替性恋童呢？曼苏尔等人（Ahmed M. Alnemari，Tarek R. Mansour，Mark Buehler，Daniel Gaudin）在《恋童癖的神经基础：创伤性脑损伤后性偏好的改变》一文中提到，犯罪行为人因为某些原因不能正常和成年女性交往，而将交往目标转向儿童。[①] 由于宫崎勤的双臂生理发展存在先天性的缺陷，没有女性会看上他，所以他无法接近并与女性正常交往，当然，从小作为哥哥的身份和妹妹朝夕相处，也有一定的推动作用，所以宫崎勤身上就出现了代替性恋童的情况。

与代替性恋童不同的是另一种恋童癖，叫作“真实恋童癖”。这种恋童癖产生的情况比较特殊，是因为这些人内心深处讨厌成年女性，所以才将目标转向儿童。而这些人可能是因为遭遇了重大的挫折（一般产生这种恋童癖的遭遇的都是两性交往上的挫折），心理出现了退化，才发生这样的情况，也就是在超强刺激下形成的目标转换，也可以把这种恋童癖的出现理解为对成年女性群体的大范围报复。比如，一个正常男性 A，发现其交往多年且关系非常稳定的女朋友与其他男人暧昧不清，于是与其发生严重争吵，在受到感情挫折的情况下，又发现其女朋友这么多年来一直同时交往着好几个男朋友，A 只是其中一个。承受女友无意间的连续暴击之后，A 的心态发生了转变，觉得成年女性全部是可恶的人，还是儿童可爱单纯，这样的心态会慢慢地转变成希望保护儿童的爱恋心理，从而形成恋童癖。

针对恋童癖的多年研究得出的结论，揭露了恋童癖的根本，就是冲动层面的“性倒错”，简单来说就是在性冲动时选择对象的错误和发泄途径的错误。恋童癖的人一般情况下是没有威胁性并且表现正常的，只有当面对自己喜欢的儿童并且目标儿童引起了恋童癖行为人的性冲动时，才会变得异常。而更值得注意的是，恋童癖是一种基本全部发生在男性身上的现象，而男性在应激状态下为了满足性欲望，其本身的危险性等级会陡增。

又因为恋童癖是一种经常和性欲望捆绑在一起的现象，所以在实施行为过程中产生心理依赖并上瘾的可能性很大，行为很容易再犯。因为性欲在马

---

① 可参考 Ahmed M. Alnemari，Tarek R. Mansour，Mark Buehler，Daniel Gaudin，“Neural Basis of Pedophilia：Altered Sexual Preference Following Traumatic Brain Injury”，*International Journal of Surgery Case Reports*，Volume 25，2016。

斯洛金字塔中处于最基本的欲望位置，具有频繁、多发且无法彻底压抑等特点。

看完这些，要讨论的问题相对来说就清晰了——对儿童进行性犯罪的人都在想什么？抛开对儿童性犯罪这个行为的其他各种动机（因为影响一个犯罪行为的动机因素有很多，不能囊括），有一部分行为人因为恋童癖而带来对儿童无法压抑的性欲望，在这种欲望发泄心理的驱使下，其丧失了基本的目标判断能力和途径选择能力，把儿童当成目标进行单纯的发泄行为。当然，其中有可能包含对单个儿童的真实爱恋情绪和为了达到目的带来的一连串其他转化的犯罪行为。

回到宫崎勤的案子里，日本警方在详细调查案件经过之后发现，宫崎勤不单单是恋童癖，还可能具有多重人格、性变态、虐待狂、食人等特征。这些精神问题现在都有治疗方法，只可惜那个时候的宫崎勤没有及时和坦然地拥抱这个光明的世界，转而把他内心的扭曲诉求发泄在受害女童身上，比如他砍掉其中一名受害者手的行为，就反映了他自己因为双手残障的自卑和希望得到世人尊重却得不到的怨念。

好好讲讲“熟人强奸”

谈到“性犯罪”这个话题，必定会涉及的细分类别就是强奸，甚至有些人觉得性犯罪就等于强奸，不包括其他的犯罪行为。在提到强奸的时候，又有一些人觉得强奸就是一个单一的类型，简单粗暴，但事实并非如此。强奸的类型有很多，而最近几年比较出名的，就是某报社某人对某实习女生实施的强奸行为，此行为被我们称为“熟人强奸”，而这个本身不怎么被人熟知的概念，被一个社会新闻一下子拉到了大众面前。其实“熟人强奸”也好，“伴侣强奸”也好，人们对于各种强奸种类的分析可能主要集中在一个问题上——

不规范性行为在什么样的情况下才被视为强奸？

很多人脑海中对于强奸行为的认知都是受害者在黑暗中被暴力威胁（拳

打脚踢或者持械威胁），拖入后巷或者偏僻无人的角落里强迫发生性行为这样的画面。但是实际上，现实中发生的强奸犯罪并不全是如此，在非陌生人之间发生的强奸行为概念出现的最早期，展示在学界的词语是“约会强奸”（Date Rape），目前这个词依旧在西方一些国家的犯罪相关学科教学中广泛使用，包括我在国外学习过程中第一次接触细分强奸这个概念的时候也是接触的这个词，甚至有一些作为犯罪工具的强效麻醉剂都采用了这个强奸行为类型的名字而被称作“约会强奸胶囊”。

1982年，发表在《女士》（*Ms.*）上的一篇文章中报告了一种常见的，但是却从没有被关注的强奸形式，它被称作“约会强奸”，其中强奸行为的受害者和实施行为的犯罪者之间彼此认识。（I Never Called It Rape，Warshaw，1988）

随后的这些年，关于“约会强奸”或者“熟人强奸”的研究开始集中出现，并一度呈现出高增长的趋势。人们开始慢慢认识到，强奸这种不规范性行为的分类之前被远远地低估了，强奸这个行为并不是只有一种最常见的形式，这种行为依旧在一个层面上充分体现着性行为本身的相对隐蔽性和对象之间的关系单一性。我们来看一下从1998年到2005年所进行的关于“约会强奸”或是“熟人强奸”的研究。

女性认为强奸是很罕见的，然而，性攻击却很常见，也就见怪不怪了。这样，女性就通过强调这仅仅是一种正常的性攻击行为，或者其他一些人称作的“性感的行为”来减轻这种经历所带来的负面影响，并且不愿意警察调查这个非常令人尴尬的过程，还可能意识到大部分的受害者得不到支持的事实。（Mary Koss & Hobart Cleveland，1997）

“约会强奸”这种行为一般会发生不止一次，“他经常在我熟睡的时候强奸我。当他进入我身体的时候，我才醒来。而且他不会因为我的要求而停止”。（Peacock，1998）

女性对于自己遭受的经历感到自责，并且感到自己有责任来维护伴侣和这段感情。因此，她重新解释这种情况，认为这不是暴力或者虐待。许多女

性（也包括男性）并不清楚强奸的行为种类有很多。（Phillips，2000）

估计有8%至14%的女性曾经被配偶或者同居的伙伴强奸。（Bennic & Resick，2003）（关于婚内违反女性性自由强迫进行性行为的婚内强奸行为的讨论也一直在进行着）

不足为奇，一些“熟人强奸”的受害者并没有意识到自己被强奸，因为她们对于强奸的定义过于狭窄。当这种侵犯涉及可能变成男友的人，或者当女性被灌醉或者嗑药，或者仅仅是口交、手淫行为，又或者女性仅仅是被言语上强迫而没有身体上的接触，她就不会把这些情况视为强奸。（Abbey et al.，2004；Kahn et al.，2003；Kahn et al.，2004；Peterson & Muehlenhard，2004）

一系列的研究表明，10个强奸案中有8个，受害者认识罪犯，通常是临时的或者固定的约会对象。（National Centre for Injury Prevention and Control，2005；“Sexual Asssult Awareness”，2005）

这么多的研究都说明了“熟人强奸”发生情况的严重性和不被制裁的模糊性，其根本就是在于我们前面提到的那个原因——**对于被强奸的定义过于狭窄和对于所谓“熟人”或“约会对象”感情关系维持的内心期许和侥幸。**但是，这也只说明了一些现实情况和受害者为什么不选择报案。我们在这个问题上还面临一个更加根本的难题——

“熟人强奸”的发生率为什么这么高？

发生率高的问题需要从两个方面来分析。

第一，性行为模式固化。有学者认为，社会文化所构建的两性关系中的男女性别角色为“熟人强奸”的发生提供了社会背景。克莱尔·A.埃奥与朱迪斯·S.布里奇斯在其著作《心理学：关于女性》中提出，在传统的性行为模式里面，社会普遍接受的是具有攻击性的男性提出邀约和发起性活动，而女性则对其进行限制。也就是说，性别的社会化并没有鼓励男女采用相同的行为和目标，而是教会男性使用策略去达到性交的目的，而女性关键是要学会控制男性的性冲动。按照这样固化的性行为模式，熟人强奸的发生就可以有以下几个原因。

首先，男性无法理智地控制自己的行为。为了急迫地达到进行性行为及发泄性欲望的目的，采取过激的错误手段。

其次，男性往往对于女性的一些行为想得太多，判断失误。也就是说，男人作为性行为的发起者，往往会把女性的一些非性暗示行为理解为对自己的性暗示，然后进行自以为正确的行动。

最后，社会因素和性别差异。其实按照性别差异来说，如果一个女性没有拒绝男性的性要求，那么无论是男是女都会认为女性是有性暗示的。但是，很多时候在约会的过程中，男性做了错误的判断，当女性说“不要”的时候，男性会觉得她只是说一说而已，不是真的不想进行下去，于是会继续采取行动，这也就是“半推半就”的由来。

第二，强奸主体——男性本身的心理特点。有研究显示，实施“约会强奸”的男性相比好好老实约会的男性，更有可能之前经历或目睹过类似的情况，抑或是有过家庭暴力的经历或目睹过父亲对母亲的攻击。还有一个特点就是这部分男性对于女性的观念都比较刻板，对于男权比较看重，基本都是男权主义者。而更加糟糕的是，这部分男性对被强奸女性的反馈抱持着非常错误的观点和看法，认为被强奸是受害女性自己释放出错误的性暗示导致的（抱有这个错误想法的人不在少数，我们称之为“受害者责任论”），或者是受害女性被强奸都是自己愿意，要不然肯定能挣脱之类的错误观念。

这些观念和现实以及对于被强奸的定义狭窄，都是造成“熟人强奸”频发但是又很少报案处理的根本原因。在社会观念比较开放的今天，无论男女，对于自己性权利的维护，要更加正面并且直接。

如果你觉得这不是约会的套路，请一定想清楚。

窥视“偷窥者”的心理

偷窥

《现代汉语词典》（第七版）对“偷窥”的解释是暗中窥探，偷看。

著名的精神分析论开创者弗洛伊德说过，偷窥的欲望源自幼年时期个体对自己性器官观察所造成的心理现象，或者，有时候也可能是因为幼儿时期目击到父母进行性行为而导致的一种反复强迫重现原画面的心理反应。其实人从小开始就可能有偷窥的癖好，很多时候这种小时候的表现源于儿童的好奇心，只是在成长的过程中因为受过教育或环境的影响，将此癖好进行了改变或者是随着知识认知的完善进行了抛弃。

偷窥，是借着偷偷窥视他人换衣服、洗澡、上厕所、进行性行为或者是相对隐秘行为的画面，来达到自己性兴奋和性满足的行为。一般的偷窥，可以理解为一种具有高度隐秘性的个人癖好。有学者认为，偷窥从某种程度上来说应该属于一种一般的性需求（这里的某种程度我觉得应该是初始程度），但是如果偷窥配合强迫行为，那就厉害了，这个时候偶发性偷窥就会发展成为惯性偷窥，然后你就得病了，这种病很可能叫“窥阴症”，是一种性倒错，没错，就是和之前我们谈论的恋童癖同一个理论基础的一种精神类病症，不同的是恋童癖并不属于疾病。

窥阴症是一种反复出现或持续存在的窥视他人性活动或亲昵行为，如脱衣服作为自己性兴奋的偏爱方式。其患病率未明，一般为男性，年龄以 20 岁至 40 岁居多。是一种性偏好障碍，通常能引发偷看者性兴奋和手淫。窥阴症多发生于性发育成熟的男性，需要利用特殊场所（厕所）、特殊手段（用镜子反射）。在青少年中发生的窥阴症以性好奇为主，但比较懦弱的性格或某次意外看见女阴引起性兴奋往往是窥阴的重要原因。①

公开资料显示，患有窥阴症的人大多呈现人格不健全状态，多数患者有内向、孤僻、缺乏与异性交往的能力等特点，并有很大一部分婚姻关系的失败者（并不能进行反推，婚姻关系失败不能导致窥阴症）。形成的原因主要

---

① 可参考 Monika Zielona-Jenek，“Sexual Preferences and Associated Disorders：Toward An Extended Model for Description”，*Adam Mickiewicz University*，201709，DOI 10.13140/RG.2.2.12997.55521。

有以下几个方面。

首先，幼年时受到不良视觉性诱惑影响或有不良的性经历，使性心理发育过程受阻。典型情况是患者幼年时看到母亲的裸体或在青春期见到异性裸体。

其次，偶然的窥阴行为与自体性行为相结合的不良影响，以后通过自体性行为的反复加强而固定下来。偶发窥阴行为与自体性行为之间形成了一种心理上的链接关系。

再次，社会媒介文化的传播与色情文化的影响，如文化模仿和侵蚀。

最后，生理和心理上的问题，如智力缺陷或者性方面的压抑亦可导致窥阴症。

但是要注意，窥阴症患者的性兴奋会随着自体性行为的结束而平息，并不太可能会转化上升到强奸的地步。那么，返回到一般的偷窥上来，研究者总结的偷窥的人的性格特点和行为特点有哪些呢？

首先，自卑感。觉得自己谁都不如，什么事情都做不了。

其次，对自己的能力与表现不满。认为自己在可以做事情的基础上，什么都做不好。

再次，大部分有偷窥行为的人在现实中与异性交往不顺利。可能因为无法完成交往行为，或者是带目的的交往行为受挫。

最后，大多数的偷窥行为人，其偷窥行为隐藏着对被偷窥对象的控制欲，甚至有被压抑的攻击性。因为本身内向和孤僻的性格，所以没有足够的勇气去进一步实施更严重的犯罪行为，不能转化，所以只能通过远距离并且隐秘的偷窥行为来发泄自己对目标的欲望。

暴力犯罪

我所理解的家庭暴力

之前见了一个朋友，是我们今天要讲的行为的受害者，在讨论过发生在她身上的家庭暴力问题之后，我决定写一篇关于家庭暴力这个现在越来越多的行为的文章，来聊一聊站在犯罪心理学角度，我所理解的家庭暴力及这个行为在现实中所涉及的几个值得关注的点。

在开始说之前，我必须先说我自己对于这个行为的看法，在关注“家庭暴力”这个行为一段时间之后，得出以下这个结论：

亲密社会关系中的暴力行为，其根本只能是为了掩盖关系中体现的自卑，无关乎感情。

隐秘的公开行为

家庭暴力是一种隐秘但又公开的行为。为什么这么说？隐秘这个定义是很好理解的，分为两层含义。第一层含义，这种行为一般发生在相对隐秘的环境中，基本都发生在行为人自己的住宅中或者是独处的个人空间里。家庭暴力行为一般都是一对一实施，并没有广泛的攻击性。

隐秘的第二层含义，是家庭暴力这种行为在多数情况下，依旧被认为是一种家丑，属于亲密关系双方自己的问题，不适合被别人知道，亦不需要别人帮助和介入。这有点儿类似于“婚内强奸”，虽然是一种板上钉钉的不正

 常行为，但是一般却被道德绑架、被忽视。

那为什么又说是公开的呢？也有两层含义。第一层含义，这种行为的影响是公开的，暴力行为造成的破坏是会随着行为人和被行为人双方的社会关系传染的。比如，会影响家庭成员（双方父母以及孩子）、朋友（通过诉说和观察影响），在这个层面上来说，家庭暴力是公开的。

公开的第二层含义，就是社会意识的崛起。家庭暴力的痕迹是很明显的，随着社会既定男女观念的变化，女性意识越来越多地在社会中崛起，家庭暴力的大部分或者说主要的女性受害者越来越被关注，这个行为的暴露也就是我理解的公开的第二层含义。

施暴与被暴力的转化

施暴者为什么会施暴？这是之前针对家庭暴力行为研究的一个重要问题。从理论取向上来说，班杜拉的社会学习理论是被运用最多的，也是最普遍的基础理论。该理论认为，施暴者的早期家庭经历及对暴力行为的目睹或者是亲身经历，对施暴者的形成起着很大的作用。

也就是说，大多数的施暴者都曾经是家庭暴力行为的受害者。那么，为什么这些人会变成曾经自己讨厌的样子呢？这是用模仿—认知模型可以解释的，因为自己的经历，导致这部分人对于异性相处模式及问题解决方法形成错误的认知，而这种认知的形成会导致在个体认为无法很好地解决问题的时候，采用自认为行之有效的方法，或者是用这种认知模式与异性沟通和相处，出现诸如“男 / 女就应该这样，老一辈就是这么过来的，没有任何问题”或者“这就是夫妻之间最有用的方式”等绝对化的思维模式。

在这样的认知情形下，被暴力的经历在心里留下的烙印就会转化，使曾经的被暴力者变成施暴者，而这种行为会被多数家庭暴力的施暴者视为合理的，并进行外部归因。

处理、取证困难

对于一些行为，只有告诉了才处理，这恰恰就造成家庭暴力这个行为的介入难。结合上一个部分说的，在中国依旧有很多人觉得这是“家丑”，没有必要报警，也没有必要让别人知道，面子上挂不住，所以很多家庭暴力的情况都在家庭内部做冷处理，或者以隐忍的方式带过，这直接导致家庭暴力有很高的黑数（报案数量与实际发生数量的差异），保守估计也有5倍左右。

取证难。证据是判定行为的一个重要标准，家庭暴力的证据是什么？被暴力者身上的伤痕是最直观的证据。但是实际上，在执法过程中，我们做的是不完善的。很多被暴力者在勇敢地迈出报警这一步后，民警上门，却说没必要验伤，这导致一部分的证据灭失，也对被暴力者的心理造成了负面的影响。另外，人体伤痕的恢复时间视个体不同，轻伤一般一周以内就痊愈了，很多被暴力者在经过长时间的思考之后决定报警，但是已经不能验伤了。

心理伤害深远

家庭暴力带来的生理伤害是最直接的体现，那么家庭暴力带来的心理伤害就是种下的毒瘤了。很多被暴力者，在最初会出现应激障碍，深陷于巨大的恐惧当中，出现选择性遗忘、不断的闪回、失眠、情绪失控等症状。

而高压的家庭环境对于被暴力者来说，也是非常不健康的。长期的压抑环境会导致被暴力者变成抑郁的易感体，很容易有抑郁的症状出现，甚至在少数情况下亦会出现为了反抗和承受痛苦而衍生出多重人格。而一旦到了这个程度，被暴力者的情况就堪忧了。

环境伤害深远

这里的环境主要是指小社会环境，这种环境是破碎的，而针对处在这样

 环境里的孩子来说，这种环境极其不健康，因为孩子的行为和认知主要来源于游戏和模仿，而家庭暴力者是不可能百分之百避开孩子去施暴的。孩子在这样的环境中长大，会对孩子的认知产生影响，使得孩子认为和异性的相处模式本应该如此，而暴力也是唯一有效解决问题的手段。另外，前面我们也提到了，施暴者多数都有被暴力的经历，稍不注意，这就是跨代际的烙印了。

如何更好地解决？

“家庭暴力”这个议题，令人欣慰的是，在现在越来越被社会所重视，但还是有很多的不足。比如，在我国，对家庭暴力的重视是有很明显的地域差异的，当然也可以理解，因为这与社会观念的发展有一定关系。

另一方面的不足，就是有一部分执法者本身就持保守态度或是有性别的偏见，这就会导致针对家庭暴力的执法过程中存在很多得过且过的情况，进一步导致执法不彻底，无法真正帮到被暴力者。

说完了不足，我们当然要思考如何更好地解决被暴力者的权利保护问题。在实践中，主要还是要注意以下几点。

1. 一旦出现暴力行为的征兆，先报警。很多人可能觉得这是句废话，其实并不是，报警这个行为作为一个警示信号，在很大程度上可以遏制暴力行为的蔓延，也可以为以后进一步脱离施暴者做准备。

2. 正当防卫。以适度的手段正当防卫，当然当暴力行为危及生命的时候，正当防卫的程度应以足以保护自己的生命为准则。

3. 第一时间隔离。施暴者与被暴力者的隔离是很重要的，被暴力者需要在第一时间与施暴者拉开一定的距离，并且形成一些阻挡。最好是隔离和报警一起做，这样可以更好地保证自己的安全。

4. 验伤。报警之后要验伤，如果民警说没必要，你要坚持要求验伤，因为这是你的权利，伤痕也是很有利的证据。

5. 保存并且备份所有已有证据。保存任何可以证明你曾经被暴力的证据，并且适当备份，因为曾经有过证据被损毁的情况。

6. 认真思考这段亲密关系的未来走向。个人认为，这一点是很多被暴力者长期忍受暴力行为的一个重要原因。对于这种亲密关系的认识不完善，以及对于社会眼光的顾虑，造成了很多人长期的压抑和不幸福，更有甚者，危及自身生命。

7. 必要时候的社会援助。社会援助机构是绝对可以提供你需要的帮助的，当然帮助可能有限，但是有帮助总是好的。

8. 不要对改变施暴者抱有太多的期望。想改变一个人的认知，本来就有一定的难度，要是这种认知打上了成长的烙印，那就更加有难度了。更不用说很多的施暴者可能本身就有人格障碍，所以不要对改变施暴者抱有太大的期望，否则有可能会害了你。

“家庭暴力”更准确的名字应该叫作“亲密伴侣暴力”，因为这个行为有可能发生在一切亲密社会关系中，危害的不单单是夫妻这种社会关系。感情色彩的浓重是这种暴力行为的一大特点，也曾经被一部分人理解为极度的爱的表达方式。

但是，家庭暴力终究是对人最基本的权利的侵害，而这种行为的侵害蔓延已经远远超出个体或是小范围群体的范畴。站在这个角度上来看，这种对于感情的错误表达方式，其危害性远胜于其他暴力行为。

为了自己，为了那些关心你的人和你关心的人，站出来难道不是一个更好的选择吗？

从针对医生的社会新闻看攻击性行为是否有效仿性

一个学医的学生曾发给我一个问题，大概意思是说，最近社会上针对医生这个职业的攻击性行为越来越多，而“医闹”事件也时有发生。想问我是怎么看待这个问题的，而这样的针对医生职业的攻击性行为是否具有效仿性。

我一般不会分析社会事件，之前也说过，一方面，社会事件包含的情绪往往是很复杂的，普罗大众在关注社会事件的时候，会因为教育背景、与社会事件相关经历、代入感、认同感等不同的因素去结成不同的针对社会事件发声的意见团体，这个时候的“去个性化”是很明显的，稍微一个不同，就会激起意见团体的强烈攻击，这是群体心理一个无法改变的特点。

另一方面，是否可以客观分析所要评价的社会事件，这也是我面临的一个问题。一旦要分析，就说明你非主动地加入一个或者若干个意见团体，这个时候，你的想法会很容易变得不中立和不客观，这点我对自己没有信心，因为我确实有朋友是学医的，并且我自己也确实有那么几段微不足道的不开心的就医经历。

但是，社会制度，特别是医疗制度的不完善带来的问题和社会情绪，是否应该波及同样为努力完善制度而奋斗的大多数医生？这个问题真的值得去好好想想。

愤怒情绪的发泄目标定为医生，多数不是因为医生真的做得不好，或者是惹怒了你，而是因为人们清楚地意识到申诉在有时候没有用，但是有情绪我必须要发泄，我要让社会关注到我，关注到我的经历和我受到的苦难，于是作为直接接触者的医生，就变成了难度最低的攻击目标。

有一个问题我一直无法得到答案，如果这样的关注是以牺牲同为弱势个体的生命作为代价，那么行凶者和不完善的制度有什么区别？你最终变成了你讨厌的样子，这看起来是不是很可悲呢？

针对医生职业的攻击性行为的短时间高发，就好像任何犯罪行为的短时间高发一样，效仿和鼓励起了很大的作用。根据心理学家班杜拉的社会学习理论，攻击性行为的发生和保持有以下几个因素：

1. 模仿和强化
2. 他人示范
3. 社会鼓励
4. 出乎寻常的信念
5. 挫折

我相信我们每个人都会有一次或者那么几次不愉快的就医经历，这个时候这种经历会带来负面情绪，但是不会转变为攻击性行为，因为缺少一个激发因素，或者是因为有额外的保护因素。

我们来看一个例子：假设 A 去医院看病，因为没有预约到专家号等了很久，轮到专家看病的时候，专家只用了几分钟就结束了对 A 的诊疗。A 觉得我排了一早上，好歹看多一些时间吧，而且这钱还比一般的号贵好多，于是去找医生理论，医生说大家都是这样，而且已经很清楚地告诉你你的病并没有那么复杂，你根据我的意思去治疗就好了，如果你有不满意的，请和医院相关人员联系。

这是一个就医过程中很普通的对话和情景，但是有些人会觉得，我的投入和收益并没有得到很好的平衡，并且你让我去找医院，医院又推回给医生，说什么政策，什么制度，这种不满的情绪会随着 A 遇到的不愉快而加重，甚至有些人找“黄牛”花大价钱买了号，但是因为种种原因并没有得到相应的觉得合适的来自医生的关注。加之大众媒体给予的虚拟模仿对象，如电视作品中的攻击医生的人，或者是医闹的人，A 突然意识到，原来这是一个发泄的途径，并且可以让我得到关注。

这个时候，社会新闻报道了真实发生的“医闹”或是攻击医生的事件，而 A 因为自身的经历也在关注,A 发现评论里很多人对这样的行为是支持的！这大大加强了 A 对自己内心想法的肯定，而这个时候，A 由于自身心理观念的固化，已经不太会去关注反对的意见，认为反对的意见是错的，认为这些人只是还没有经历过，所以不理解自己的遭遇。

于是A决定去为自身的经历和有类似经历的人讨个说法，他找到了当时那个医生，与之针锋相对地吵了一次，但是没有得到自己想象中的或是电视作品中的效果。因为人总会高估行为的收效，但是现实结果往往相去甚远，这样的挫折产生了反向的强化，把A往攻击性行为的爆发点又推了一步，A觉得为什么我没有办法像别人一样得到补偿和重视呢？而且警察还行政拘留我，是不是这个医生本身就是要和我对着干？是不是就是对我这么不公？

于是A又去理论，这时社会新闻报道的殴打医生甚至致死的案例对于A来说在潜意识里已经形成示范。在争吵过程中，边缘神经系统和下丘脑传达紧急信号，使得身体进入紧急状态，而潜意识里的攻击影响激发了冲动状态下的攻击行为，于是A对医生实施了攻击性行为。

从这个例子中我们可以看出A整个的心理过程变化，虽然只是一个例子，但是这是一个再普遍不过的场景了，我们每个人都会遇到。当然，攻击性行为产生的诱因还有很多，因为攻击性行为相对复杂和多变。打个比方，如果A是一个超我很强或者从小家庭氛围很和谐的人，抑或是很重视社会道德观念的人，那么这种攻击性行为可能就不会发生。

回到问题里，A攻击性行为的诱因很大程度上包括效仿性在内，也就是说，这种行为是可以效仿的，会引起一连串一段时间内类似行为的集中爆发，如拐卖、抢夺儿童的情况，以及另一个严重的效仿性影响行为——自杀（自我攻击性行为）。

校园暴力何时是尽头

前段时间讨论问题的过程中聊到另一个问题，是说看到一段中学生被同学围殴的视频，视频里面被打的学生一点不反抗，周围有人录视频，有人用各种器具做武器去殴打这位同学，看完后心里很难受。

“校园暴力何时是尽头”这个问题的关键是一个集合成因的点，即社会撕裂、学校管控教育、群体心理特点、社会学习、青少年心理生理发展不平衡带来的认知错误的集合。

社会撕裂（无法在短时间内改变）

“社会撕裂”是一个很有意思的名词，它是社会快速发展的副产品，而它没有办法在短时间内改变，为什么？因为社会撕裂是快速发展的一个必然产物。

而正是这样的社会撕裂，在大社会环境层面配合着其他因素，影响着青少年的心理和行为，要立刻改变，就要停止快速发展，在现在这个时代是不太可能做到的。

社会撕裂意味着经济的发展和文化观念的发展有一定的距离，放在这个命题下，就是快速的经济发展带来的冲击和青少年所处环境的文化发展的不匹配，这就会产生裂痕，这个裂痕就会给青少年的观念带来影响。

社会学习（无法在短时间内改变）

人的攻击性行为来源于模仿，这是社会学习理论的中心观点，而青少年的模仿能力是不容忽视的。那么，青少年模仿的目标有哪些？这些目标包括文学作品、漫画、电视剧及新闻报道，而网络信息的快速传播和一些不负责任的网络报道也给青少年的模仿带来了便利。

很多青少年在阐述这件事情的时候，都表示只是觉得有意思，并且看到别人这么做，才会有意模仿，不太清楚这个行为的实际深层次意义，无论是施暴者，还是受害者，都不明确。

社会学习同样也是无法在短时间内改变的一个因素，因为人学习的自主自发性，以及大量信息的不可筛选，都导致这个因素无法在短时间之内改变。

学校管控教育

这在国内一直以来都是一个很敏感的命题，学校的管控教育好不好、全不全面，达到什么标准才算完善，这些都是多年来教育机构乃至社会热烈讨论的问题。

目前来说，不能否认学校管控教育的进步，特别是在校园暴力问题突出的这几年，很多地方的学校都在提高自身的管控教育水平，但是其根本主要还是针对禁止，而不是预防。

抓典型可能并不是一个重点，个人认为重点可能是要让青少年清楚地意识到行为的危害性及这个行为并不是可以正当化的一个，同时塑造正面的榜样。

这一点不多讨论，容易引起争论，并且其根本在于接下来我要说的两个心理特点：群体和生理心理发展不平衡带来的认知错误。

群体心理特点

群体是一个很神奇的存在，从新闻中看到的青少年群体犯罪，再到校园暴力视频中呈现的现象，行动者都是群体。那么，为什么群体那么容易被煽动和掌控呢？

这里要注意的就是两个概念，“责任分担”和“自我意识的降低”。群体中的这两种心理现象，我觉得是最恐怖的，也是群体犯罪行为发生的心理根本。

“责任分担”的意思就是在群体中，集中在个体身上的责任会因为群体中人数的增多及这些人目标的一致性而被分担，群体中的每个人都会觉得这事情如果我不做，其他人也会做的；或者是这事情其他人都做了，我做也没关系，不做反而很奇怪。

“自我意识的降低”的结果就是自我控制力的降低，并且会带来攻击性的提高。仔细思考之后，我们会发现其实这与责任分担有很大关系。你抛弃了责任，自我控制也就没那么重要了，加之群体中的行为模仿更加直接，一旦有一个带头的榜样，相当于在直接复制。

回想一下某些群体运动的画面，很多人甚至都不知道自己为什么那么愤世嫉俗，为什么要跟着喊打喊杀。

青少年心理生理发展不平衡带来的认知错误

青少年在生理快速发展的时候，其心理的发展往往是跟不上的，这是由于心理发展的特殊性造成的。生理发展更加直接，而心理发展往往需要一个过程达到累积。

在这种不平衡和跟不上节拍的情况下，就会出现观念认知上的错误，不是因为青少年本身有问题，而是心理发展节奏的脱节造成的最直接的原因带来的，这就是信息吸收和筛选机制的不完善。

外界信息很多，特别是现如今我们处在一个信息爆炸的时代，而信息吸收和筛选的机制就显得格外重要。有的成年人这种机制都不完善，更何况快速发展的青少年呢？

那么，这样的机制不全面就会造成认知上的一些错误。比如，校园暴力最明显的认知错误，就是这么做可以显得自己很厉害，很有力量，因为可以随意地欺辱别人，并且有很多人愿意听你的指挥去做错误的事情。

“为了引起别人注意”，也是非正常行为少年，包括校园暴力的一大心理因素，而这种认知就来源于对获得别人注意的途径的认识错误。

校园暴力的终止，可能真的没办法去说出一个准确的时间点，就好像上面说的这些因素，它们之间都是息息相关的。

做个假设，当然这个假设可能不合适，想要做到校园管控教育的根本进步，可能更需要的是在青少年快速发展阶段，尽可能地让其端正心理认知，完善信息获取和筛选渠道，并在群体中塑造强有力的正面榜样。

杀人者心中的黑暗世界

在谈到为什么有些犯罪者会因为杀人而感到快乐这个问题的时候，可能有人会说这世界有时候现实得让人害怕，居然会有人因为杀人而感到快乐！寻求快乐的方式有那么多，为什么不去看个喜剧呢！非要拿刀子捅几下或是

 用绳子勒一勒？或者是拿个板砖朝人家脑袋猛拍？不用惊讶，因为真的有这样一种杀人类型，库尔茨（Lester R. Kurtz）在其著作《暴力、和平与冲突的百科全书》中提到，这叫作“快感杀人”。[①] 这个类型的犯罪行为人会有三个阶段的变化：

阶段一：基于杀人行为获得性快感，如凶器的一进一出，又如受害者的喘息，这些犯罪过程中的行为和受害者的反应都会使犯罪行为人产生心理上的反馈与象征物之间的连接，并刺激犯罪行为人产生心理快感，从而进一步带动行为人的生理上产生性快感。

阶段二：基于破坏尸体、破坏性器官、收集受害者身体组织等行为获得性快感，这些犯罪中的行为是基于人类对自己猎物进行处理的一种返祖心理产生的。

阶段三：基于吃人产生的性快感，在这个阶段其实犯罪者的心理已经进化到产生吸纳和融入的念头，有些时候是基于犯罪行为人对受害者强烈的喜爱，有些时候是基于犯罪行为人对受害者相对程度很高的恨意，但是无论是哪一种，都是情绪的极端。

这里我不得不提一下伟大的弗洛伊德。在《图腾与禁忌》这本书里，弗洛伊德说过这样一段话：“我们的祖先也曾经有过兄弟合力杀害他们伟大的父亲后吃了他的行为，借由此行为与伟大的父亲合而为一，这也被认为是秩序和伦理道德的起源。”

快感杀人如此变态的犯罪类型，涉及的犯罪行为人应该很单一才对，其实不然。快感杀人的犯罪行为人也可以细分为两个类别。

第一个类别的犯罪行为人是秉持着一切都是有秩序存在概念的——秩序型快感杀人。这类型的人多数伴有心理上不同程度的创伤，而这些创伤形成的原因，很大可能就在于我们不能忽视的童年。比如，在幼儿时期缺少亲人

---

① 可参考 Lester R. Kurtz，*Encyclopedia of Violence*，*Peace*，*and Conflict*，Academic Press，2008。

的关爱或是在童年的时候有被虐待的黑暗经历等。这个时候就会形成个体的双重人格甚至是多重人格，有些是保护型的，有些是攻击型的，如最有名的《24 个比利》。

进入青春期这个阶段，由于个体性征的快速发育，青少年开始产生一定程度的性幻想，而这类型人对于性的幻想非但不是美好的瞬间，反而是偏向于喜好充满血腥味的性虐待类型，性欲望渴望一种极度的压抑和不寻常的释放，但是在这个阶段往往都是存留在脑海中的幻想。成年或是青壮年之后，杀人的能力具备，于是杀人就成了他们在现实世界中实现幻想的手段。

同时，有研究显示，在这类型犯罪者中，有很大一部分是有反社会型人格障碍的，最根本显露在快感杀人行为上的，就是这些人平常的行为举止都和一般人没什么两样，但是犯罪都是有计划的，并且依照自己的一套标准选择杀戮目标，杀人后不会后悔，也没有罪恶感，情感缺失，就算被捕入狱，在监狱中依旧会借着对杀人过程的回忆来获得性满足。

第二个类别的犯罪行为人是抱持着无序是混沌的根本想法的——无秩序型快感杀人。这类型人的童年成长过程和脑海中所抱有的幻想大部分与秩序型快感杀人犯罪者一致和类似，但是最大的不同是在进入青少年时期以后。

无秩序型快感杀人的犯罪者在进入青春期这个阶段之后，除伴有性幻想的特殊偏好、极度的压抑和不寻常的释放通道之外，大多数还可能患有妄想型人格障碍和人格解体。这两个概念我就不多说了，直接补上两个特征解释就简单易懂啦！

妄想型人格障碍：极度感觉过敏，对侮辱和伤害耿耿于怀；思想行为固执死板，敏感多疑、心胸狭隘；爱嫉妒，对别人获得成就或荣誉感到紧张不安，妒火中烧，不是寻衅争吵，就是在背后说风凉话，或公开抱怨和指责别人；自以为是，自命不凡，对自己的能力估计过高，惯于把失败和责任归咎于他人，在工作和学习上往往言过其实；同时又很自卑，总是过多过高地要求别人，但从来不信任别人的动机和愿望，认为别人存心不良；不能正确、客观地分析形势，有问题易从个人感情出发，主观片面性大；如果建立家庭，常怀疑自己的配偶不忠；等等。①

人格解体：躯体改变的体验、强迫性自我审视、缺乏情感反应、时间体验紊乱，以及身份异化感或自动感。在人格内部，表现为心理失调、情绪紊乱或企图自杀；在社会中，则表现为反社会行为。②

由于自我人格的解体，使杀人的冲动冲破本来已经处于下行状态的超我的阻拦，造成随机的犯罪行为。与秩序型杀人不同的是，无秩序型杀人中，如果警方没有第一时间在现场获得线索或者抓获嫌疑人，后续的侦查可能就会面临很多的问题，因为这种无计划的、随机挑选目标的犯罪形式，是很难明确锁定犯罪嫌疑人的。

基本所有的创造力都源于幻想，这种幻想催生出伟大的文学作品、艺术作品、发明创造和基本全部的世界。但是，我们今天讨论的快感杀人的一切也同样源于藏在人们心底的幻想。

不得不说，藏在万物另一面的黑暗世界，总是耐人寻味和让人畏惧的。

---

① 可参考 American Psychiatric Association，*The Diagnostic and Statistical Manual of Mental Disorders*，*Fifth Edition*（*DSM-4*），American Psychiatric Publishing。

② 可参考 American Psychiatric Association，*The Diagnostic and Statistical Manual of Mental Disorders*，*Fifth Edition*（*DSM-5*），American Psychiatric Publishing。

文学相关人物分析

三岛由纪夫的温柔与暴烈

“所以你觉得三岛由纪夫是因为什么自杀的？”

一切的谈话都从这个问题开始，核心也是在讨论三岛由纪夫断然切腹自尽的心理。

“美人就应该夭折。客观地感到美的，只限于年轻之时。因此，如果人没有等待老丑和自然死亡的思想准备，就应该尽量早死。”（三岛由纪夫《殉情论》）

“倘使衰老是疾病的话，引起衰老的根本因素——肉体——不折不扣是疾病。肉体的本质就是死亡，肉体被置于时间之中，无非是以使用它来证明衰老与毁灭。”（三岛由纪夫《天人五衰》）

我的朋友杨编剧打了两段三岛由纪夫书中的文字给我，三岛由纪夫是杨编剧非常喜欢的作家之一，我问她：“能不能说一说你眼中的三岛由纪夫？就是对这个人的印象，整体的。”于是编剧一边嚷嚷着当天一定要看完《七堂极简物理课》，不看完不回家，一边给我写下了一小段自己的理解：

仅仅是通过他的一部分作品和一些他说过的话而产生的对三岛由

纪夫其人的一点片面的印象。他很帅、很爱美、爱男色。从他的很多照片来看，他自己就是男色，这算不算是知行合一呢？哈哈。从被唤起的审美趣味角度上来说，我原本相信人家说美是肤浅的，丑陋才深刻。看过《春雪》才知道美有多复杂微妙，纯净至极又极尽繁复。他是不是说过，美的事物之中都包含一些羞涩的、需要隐蔽起来的部分类似这样的话？这种被隐蔽的部分，隐隐觉得，就是现实中作者时时刻刻需要面对的那个三岛由纪夫自己啊，一个会老、会死、会脆弱，也会殒朽的三岛由纪夫，一个煎熬、躁动、再勤奋都不够，总是很不安的三岛由纪夫（嗯，我也就是猜的）。我的一位朋友说，三岛由纪夫的作品都像在发泄，申诉自己与环境的相悖，现实之中又选择伪装。可是谁又不是呢？只不过大部分人会“理智”地选择在矛盾里面挣扎苟活，而三岛由纪夫找到了他终于可以去彻底践行的美学观点。所以自杀到底是逃避还是解脱呢？但凡能把自己所执迷的东西践行到极致，都是一种解脱吧。三岛由纪夫的自杀，就是作为行为艺术的死亡的极致。啊，他又知行合一了，真棒！

三岛由纪夫还说过“人要趁肉体还年轻、还美的时候就自杀”，但是我找不到出处了。三岛由纪夫这么重视和迷恋肉体，大概是因为小时候身体很弱吧？后来三十岁了开始健身，练得那么极致，也是一种补偿？

短短的一段文字，写出了她对于三岛由纪夫的理解，也写出了对他自杀原因的猜测。转身我看到 Luna 发了一个朋友圈（Luna 是我的一位在美国学习犯罪心理学的朋友），在美国的她正在和朋友看艺术展，于是我就抱着试一试的心态问：“你怎么看待三岛由纪夫的自杀？”过了一阵，Luna 回给我几段话，我在这里节选一段：

三岛由纪夫的死是不能归类于川端康成或者芥川龙之介之类的。一个精通骑马、击剑、空手道的“文坛怪胎”，一个深知皇族礼仪的没落贵族，他的死更多是以此劝谏。

劝谏……确实，三岛由纪夫的自杀包含很多因素，而这也是个千人看有千面的东西。

所以，三岛由纪夫自杀的心理原因到底是什么？我觉得主要是以下几个方面。

首先，三岛由纪夫的自杀是以最传统的切腹方式进行的。三岛由纪夫出身于一个没落的贵族家庭，应征入伍，但因军医检查失误，被诊断为身体素质不适合入伍，于当天就被遣送回乡，于是其个性极强的祖母就将复兴家道的希望放在长孙三岛由纪夫身上。资料里的这一段描述，包含传统精神的强迫性植入，以及对现实中带目的行为受阻的失望。三岛由纪夫对于日本核心精神的崇拜是非常明显的，在那个时候，入伍对他来说非常重要，但是，因为一个错误，他当天就被送了回来，这对于当时的三岛由纪夫来说，何尝不是一种耻辱，这种耻辱让他深深地对自己的身体感到失望，并且嫉妒那些可以去前线的人。而其祖母似乎却不这么认为，祖母认为这才是对于家族复兴来说最好的机会，所以在三岛由纪夫身上存在着两种意识，一种是对自我的失望和谴责，另一种是即使是这样的自我，也要面对复兴家族的舍我其谁的责任压力。这样的矛盾长年累月地存在于他的内心并持续地施加压力。他选择切腹自杀，既是对传统精神和家族的一种极大的尊重，也是对自己失望和谴责的一种解脱和释放。

其次，三岛由纪夫的自杀是以对形体与意识追求的极致为基础的。三岛由纪夫在上中学之前一直与执掌家族大权的祖母同住，祖母过分的保护与管教造成他贫弱的体质与孤独，甚至有点女性化的人格特质。据资料记载，三岛由纪夫自小患有“自我中毒症”，但是我始终不清楚且检索不到这种病的症状是什么，字面理解是特别爱自己，所以这一点就不多写了。三岛由纪夫对于自己肉体的不满，使他在30岁的时候开始不断地追求形体美。当然，意识上的追求早就已经开始，从三岛由纪夫的作品中就可以看出来。随着时间的流逝，三岛由纪夫发现这种现实的追求并不能让他变成永恒，他要达到的是那种灭失肉体的美，他也不允许自己以肉眼可见的速度衰老。所以，他选择以自杀的形式去践行自己美的观点，这对他来说是一种解脱和升华。

再次，三岛由纪夫的自杀是在煽动自卫队武装政变未果之后。三岛由纪夫的自杀里，确实包含劝谏的成分，他希望用这样的方式来唤醒战败之后自卫队被压抑的民族情结，还原战时的日本武士道精神，最起码三岛由纪夫自己认为这样的情结是被外国人压抑着的。而这样的结果，在他看来是极其耻辱和不可理解的。其实从一开始，三岛由纪夫就已经计划好以这样的形式结束自己的生命，只是自卫队无一人响应他号召的结果更进一步从根本上刺激他以最显著、最传统的方式自尽。三岛由纪夫希望自己以这样的方式死去，可以让当时被压抑的传统精神得到释放，这就好像电影《魔兽》里杜隆坦用自己的死来激发兽人一族团结一致对抗古尔丹一样。这样的方式，虽不能如他所愿在当下激起千层浪，但值得注意的是，一直到现在都还是有很多人因为他的行为，在每年他的忌日推崇他，以及他崇拜的精神。

最后，三岛由纪夫的自杀包含着对他杀的有心无力。自杀是犯罪心理学一个比较重要的研究方向，为什么？因为自杀同样是对生命权的剥夺，即使目标是自己。另一个更加学术化且普遍被学界接受的观点认为，通常自杀者都会伴有他杀的意愿，因为各种原因导致他杀不能实施，所以才将这种没有办法消除的通过杀人达到目的的意愿转向自己。在三岛由纪夫身上，有的是报国和弘扬日本传统精神的坚持，当然还有现实的无奈（自身和外界情况），所以这种他杀的欲望应该是面向三岛由纪夫认为的外界敌人的，因为他杀这个行为的不能，导致目标的转向。多年来的他杀不能在三岛由纪夫的心理层面产生了根深蒂固并且不断累积的情绪压抑，在三岛由纪夫以为重塑肉体之后就可以达成这样的欲望的时候，他发现现实已经不允许他在这个时候继续有这样的想法，所以在这样的内部长期矛盾和外部现实的刺激下，发生了杀戮目标的转换。

如何从犯罪心理学的角度理解加缪小说《局外人》中的莫尔索

阿尔贝·加缪（Albert Camus，1913—1960），生于第一次世界大战前夕，47岁死于一场车祸，法国著名的哲学家和作家。加缪最有名且广为世人熟知的一本书，当数《局外人》了。很多人评价《局外人》这本书都赞叹其荒诞文学的描写手法，并没有多少人关注这本书主人公莫尔索的心理状态变化，所以在这一部分，我们要一起来看看，如何从犯罪心理学的角度理解加缪小说《局外人》中的主人公莫尔索。如果你还没有看过这本书，可以去看一下，这绝对是一本经典好书。

污名化

第一个有意思的点在于，主人公莫尔索在书中第二部分被定罪的时候，法庭甚至是法庭上的其他人所关注的，都不是主人公莫尔索杀人的这个行为。

当然，这个行为确实发生过，是存在的。书中第二部分给人的感觉就是，没人关心莫尔索杀人的行为本身，大家更多的是在七嘴八舌地讨论主人公莫尔索是多么不应该，做了多少让人觉得恶心的事情，以及莫尔索的行为是如何悖德。

其中一句话，我个人觉得可以算得上一句名言——**“在我们的社会里，一个不在母亲葬礼上哭泣的人是应该被判死刑的。”**这句话充分显示了负面标签被贴在主人公莫尔索身上造成污名化的过程。

▼

污名化本身是具有时代性的，每个时代的污名化都有着那个时代社会文化发展的深刻烙印，而在文中莫尔索所处的那个时代，这样的一个观念已经变成一种文化固着，很难改变。

一个没有在母亲葬礼上哭泣的人，唯一可以直接确定的是这个人一定有自己的理由选择不哭泣，虽然这样的情况在我们很多人看来并不能理解，但是能因此就认为这个不哭泣的人是十恶不赦的吗？

在《局外人》这本书里面，污名化的标签在被社会既定的观念塑造出来之后，已经从根本上摧毁了评价一个人的一般标准，并且在快速地传播。而主人公莫尔索所挑战的，不仅仅是这样扭曲的社会既定观念，还有在任何时候都属于敏感话题的男女关系。所以在这样的情况下，从主人公莫尔索站在法庭上的那一刻开始，各种负面的标签就已经贴满他的全身。

经过庭上庭下七嘴八舌的讨论之后，针对主人公莫尔索得出了这样的结论：一个男女关系不清楚，不在母亲葬礼上哭泣的人，做出杀人的行为是必然的，这种人必须被判处死刑，任何理由都显得不重要了。

《局外人》这本书中第二个有意思的地方我觉得是情绪的发散。情绪这个东西，它发散的速度因时因事而异。生活中我们可以很明显地看到，有些人的情绪来得快去得也快，转眼就忘，有些人的情绪来得慢去得也慢，还有些人的情绪来得快去得慢。

所以就出现了情绪的累积和渐进。简单来说，就是之前情境中的情绪没有发散结束，又进到另一个给予负面情绪的情境，然后这个情绪就进一步地累积了。

举一个简单易懂的例子：

A是一个普通上班族，这天上班的时候因为下雨仅仅迟到了1分钟，在解释无用的情况下他被公司扣了全勤奖金，非常憋屈。这是第一重情绪。

A 下午在工作会议中被上司当众提起，一个连上班都迟到的人，很容易让人对他没有信心，他感觉自己受到了羞辱。这是第二重情绪。

A 下班回到家，开门之后同居女友上来说上次和你说结婚买房子如何如何，结果你不争气，钱也没赚到。这是第三重情绪。

晚上在看电视，突然被快递急促的敲门声打断，开门之后快递很生气地说联系那么久都联系不上，要电话干吗，不如不在网上买东西，浪费时间。这是第四重情绪了。

A 在睡觉之前，又与女友发生了争吵，于是在激情状态下发生了重暴力致死行为。

▼

主人公莫尔索的情绪同样也是这样，有一个累积的过程。主人公莫尔索本身又是一个觉得很多事情不用特别说出来的人，所以情绪更容易累积，于是这个过程就在第一部分的第 5 章节开始了。

刚开始是涉及朋友的暴力事件，然后主人公莫尔索自己进一步地牵涉其中，被阿拉伯人盯上并跟踪，然后在海边度假与阿拉伯人发生暴力冲突，朋友中刀受伤，然后双方第二次对峙（无冲突取胜），最后主人公莫尔索独自一人时发生了枪击。

主人公莫尔索在这个过程中一直都被高压的负面情绪围绕，而就他的性格来说，这些情绪并不是很快就可以消失的，与此同时，外界的一些反馈又在不断地推高这些情绪的内在反应，如女性角色的应激情况下展现出的恐慌和频繁的询问行为等。于是当主人公莫尔索一个人面对伤害了自己朋友的阿拉伯目标的时候，就有了这本书后面的故事。

防御性暴力行为

其实我个人认为，主人公莫尔索所实施的枪击行为的起因是自我防御，可以看出行为中有很强的防御性体现，而枪击本身应该属于激情情况下的行为。

在书的上一部分，主人公莫尔索的负面情绪已经积压到很高的程度。在这种情况下，他一个人又遇到了直接打击目标，这个人是他朋友最直接的仇人，作者在这里针对主人公莫尔索在开枪前的心理进行了着重描写。

因为主人公莫尔索一直在进行抉择和防御，从上一次的冲突可以看出他抱持的态度是别人不动手我们就不动手，别人一动手我们就上，所以这个心理抉择是随着主人公莫尔索和目标的距离越来越近而越来越激烈的。

▼

在这种情况下，目标不但没有像上次一样躲开，反而拿出刀子，警告主人公莫尔索不要靠近，而这个行为在我看来，很显然对主人公莫尔索造成了比较大的挑衅。而且，这与上一次对峙的情况完全不一样，这个时候要注意，目标以为自己占优势，因为目标并不知道主人公莫尔索有枪。

主人公莫尔索的情况也一样，他很清楚地知道自己有枪，觉得自己应该是占优势的，然而令他没有想到的是，自己居然被目标直接威胁。在这种情境下，积压的负面情绪突然就爆发了，所以书中的情况是主人公莫尔索与目标之间并没有进行多余的判断就开枪了，而且之后又补了几枪，直至情绪发泄结束，从应激状态恢复过来。

不得不承认，加缪的《局外人》是一个经典之作。当然，你可以从很多角度去解读它——哲学、文学，抑或是心理学。我虽然提倡看书要细读，但是有时候如果看得太细致，也许就失去作品本身对读者的那种天然的吸引力。

《房思琪的初恋乐园》人物心理分析

《房思琪的初恋乐园》这本书一时间引起了很大的轰动，无论这种全社会的关注是以什么形式触发的，其作者林奕含的死确实令人惋惜。

其实林奕含自杀事件我从一开始就在关注，越来越多的人对此事发表看法，也有不少人据此探究小说人物的现实原型。在这一点上我个人觉得，此事作为现实事件，目前只有一个可见事实：因为心理问题，林奕含采取极端方式结束了自己的生命。至于其他，目前都在调查阶段，过早定论，太草率；过度讨论，似乎是对逝者的不尊重。

这篇分析，把目标锁定为《房思琪的初恋乐园》小说中主要人物的几大心理特点，以及在这样的心理特点下发生的诱奸、强暴等行为的原因，不牵扯任何现实中发生的事件。

自　信

从小说所描写的内容中，我注意到李国华和房思琪的行为有一个很深的心理出发点，那就是自信。

如果一个人有足够的自信，那肯定是正面的。但是这种自信不能过度，如果过度，就会带来一些反向后果，如我们后面要讲到的表演型人格障碍和过度自信的过失。

关于房思琪：我想先明确一点，就是房思琪没有罪过。房思琪所表现出来的，是一种过失，而这种过失的原因，就是自信。房思琪从小就是一个自我评价很高的孩子，这种自我评价不是自己形成的，而是周围的大社会环境和小社会环境给予的，包括家庭教育、社会评价、人际关系、外貌评价等。

而问题也就出现在这里。高自我评价和社会期许会伴随着高自尊，因为自尊和社会期望及自我期望成正比。在第一次被侵犯的时候，房思琪并没有告诉任何人，为什么？因为自尊心，她不想让别人觉得自己是一个做错事的孩子，甚至是一个行为不检点的孩子。老师是受敬仰的目标，最起码在行为前几分钟还是。所以在行为结束后，房思琪说了“对不起”。

她想自己解决问题，开始不断寻找解决问题的方法，同时一次又一次被侵犯，这样的矛盾导致最后房思琪强迫自己去爱李国华，因为她觉得找一个

 合理的理由把侵犯行为变成爱人之间的正常行为就可以了，她就可以把问题解决了。

很遗憾的是，房思琪在这件事上太自信了。如果她一开始就说出来，即使没有人相信一个小女孩说的话，也不至于让自己这样一直痛苦下去，并且多年走不出阴影。

关于李国华：故事里李国华的自信很显然是过度的，这种过度的自信其实来得很突然。不可否认的是，李国华作为补习老师，拥有适当自信是必要的，也是职业所要求的，但是这种适当的自信在他迅速走红之后就膨胀了。书中提到李国华在 30 多岁第一次犯罪的感觉，有一句话："桃花跟他的名气和财富来得一样快，他偶尔会有错觉，名利是教书的附加价值，粉红色情书才是目的。"李国华觉得自己太受欢迎了，有太多的年轻爱慕者，太容易去获得一些以前想都不敢想的东西。于是在经过心理上的挣扎之后，李国华对女学生"饼干"实施了他的第一次犯罪行为。

但是李国华第一次犯罪的动机是什么？我并没有定论，是因为性欲的发泄和年轻肉体吸引的驱使，还是因为想在沉闷的夫妻生活之外找点乐趣，抑或是顺水推舟地找一个目标先试一试自己的设想？书中并没有足够的细节能让我继续探究下去。

咨询心理学认为，在 30 岁这个阶段，个体的心理侧重或者说可以带来心理剧烈变化的因素是家庭、感情和认同感。李国华结婚已有 10 年，家庭没有明显问题，这个时候出现的爆红则恰恰满足了他对于新鲜感情的那种心理期待，这从他说的那句话就可以看出来。而来自众多目标的强烈认同感，则推高了李国华的自我评价，但速度过快，导致了我们接下来要说的表演型人格障碍。

犯罪心理的强化

书中我注意到，李国华在第一次诱奸"饼干"之后，"饼干"急于掩盖这个事实，于是把自己“献”给了此前一直没有进一步发展的男友。结果男友在发现事情真相之后，并没有选择陪伴，而是觉得“饼干”很脏，进而选择离去。这时“饼干”觉得自己已经一无所有，于是反向去找李国华。

“饼干”回去找李国华的目的很简单，一方面是因为“饼干”觉得是李国华导致自己被男友抛弃，另一个更主要的方面就是找寻心理依托。“饼干”误以为李国华是喜欢自己的，像李国华说的那样，在爱情的驱使下控制不住侵犯了她。正是“饼干”和男友的意外事件，强化了李国华的犯罪心理——在“饼干”回来找到李国华的时候，李国华觉得侵犯行为不仅没有被发现，而且这个女孩子还可以在以后很长一段时间内任他肆意妄为。这就加强了他第一次犯罪的成就感，负面情绪消失，加快了犯罪心理的形成。

人格障碍

过度自信，或者是快速的自信膨胀导致李国华的人格出现了一些问题，这些问题逐渐发展成一种人格障碍，主要表现在以下几个方面：

- 偏爱幻想，把想象当成现实，当缺乏足够现实刺激时便利用幻想激发内心的情绪体验。
- 感情用事，情感丰富，热情有余，稳定不足；情绪炽热，但不深，因此情感变化无常，容易激情失衡。
- 视玩弄别人为达到自我目的的手段。玩弄多种花招使人就范，如任性、强求、说谎欺骗、献殷勤、谄媚，有时甚至使用操纵性的自杀威胁。人际关系肤浅，表面上温暖、聪明、令人心动，实际上完全不顾他人的需要和利益。
- 高度以自我为中心。

李国华在讲台上训练出的表现欲和表现力，有时会更加强调和放大以上特点，这就推动了李国华人格障碍的形成。这种应该属于表演型人格障碍。

惯　犯

小说中提到过一句，李国华“不碰有钱人家的小孩，因为麻烦”。这说明李国华在第一次见到房思琪时就已经是一个惯犯，并且有一套自己的犯罪行为实施标准。

不仅仅是筛选目标的标准，还有撤退的标准。从他和“饼干”、郭晓奇分手的方式，就可以看出李国华已经形成一个从筛选到打着感情的旗号去诱奸，最后到抛弃的完整系统。这情况像极了另一个社会热点话题——“长江学者性侵案”。

犯罪行为正当化

在整篇小说中，李国华出现了数次“犯罪行为正当化”的行为，无一例外都是利用感情来做正当性的幌子。在犯罪心理形成过程中，一旦实施犯罪行为的个体开始为自己的犯罪行为找合理化的理由，就说明其犯罪心理已经开始个性化。

一般犯罪者在犯罪心理个性化之前，在犯罪行为实施完毕之后会被各种负面情绪包围，如自责、怀疑、后悔、害怕、焦虑等。一旦出现犯罪心理个性化，就会开始给自己的犯罪行为找借口，使犯罪行为合理化，变成与日常行为性质相同的东西，并且觉得遇到这样的情况就应该实施这样的犯罪行为。一旦出现这种情况，犯罪者对自己犯罪行为的认知和产生的社会影响都会抱持越来越冷漠和理所当然的态度，就算被抓住，改造也异常艰难，近乎不可能。

认知错误

若一个人对事物的认知出现问题，将是多么可怕又可悲——李国华就是。李国华最严重的认知错误体现在书中的一段话：“英文老师不会明白李国华第一次听说有女生自杀时那歌舞升平的感觉。心里头清平调的海啸。对一个男人最高的恭维就是为他自杀。他懒得想为了他和因为他之间的差别。”

李国华混淆了一件事情的因果关系，以及自发自愿的意义。更加错误的是，李国华在心理层面上对于女性在感情中所扮演的角色认识不到位，而正是这种认知错误，使得李国华在每一次甩掉不想玩弄的女学生时都显得那么决绝。这些女学生的恳求和可能过激的反应，都被李国华理解为对自己魅力的一种肯定。

社会既定观念与标签化

“从此二十多年，李国华发现世界有的是漂亮的女生拥护他、爱戴他，他发现社会对性的禁忌感太方便了，强暴一个女生，全世界都觉得是她的错。”书中这句话清楚地说明社会既定的男女观念和性观念对于人心理行为的影响，以及更重要的污名化问题。

为什么全世界都觉得强奸是受害者的错？因为老师普遍被认为是有师德的，更何况是这么有名的老师，不可能会做出这种事，况且年龄也摆在那里，而年轻人就经常会做出一些很不守规矩的行为，“一个巴掌拍不响”“苍蝇不叮无缝的蛋”，等等。一旦被社会贴上“勾引老师的女学生”的污名标签，这种污名就会快速传播，并且很难消除，这时无论真相是什么，人们关注的都只是被标签污名化的个体。

孤　岛

书中还有几个段落，描述了房思琪从侧面试探妈妈对于自己身上所发生之事的态度。妈妈的两次回答分别涉及“直接回避问题”“道德绑架”两个方面。对于性教育问题的直接回避和拒绝，让房思琪不知道说什么好；而把和老师在一起的女生形容成“骚”，则彻底断绝了房思琪从妈妈这里得到心理支撑的想法。

友情是除亲情外一直贯穿生命的感情形态之一，而房思琪在与多年好友怡婷说起自己和老师的事情时，仅仅是假设的试探，也引起怡婷出乎意料的激烈回应。这不能全怪怡婷，因为她可能不懂得去耐心寻味事情的经过。但这样无情的指责，无疑是对房思琪的又一记重击。

这种种回应，使房思琪渐渐变为一座孤岛，虽然有邻居姐姐理解，但是她终究没有说出她的经历。心理上的支撑可以从更深层次去改变一个人的心态并使之向好，从而影响个体的行为向好，但是很多人忽略了这样简单的道理。这样的孤岛，在社会中并不少见。

PTSD

创伤后应激障碍是《房思琪的初恋乐园》中涉及的另一要点。房思琪的失眠、不断的闪回、选择性遗忘，甚至是自杀，都是创伤后应激障碍的症状，这种心理病症会出现在创伤事件发生后一段不定的时间内（一般为几天到半年），如果不能得到很好的处理，就会一直持续，并且越来越严重。而值得注意的是，目前研究显示，女性总体的创伤后应激障碍发病概率比男性要高。

创伤后应激障碍也是抑郁症及其他一些精神类心理疾病的发病根源。房思琪由于在最开始创伤性事件发生时没有得到很好的处理而导致创伤后应激障碍的症状一直困扰着她并越来越严重，这也是房思琪在数年中深受精神类疾病折磨的一个重要原因。

话说回来，如果在最开始，房思琪可以得到很好的疏导和帮助，那么她可能就会更加平坦地走下去，正义也终将得到伸张。

没有科学，爱是无力的；没有爱，科学是破坏性的

没有科学，爱是无力的；没有爱，科学是破坏性的。这句话和犯罪心理学有什么关系？其实是真的有那么一点点关系，因为有一天我打开网络知识分

享平台，看到分享平台的信箱中有人向我提了一个问题，提到“看过了《心理罪》之后，想起了这句话，所以想深入了解一下”。于是，我很慌，因为这句话应该是属于哲学范畴的东西，而哲学范畴的东西解读起来一直都是有难度的。

但是既然遇到了这样的问题，就要好好地去回答一下，也算是自己学习的过程吧。首先，这句话是伟大的伯特兰·阿瑟·威廉·罗素提出的。罗素是英国哲学家、文学家、分析哲学流派的主要创始人。如果只是针对这句话，“没有科学，爱是无力的；没有爱，科学是破坏性的”，其实罗素讲的时候是有个大前提存在的，就是这句话针对的是当时的教育体制和教育培养的初衷。

这句话如果放在教育上面，八成放在现在也是适用的。当然，我个人认为，如果扩大讲，罗素这句话讲的不单单是对教育的看法。贯彻到生活里，其实是坚持、放弃与接受及态度方面的东西。

坚持

这里提到的坚持其实可以理解为这个词平常的含义，这句话中的坚持指的就是你应该坚持自己的批判态度，要有自己的观点，不要完全地跟随学校或书本授予的知识。在很长的一个教育和成长的阶段中，我们对于学校和书本上的知识是基本会全部跟随和接受的，也有很多人的坚持会慢慢被各种机会事件和因素磨掉。但是生活中的很多东西，恰恰是需要有批判态度的，这种态度有利于个体发现新的知识，从而更好地完善自我。

放弃与接受

这句话的另一层含义是放弃与接受。这个点就是告诉我们在追寻知识的过程中，不要钻牛角尖，要学会接受和面对各种反馈的结果，切莫因为心态问题而失去自我。要注意的是，钻牛角尖并不等于钻研，钻研需要的是用批判和辩证的观点和思维模式去看待事物，而钻牛角尖则更多蕴含的是一种过度重视和偏执的认知。

态度

当然，这句话中还包含着最重要的一个方面，就是态度。传授知识的人（各种老师、前辈），不仅是在做知识的传递者，授业者本身的品德也会渗透到知识中一并传播出去，学生会对授业者的行为进行模仿，而授业者的三观也会随着与学生平时的接触而传播出去。所以，授业者本身要特别注意自己各方面的态度，为人处世最难学。

参考文献

中文参考文献：

马皑：《犯罪人特征研究》，法律出版社 2010 年版。

马皑、章恩友、李婕：《犯罪心理学》（第二版），中国人民大学出版社 2018 年版。

［美］丹尼尔·戈尔曼：《情商》，杨春晓译，中信出版社 2018 年版。

江山河：《犯罪学理论》，格致出版社 2008 年版。

［奥］弗洛伊德：《歇斯底里症研究》，金星明译，我国台湾地区米娜贝尔出版社 2000 年版。

宋晓明等主编：《犯罪心理学》，中国人民公安大学出版社 2005 年版。

康树华等主编：《犯罪学大辞书》，甘肃人民出版社 1995 年版。

梅传强：《犯罪心理生成机制研究》，中国检察出版社 2004 年版。

［日］PHP 研究所：《犯罪心理学》，简中昊译，我国台湾地区晨星出版社 2013 年版。

［法］埃米尔·迪尔凯姆：《自杀论》，谢佩芸、舒云译，台海出版社 2016 年版。

［美］罗伯特·K. 默顿：《社会理论和社会结构》，唐少杰等译，译林出版社 2015 年版。

［日］西原春夫：《刑法的根基与哲学》，顾肖荣等译，中国法制出版社

2017 年版。

［美］鲁思·本尼迪克特：《菊与刀》，何晴译，浙江文艺出版社 2016 年版。

［法］保罗·里克尔：《恶的象征》，公车译，上海人民出版社 2014 年版。

［美］乔尔·哈林顿：《忠实的刽子手：动荡十六世纪的生死荣辱》，钟玉珏译，中信出版集团 2017 年版。

［英］弗朗西斯·拉尔森：《人类砍头小史》，秦传安译，海南出版社 2016 年版。

［奥］阿尔弗雷德·阿德勒：《自卑与超越》，曹晚红译，中国友谊出版公司 2018 年版。

［美］迪·金·罗斯姆：《地理学的犯罪心理画像》，李玫瑾等译，中国人民公安大学出版社 2007 年版。

刘品新：《反侦查行为——犯罪侦查的新视角》，中国人民大学出版社 2011 年版。

［法］古斯塔夫·勒庞：《乌合之众：群体心理研究》，胡小跃译，浙江文艺出版社 2015 年版。

［美］阿尔伯特·班杜拉：《社会学习理论》，陈欣银、李伯黍译，中国人民大学出版社 2015 年版。

［日］NHK 特别节目录制组：《无缘社会》，高培明译，上海译文出版社 2014 年版。

［美］罗伯特·海尔：《没有良知的人：那些让人不安的精神病态者》，王敏雯译，我国台湾地区远流出版公司 2017 年版。

孙毅：《青少年违法犯罪心理及其防范策略》，中国检察出版社 2015 年版。

［英］詹妮弗·M. 布朗、伊丽莎白·A. 坎贝尔主编：《剑桥司法心理学手册》，马皑等译，中国政法大学出版社 2013 年版。

［意］切萨雷·龙勃罗梭：《犯罪人论》，黄风译，北京大学出版社 2011 年版。

吴宗宪:《西方犯罪学》,法律出版社 2006 年版。

罗大华、何为民:《犯罪心理学》(第三版),中国政法大学出版社 2016 年版。

[西] 佩佩·罗德里格斯:《痴迷邪教:邪教的本质、防范及处置》,石灵译,新华出版社 2001 年版。

阴国恩、戴斌荣:"运用心理学理论分析与转化邪教信仰者",载《天津师范大学学报(社会科学版)》2003 年第 5 期。

[美] 克莱尔·A. 埃奥、朱迪斯·S. 布里奇:《心理学:关于女性》(第二版),施轶译,上海人民出版社 2012 年版。

[法] 加缪:《局外人》,柳鸣九译,天津人民出版社 2016 年版。

林奕含:《房思琪的初恋乐园》,北京联合出版公司 2018 年版。

[奥] 弗洛伊德:《图腾与禁忌》,文良文化译,中央编译出版社 2015 年版。

[美] 丹尼尔·凯斯:《24 个比利》,邢世译,外语教学与研究出版社 2015 年版。

英文参考文献:

Paul A. M. Van Lange, Arie W. Kruglanski & E. Tory Higgins, *Handbook of Theories of Social Psychology: Volume 2*, SAGE Publications Ltd, 2011.

Berkowitz, "On the Formation and Regulation of Anger and Aggression: A Cognitive-Neoassociationistic Analysis", *L. American Psychologist*, 1990.

D. Zillmann, "Transfer of Excitation in Emotional Behavior", *Social psychophysiology: A sourcebook in J. T. Cacioppo & R. E. Petty* (Eds.), 1983.

Jerome E. Bates, "Abrahamsen's Theory of the Etiology of Criminal Acts", *Journal of Criminal Law and Criminology* (1931-1951), Vol. 40, No. 4 (Nov. -Dec., 1949).

David A. Crighton and Graham J. Towl, *Psychology in Prisons* (2nd ed.), Oxford,

UK：BPS Blackwell . 2008.

Graham J. Towl，Louisa Snow，Martin McHugh，*Suicide in Prisons*，Oxford：Blackwell，2002.

Blaauw，Sheridan，Winkel，“The Toll of Stalking：The Relationship Between Features of Stalking and Psychopathology of Victims”，*Journal of Interpersonal Violence.* 2002.

Cupach，W. & Spitzberg，B. H. Mahwah，*The Dark Side of Relationship Pursuit*，NJ：Lawrence Erlbaum Associates，Inc. 2004.

Frank R. Ascione，“Animal Abuse and Youth Violence”，*Juvenile Justice Bulletin. U.S. Department of Justice*，Office of Justice Program. September，2001.

Susan I. Finkelstein，“Canary in a Coal Mine：The Connection Between Animal Abuse and Human Violence”，*Bellwether Magazine Volume/Article 14 University of Pennsylvania*，2003.

Edwin M. Lemert，*Social Pathology: A Systematic Approach to the Theory of Sociopathic Behavior*，New York：McGraw−Hill，1951.

Rory C. O’Connor，*International Handbook of Suicide Prevention-Research: Policy And Practice*，Wiley，2011.

Robin Warshaw，*I Never Called It Rape*（Harper Perennial ed.），New York：HarperPerennial. 1994.

原版致谢

《犯罪心理分析：邪恶的二十个模样》，这本书的成功出版，离不开许多人的支持与帮助，因为这本书的写作过程实在是很煎熬，不过是因为我自己的"拖延症"，不得不说懒惰确实是致命的！

在准备吐槽自己的时候，我突然意识到这个部分是致谢，所以要感谢以下各位在整个过程中对本人及这本书的不离不弃和帮助，排名不分先后。

首先肯定要感谢我的家人，感谢我的父母和我的爱人。他们在我写作的过程中给予了我很多帮助和包容，不断地鼓励我并平复我起伏不定的心情。要知道不稳定情绪的最大承受方就是家人，这本书送给你们。

感谢我的导师马皑教授对我的教诲和对这本书提出的意见，当然还有在百忙之中为本书作序。老师平日里给予我的犯罪心理学知识的指导，是我深入研究犯罪心理学知识的一大动力。

感谢复旦大学曹雪敏博士为本书所写的另一个序，要知道我找她写序那段时间刚好是她战胜自己的关键时期。

感谢在出版社工作的吕静云编辑在本书的出版过程中给予的帮助，以及在"瓶颈"期对于我提出的所有疑问的慷慨解答和理解。

感谢尤政翔、罗鑫、张东、汪汀莹这段时间尽心尽力处理工作上的各项事务，让我可以为这本书投入更多的时间和专注力。

感谢徐艺樱老师对于本书部分文稿的第一时间审阅以及恳切地指出错别

字和问题所在。

感谢宋歌博士在最焦灼的阶段陪我打游戏，如果没有你陪我打游戏，这本书可能早就写完了，而我可能也早就崩溃了。

感谢刘滢老师及刘老师的朋友对于所做犯罪心理学内容的喜爱及分享，以及让我有机会在很重要的讲台上讲述所从事的行业给更多的人听。

感谢吴湃玲，是她为我提供了进驻问答及新闻平台的机会，给予我的回答以极大的尊重，并使我可以在第一时间了解到很多新闻事件的详尽信息。

感谢叶壮与苏静夫妇，在心理学专业领域给了我很多机会去传播犯罪心理学知识，并为这本书的出版提供了宝贵意见。

感谢公众号上那几千个始终不离不弃的关注者，不管你们是不是认真点开看了，最起码没取消订阅，在写书的这段时间没有很多更新，我要反思。

感谢某网络知识分享平台上很多很多关注我的朋友，因为如果没有你们的提问，很多的问题就不会出现在这本书中，并传播到更多人的世界里。

感谢在网络世界里那几十个“粉丝团”的成员，虽然开始的时候连我本人都不知道居然会有这样一群年轻人存在，但这些依旧处在紧张学习氛围中的年轻人对于我的支持是十分重要的。

还有很多的人要感谢，但是不能一段一段这么写下去，所以索性就一起了，许兰老师、邓朝晖老师、史秀雄、张信勇老师、李楠老师、徐墨涵、段钊、郭咏泉，以及我优秀的师兄师姐和可爱的师弟师妹们。感谢这些朋友及前辈在整个过程中给予我的帮助，可能会漏掉一些名字，纯属无心之过。希望这本书可以承载着你们的好意送达更多的人手里，让更多的人去了解犯罪心理学这个学科的内在。

图书在版编目（CIP）数据

犯罪心理分析：邪恶的二十个模样 / 张蔚著. -- 2 版. -- 北京：中国法制出版社，2022.8（2023.12重印）

ISBN 978-7-5216-2772-5

Ⅰ. ①犯…　Ⅱ. ①张…　Ⅲ. ①犯罪心理学　Ⅳ. ① D917.2

中国版本图书馆 CIP 数据核字（2022）第 122033 号

策划编辑 / 责任编辑：吕静云（lvjingyun0328@sina.com）　　封面设计：汪要军

犯罪心理分析：邪恶的二十个模样

FANZUI XINLI FENXI：XIE'E DE ERSHI GE MUYANG

著者 / 张　蔚

经销 / 新华书店

印刷 / 北京虎彩文化传播有限公司

开本 / 710 毫米 ×1000 毫米　16 开　　印张 / 16.25　字数 / 226 千

版次 / 2022 年 8 月第 2 版　　2023 年 12 月第 3 次印刷

中国法制出版社出版

书号 ISBN 978-7-5216-2772-5　　定价：49.80 元

北京市西城区西便门西里甲 16 号西便门办公区

邮政编码：100053　　传真：010-63141600

网址：http://www.zgfzs.com　　**编辑部电话：010-63141781**

市场营销部电话：010-63141612　　**印务部电话：010-63141606**